KB203955

빈 들에
찾아오시는
하나님

정한조 목사의 누가복음 1

빈 들에 찾아오시는 하나님

홍성사

소외된 자 없는,
모든 사람을 위한 누가복음

예수님의 부르심을 받은 제자들이 사도가 되어 믿음과 삶으로 그려 간 이야기가 사도행전이라면, 그들이 그런 삶을 살 수 있도록 해주신 예수님의 이야기가 누가복음입니다. 즉, 사도행전은 누가복음의 토대 위에서 펼쳐지는 것입니다.

예수님의 행적에 관한 기록이 복음서인데, 신약성경에는 마태·마가·누가·요한복음 네 개의 복음서가 있습니다. 마태복음은 '왕으로 오신 예수 그리스도'를 강조하고, 마가복음은 '섬기는 종으로 오신 예수 그리스도'를 강조하며, 요한복음은 '하나님의 아들로 오신 예수 그리스도'를 강조합니다. 그러나 누가복음은 '사람으로 오신 예수 그리스도'를 강조합니다. 그래서 예수님의 탄생에 대한 구체적인 이야기와 겟세마네 동산에서 기도하실 때 땀이 핏방울처럼 땅에 떨어졌다는 이야기는 누가복음에만 있습니다.

무엇보다도 예수 그리스도의 복음이 그 누구를 소외시키지 않고 모든 사람을 위한 것임을 잔잔한 필치로 써 내려가고 있습니다. 그래서 예수님의 족보를 아담과 아담을 창조하신 하나님에게까지 올라감으로써, 예수님은 유대인만을 위한 분이 아니라 모든 인류를 위한 분이며, 그분은 하나님의 아들이심을 또렷하게 기록합니다.

또한 누가는 당시에 유대인들에게 사람 취급을 받지 못했던 사마리아 사람들을 칭찬의 대상으로 존중하며, 소외 계층이었던 여성들과 어린아이들, 가난한 사람들이 복 있는 사람임을 강조합니다. 그리고 다른 복음서보다도 성령님과 기도에 대해 강조합니다. 그것은 누가 자신이 성령과 기도의 사람이었기 때문입니다.

구약성경에 나오는 인물 중에서 마음이 가장 많이 가는 사람은 '요나단'입니다. 그는 다윗의 좋은 벗이자 후견인이었습니다. 그는 아버지 사울 왕의 뒤를 이어 왕이 될 수 있는 서열 1위였습니다. 그런 그가 사무엘 선지자를 통해서 차기 왕으로 기름 부음을 받은 정적(政敵) 중에도 정적인 다윗과 어떻게 그렇게 지낼 수 있었는지 참 신비합니다.

신약성경에 나오는 인물 중에서 마음이 가장 많이 가는 사람이 '누가'입니다. 누가의 직업은 의사였습니다. 어느 시대, 어느 지역에서나 의사는 사람들로부터 존경을 받고, 다른 직업을 가진 사람보다 더 많은 보수로 편안한 삶을 살 수 있습니다. 하지만 누가는 바울의 전도 팀에 합류한 이후로, 바울의 마지막까지 함께했습니다. 사도 바울은 투옥되는 일은 물론, 매도 수없이 맞고, 죽을 뻔한 일을 겪기도 하고, 다양한 종류의 위험과 결핍을 경험했습니다. 그때에 그의 곁에 의사인 누가가 없었다면, 그에게 맡겨진 소명을 감당하기는 정말 어려웠을 것입니다. 누가는 바울의 주치의와도 같았습니다. 특히 바울이 투옥되어 죽음을 목전에 두었을 때, 데마를 비롯하여 여러 동역자들이 자기 길로 갔습니다. 그때에도 그의 곁을 묵묵히 지키고 있었던 사람이 누가였습니다. '누가'의 뜻은 '빛나다'입니다. 누가는 주님께 받은 빛을 사도 바울을 비롯하여 사람들에게 비춰 주는 삶을 살았습니다.

가장 긴 복음서이자, 사도들의 삶을 사도행전으로 바꾸어 놓은 누가복음을 설교할 수 있게 된 것은 주님의 은총 위에 은총입니다. 누가가 그려 놓은 완전한 사람으로 오신 예수 그리스도를 저도 깊이 만나고 싶었고, 그 주님을 닮고 싶었습니다. 또한 교우님들도 동일하게 그 주님을 깊이 만나고, 주님을 닮아 삶으로 사도행전을 써 가시는데, 징검다리 하나 놓아 드리고 싶었습니다.

누가복음을 설교해 가면서, 주시는 말씀에 감격하기도 하고 감동하여 가슴이 벅찰 때도 있었지만, 저의 모자람과 어눌함으로 인해 그것을 제대로 다 전하지 못함에 심한 눌림도 있었습니다. 그렇기 때문에 저는 저의 힘이신 하나님을 더욱 신뢰합니다. 그래서 이 말씀을 듣거나 읽을 때, 조그만 감동이나 은혜가 있다면 그것은 전적으로 하나님이 역사하신 것이며, 이 설교집의 출간의 칭찬과 영광은 모두 하나님께 돌려져야 합니다.

부족하기 짝이 없는 저를 영성 담임목사로 믿고 불러 주시고, 이 책의 내용을 설교할 수 있도록 강단에 세워 주시며, 함께 믿음의 여정을 걷는 100주년기념교회 모든 교우님께 깊이 감사드립니다.

6

그리고 부족한 원고를 깊은 통찰력과 애정으로 작업하여, 이렇게 훌륭한 책으로 만들어 주신 홍성사 편집부와 모든 분께도 깊이 감사드립니다.

끝으로 늘 존재와 기도로 함께 목회하는 아내와 속사람이 강건하게 자라 인생의 동반자가 된 두 아들에게도 감사를 전합니다.

2020년 5월

차례

일러두기

· 이 책은 2014년 8월 24일부터 2015년 5월 24일까지 100주년기념교회 정한조 목사
가 주일예배에서 설교한 내용을 펴낸 것입니다.

· 본문에 인용한 성경은 개역개정판을 기본으로 했고, 그 외의 역본을 따랐을 경우 별
도로 표기했습니다.

1.

자세히 미루어
살핀 나도

누가복음 1장 1-4절
우리 중에 이루어진 사실에 대하여 처음부터 목격자와 말씀의 일꾼 된 자들이 전하여 준 그대로 내력을 저술하려고 붓을 든 사람이 많은지라 그 모든 일을 근원부터 **자세히 미루어 살핀 나도** 데오빌로 각하에게 차례대로 써 보내는 것이 좋은 줄 알았노니 이는 각하가 알고 있는 바를 더 확실하게 하려 함이로라

누가복음에 대하여

누가복음과 사도행전은 누가에 의해 기록되었습니다. 이야기로 볼 때 누가복음은 전편, 사도행전은 후편과도 같습니다. 사도 베드로와 사도 바울을 대표로 해서 여러 사도들과 많은 그리스도인들이 어떻게 신실한 삶을 살 수 있었는지 설명해 주는 말씀이 누가복음입니다. 또한 누가복음에는 초대교회 그리스도인들이 극심한 박해 속에서도 소망을 가질 수 있었던 이유인 예수 그리스도에 대해 아주 잘 나타나 있습니다. 우리의 삶을 사도행전으로 가꾸어 가기 위해서는 예수 그리스도가 어떤 분인지를 깊이 배워야 합니다. 누가복음을

살펴봄으로써 이전부터 알았던 예수님이 더 깊이 새겨지기를 소망합니다. 또한 우리가 그리스도인의 삶을 제대로 살고자 하면, 세상은 언제나 세속적 가치관으로 우리를 무너뜨리려고 합니다. 우리가 세속적 가치관에 함몰되지 않고 그리스도인답게, 하나님의 자녀답게 살게 하시는 분은 오직 예수 그리스도입니다. 그분이 주인공이신 누가복음을 통해 우리의 삶과 신앙이 더욱 성숙하여 주님을 닮아 가기를 원합니다. 오늘은 누가복음을 기록한 '누가'에 대해 살펴보겠습니다.

신약성경에는 네 개의 복음서인 마태·마가·누가·요한복음이 있습니다. 그중에서 마태·마가·누가복음은 예수님을 비슷한 관점으로 표현한다고 하여 '공관복음'(共觀福音, Synoptic Gospels)이라고 부릅니다. 마태복음의 내용 중 약 45퍼센트는 마가복음과 누가복음에 공통적으로 있고, 10퍼센트는 마가복음과 겹치고 25퍼센트는 누가복음과 겹칩니다. 그래서 마태복음의 80퍼센트는 다른 복음서에도 있고, 20퍼센트는 마태복음에만 있는 내용입니다. 마가복음의 내용 중에 97퍼센트는 다른 복음서에도 있고, 3퍼센트는 마가복음에만 있습니다. 누가복음의 65퍼센트는 다른 복음서에도 있고, 35퍼센트는 누가복음에만 있는 내용입니다. 좀 더 쉽게 말씀드리면, 마가복음을 읽지 않고 다른 복음서만 알고 있어도 마가복음을 거의 다 알게 되는 셈이고, 마태복음을 읽지 않고 다른 복음서만 읽어도 마태복음의 80퍼센트를, 누가복음을 읽지 않고 다른 복음서만 읽어도 누가복음의 65퍼센트를 알고 있는 셈입니다. 반면에 요한복음은 약 8퍼센트만이 다른 복음서에 있고, 92퍼센트는 요한복음에만 있는 내용입니다. 그래서 요한복음을 공관복음이라 하지 않고 '제4복음서'(The 4th Gospel)라고 부릅니다.

또한 각각의 복음서는 강조하는 바가 약간씩 다릅니다. 마태복음은 '유대인의 왕으로 오신 예수님'을 강조합니다. 그래서 마태복음은 "아브라함과 다윗의 자손 예수 그리스도의 계보라"(마 1:1)라고 족보로부터 시작합니다. 우리말 성경에는 '아브라함과 다윗의 자손'이라 되어 있지만, 헬라어성경과 다른 외국어성경에는 모두 '다윗과 아브라함의 자손'이라고 되어 있습니다. 예수님이 '왕의 자손'이자 '하나님 나라의 왕'으로 오신 것을 강조하는 표현입니다. 또한 왕의 말은 곧 법이기 때문에 마태복음에는 예수님이 말씀하신 내용이 많고, 정리가 잘되어 있습니다. 5-7장의 산상수훈과 13장의 천국에 관한 비유, 24-25장의 종말에 관한 말씀 등이 대표적입니다.

마가복음은 '종으로 오신 예수님'에 대해 강조합니다. 종은 '말'(言)하는 것이 필요한 사람이 아니라 '일'을 하는 사람입니다. 그래서 마가복음에 '곧', '즉시'라는 단어가 빈번하게 나옵니다. 마가복음을 읽으면 분위기가 굉장히 다급함이 느껴질 정도입니다. 이 사역에서 저 사역으로 섬기는 일에 동분서주하시는 예수님을 만납니다. 마태복음과 누가복음은 예수님의 족보로 예수님의 탄생을 전합니다. 하지만 마가복음은 다 생략하고 예수님의 공생애부터 시작합니다. 종은 그 근원을 살필 필요가 없기 때문입니다.

누가복음은 '인간이 되신 예수님'을 강조합니다. 그래서 누가복음에는 다른 복음서에는 없는 예수님의 인성에 관한 부분이 많이 있습니다. 예수님이 지혜와 키가 자라 감에 따라 하나님과 사람들에게 사랑스러워 가셨다는 말씀과, 열두 살이 되었을 때 성전에 가신 소년 예수님에 관한 부분은 누가복음에만 있는 내용입니다. 또 예루살렘 성을 보시고 우신 것과 겟세마네 동산에서 기도하실 때에 땀이 핏방울같이 흘러내렸다는 말씀도 누가복음에만 있습니다. 그래서 누가복음을 찬찬히 읽으면 완전한 하나님이시자 완전한 인간이신 예수님을 만날 수 있습니다.

요한복음은 '하나님의 아들이신 예수님', 즉 예수님의 신성을 강조합니다. '하나님의 아들'이라는 말은 '하나님 자신'이라는 의미입니다. 우리나라에서 '아버지와 아들'은 서열의 개념이 강하지만, 성경에서는 동등의 개념이 강합니다. 사자의 새끼 역시 사자이고 사람의 아들은 사람이듯이, 하나님의 아들은 하나님이시라는 의미입니다. 그래서 요한복음은 영원 전부터 말씀으로 존재하신 예수님을 소개하는 것부터 시작합니다. 또한 요한복음에는 예수께서 하신 말씀 중에 하나님만이 선언하실 수 있는 말씀들이 있습니다. 예를 들면 "나는 세상의 빛이니 나를 따르는 자는 어둠에 다니지 아니하고 생명의 빛을 얻으리라"(요 8:12), "나는 부활이요 생명이니 나를 믿는 자는 죽어도 살겠고 무릇 살아서 나를 믿는 자는 영원히 죽지 아니하리니"(요 11:25-26), "내가 곧 길이요 진리요 생명이니 나로 말미암지 않고는 아버지께로 올 자가 없느니라"(요 14:6)와 같은 말씀들이 적지 않게 있습니다.

오늘 본문인 누가복음 1장 3절이 이렇게 증거합니다.

그 모든 일을 근원부터 자세히 미루어 살핀 나도 데오빌로 각하에게 차

레대로 써 보내는 것이 좋은 줄 알았노니

누가는 누가복음을 데오빌로 각하에게 차례대로 써 보내기 위해 예수 그리스도의 일을 자세히 살폈다고 합니다. 누가는 성경에서 최장편인 '누가복음—사도행전'을 기록하였지만 자신에 대해서는 단 한 줄도 기록하지 않았습니다. 성경을 통해서 누가에 대해 알 수 있는 사실은 직업이 의사였고 바울의 동역자였으며 누가복음과 사도행전을 기록했다는 이 세 가지 정도입니다.

누가의 역할

의사 누가

어느 시대 어느 지역에서나 의사는 극소수의 사람들만 가질 수 있는 직업이었고, 그 일을 통해서 경제적으로 윤택하게 살 수 있었습니다. 주전 6세기부터 주후 2세기까지 의학은 그 이전에 비해 비약적으로 발전했었다고 합니다. 누가가 살던 당시의 의학 수준은 1800년대 초반과 비슷한 정도로 추정됩니다.

동양의학과 서양의학에는 각각의 장점이 있지만, 서양의학의 가장 큰 장점 중 하나는 '수술을 통한 치료'입니다. 그런데 수술을 하기 위해서는 마취가 필수적입니다. 그런데 마취약이 발명된 시기는 19세기 중반인 1847년입니다. 마취약이 발명되기 전에도 마취 효과가 나게 한 후에 수술을 하기는 했지만, 공인된 마취약은 영국 에든

버러 의과대학 산부인과 교수였던 제임스 심프슨(James Y. Simpson) 교수가 발명하여, 빅토리아 여왕이 왕자를 분만할 때 처음 사용하였습니다. 빅토리아 여왕은 자신이 마취를 통해서 고통을 덜 겪고 출산하게 해준 것에 너무 감격하여, 심프슨에게 '경'(sir)이라는 칭호를 하사했습니다. 심프슨은 스코틀랜드 출신 의사로는 처음으로 이 칭호를 받았고, 에든버러 시의 명예시민이 되었습니다.

누가가 살았던 당시 로마 제국에는 이미 의사를 관리하는 기구가 있었습니다. 신임 의사들은 지도 의사 아래에서 지금의 인턴과 같은 훈련을 받았습니다. 지도 의사는 신임 의사가 치료하는 것을 세심하게 관찰했고, 실수는 엄하게 꾸짖었습니다. 어떤 경우에는 의사 자격을 박탈하기도 했습니다. 이런 점으로 보아 누가는 다른 제자들보다 훨씬 더 많은 교육을 받았습니다.

누가가 의사였기 때문에 누가복음에는 다른 복음서에는 없는 치료에 관한 부분이 많이 있습니다. 열여덟 해 동안이나 귀신 들려 허리를 펴지 못하고 살았던 여인을 고쳐 주신 일과 몸에 물이 차는 수종병(水腫病)으로 고생하는 사람을 고쳐 주신 일, 한센병 환자 열 명을 고쳐 주신 일은 모두 누가복음에만 기록되어 있습니다. 또 예수님이 겟세마네 동산에서 기도하신 후 잡혀가실 때에 베드로가 검을 꺼내어 대제사장의 종의 귀를 잘랐다는 내용은 4복음서에 모두 기록되어 있습니다. 그러나 예수께서 그 종의 귀를 고치신 이야기는 누가복음에만 기록되어 있습니다.

누가의 직업이 단지 의사였기 때문에 예수님이 병자들을 고치신 일들을 기록한 것은 아닙니다. 누가가 다른 복음서에 기록되지 않은 일들을 기록할 수 있었던 것은 그가 아주 섬세하게 주님의 사역을 살폈을 뿐만 아니라 따뜻한 마음의 소유자였기 때문입니다. 회당장 야이로의 열두 살 된 딸이 죽었을 때 예수님이 가서 고쳐 주셨습니다. 이 이야기는 공관복음에 모두 나오지만, 오직 누가만이 그 딸이 외동딸이었음을 밝히고 있습니다. "부모는 죽으면 뒷산에 묻고, 자녀는 죽으면 가슴에 묻는다"는 말이 있습니다. 부모에게 여러 명의 자녀가 있다 할지라도 그중에서 한 자녀가 먼저 세상을 떠나면 부모는 그 자녀를 가슴에 묻습니다. 부모에게 사랑하지 않는 자녀가 있을 수는 없기 때문입니다. 하지만 자녀라고는 오직 딸 하나밖에 없는데 그 딸이 먼저 세상을 떠날 때의 슬픔은 말로 형언할 수 없습니다. 누가는 그 딸이 '외딸'이라고 밝힘으로 부모의 안타까움과 슬픔을 더 잘 표현하고 있습니다.

또 예수님이 베드로와 야고보, 요한을 데리고 산에 올라가셔서 모세와 엘리야와 함께 사역에 대해 나누시고 내려오셨을 때, 아래에서는 남아 있던 제자들이 쩔쩔매고 있었습니다. 한 아버지가 귀신 들린 아들을 데리고 와서 고쳐 주기를 바랐지만 제자들은 고치지 못하고 있었기 때문입니다. 예수님은 그 아이를 고쳐 주셨습니다. 그런데 이 이야기 역시 공관복음에 모두 나와 있지만 그 아들이 '외아들'이란 사실은 누가만이 밝히고 있습니다.

바울의 동역자

누가가 어떻게 그리스도인이 되었는지는 성경에 나타나 있지 않습니다. 하지만 그는 사도 바울의 2차 전도여행 중, 드로아에서 마게도냐 사람의 환상을 보았을 때 합류한 것으로 보입니다. 사도 바울이 드로아에서 마게도냐 사람의 환상을 본 이후에 사도행전의 표현에서 주어가 '바울이'에서 '우리가'로 바뀝니다. 그래서 누가는 드로아에서 의사로 살았던 것으로 여겨집니다. 그 후로 그는 바울의 생의 마지막까지 함께했습니다. 누가는 바울의 전도 팀에 합류한 후 언제나 신실한 바울의 동역자였습니다. 사도 바울이 죄수가 되어 배를 타고 로마로 호송되어 갈 때, 누가는 아리스다고와 함께 배에 올랐습니다. 당시 죄수로 호송되어 가는 사람에게는 부인도 동행할 수 없었고, 단지 수발을 들 수 있는 노예 두 사람까지만 탑승이 가능했습니다. 누가는 바울의 종으로 등록하면서까지 함께했던 것입니다.

고린도후서 11장 23-27절에는 사도 바울이 겪었던 고난에 대해 이렇게 증거하고 있습니다.

> 그들이 그리스도의 일꾼이냐 정신없는 말을 하거니와 나는 더욱 그러하도다 내가 수고를 넘치도록 하고 옥에 갇히기도 더 많이 하고 매도 수없이 맞고 여러 번 죽을 뻔하였으니 유대인들에게 사십에서 하나 감한 매를 다섯 번 맞았으며 세 번 태장으로 맞고 한 번 돌로 맞고 세 번 파선하고 일 주야를 깊은 바다에서 지냈으며 여러 번 여행하면서 강의 위험과 강도의 위험과 동족의 위험과 이방인의 위험과 시내의 위험과 광야의 위험과 바다의 위험과 거짓 형제 중의 위험을 당하고 또 수고하며 애쓰고 여러 번 자지 못하고 주리며 목마르고 여러 번 굶고 춥고 헐벗었노라

형언하기 어려울 정도로 이렇게 많은 고난을 겪으면 그 몸은 만신창이가 됩니다. 이런 고난 가운데서도 사도 바울이 끝까지 소명의 길을 갈 수 있었던 힘은 무엇이었겠습니까? 사도 바울의 그 몸이 로봇인지라, 아무리 많이 맞아도 끄떡하지 않고 아무것도 먹지 않아도 되고 잠을 자지 않아도 되는, 단지 배터리만 갈아 끼우면 몸이 다시 원상복구가 되었기 때문이겠습니까? 누가가 없었다면 사도 바울은 사역하면서 건강을 유지하기가 무척 어려웠을 것입니다. 누가는 사도 바울의 동역자이자 주치의(主治醫)와 같았습니다.

성경을 읽다 보면 사도 바울과 누가와 관련해서 가슴을 저미는 곳이 있습니다. 디모데후서 4장 9-11절은 이렇게 증거합니다.

> 너는 어서 속히 내게로 오라 데마는 이 세상을 사랑하여 나를 버리고 데살로니가로 갔고 그레스게는 갈라디아로, 디도는 달마디아로 갔고 누가만 나와 함께 있느니라 네가 올 때에 마가를 데리고 오라 그가 나의 일에 유익하니라

"끝이 좋아야 만사가 좋다"는 속담이 있듯이 시작보다는 끝이 훨씬 더 중요합니다. 디모데후서는 바울의 최후서신입니다. 이 감옥에서 6개월 정도 옥살이를 한 후에 그는 순교를 당합니다. 바울은 지금까지 소명의 길을 신실하게 달려왔습니다. 그런데 그의 생의 마지막은 왠지 쓸쓸해 보입니다. 바울은 죽음의 그림자가 드리워진 감옥에서 네로 황제의 판결을 기다리고 있습니다. 함께했던 동역자들은 대부분 떠났습니다. 그 깊은 감옥에서 바울의 마지막 가는 길을 묵묵

히 곁에서 지켜 주고 있는 사람이 바로 누가였습니다. 주님을 향한 누가의 신실함은 바울에게 말할 수 없는 위로가 되었습니다.

당시의 정황으로 본다면 그 어떤 사람도 바울만 중요하고 누가는 중요하지 않다고 말할 수 없습니다. 우리가 가정에서, 일터에서, 학교에서, 교회에서 어떤 역할을 하든지 중요한 역할과 중요하지 않은 역할이 나뉘어 있지 않습니다. 우리 각자의 역할이 모두 합쳐져야 하나님의 사역이 완성되기 때문입니다.

복음서의 기자

당시 유대인들은 "하나님이 지옥불의 땔감으로 사용하기 위하여 이방인들을 창조하였다"라고 말할 정도로 이방인들을 경멸하였습니다. 또한 "하나님이 이방인을 사람처럼 창조한 것은 유대인들이 종으로 부릴 때에 불쾌하지 않도록 하기 위해서이다"라고 생각할 정도였습니다.

누가는 성경을 기록한 사람 중에 유대인이 아닌 유일한 사람이었기 때문에 이방인이나 소외 계층에 관심이 많았습니다. 그래서 누가복음에는 이방인을 비롯하여 세리, 병자, 죄인, 여인들에 관한 이야기가 가득합니다. 예루살렘에서 여리고로 내려가다가 강도 만난 사람을 도와주었던 사람도 사마리아 사람이었고, 열 명의 한센병 환자들이 예수님께 고침을 받았지만 돌아와서 감사를 표한 사람도 사마리아 사람이었는데, 누가복음에만 이 두 이야기가 있습니다. 유대인들은 사마리아 사람들을 이방인들만큼이나 싫어했습니다.

누가복음 15장에는 잃어버린 양, 잃어버린 은전(드라크마), 집을 나간 둘째 아들 이렇게 세 가지 비유가 나옵니다. 그중에서 잃어버린 은전과 집을 나간 둘째 아들의 비유는 누가복음에만 있습니다. 어린 아이들도 잘 아는 세리장 삭개오의 이야기도 누가복음에만 있습니다. 4복음서 중에서 오직 누가복음만이 엘리사벳과 마리아의 잉태에 대해 말씀하고 있습니다. 마태복음에도 예수님의 동정녀 탄생에 대해 말씀하고 있지만 그 초점이 마리아가 아닌 남편 요셉입니다. 독자를 잃은 나인 성 과부의 이야기, 눈물로 주님의 발을 적시고 자기 머리털로 닦은 후 향유를 부은 여인의 이야기, 마리아와 마르다의 이야기 등은 모두 누가복음에만 나오는 내용들입니다.

누가에 대해 살펴볼수록 그의 삶이 귀하게 여겨집니다. 누가는 예수님의 열두 사도 중의 한 명도 아니었고, 유대인도 아니었습니다. 예수님의 생애를 기록하기 위해 붓을 든 사람이 많이 있었지만 주님은 누가가 기록한 것을 성경으로 삼게 하셨습니다.

패치 아담스

얼마 전에 세상을 떠난 배우 로빈 윌리엄스가 출연한 영화 중에는 〈죽은 시인의 사회〉를 비롯하여 〈미세스 다웃파이어〉, 〈굿 윌 헌팅〉 등 감동적인 작품이 여럿 있습니다. 그중 제가 본 가장 감동적인 작품은 〈패치 아담스〉였습니다. 이 영화는 헌터 아담스의 실화를 바탕으로 만들어졌습니다. 패치는 불우한 가정에서 자라나 자살을 시도했다가 미수에 그치고 스스로 정신병원에 입원했습니다. 그의 힘든 삶을 치유해 준 것은 의사가 아니라 동료 환자들이었습니다. 상처를 가리는 조그만 천이라는 의미의 '패치'는 동료 환자가 붙여 준 별명이었습니다.

병원에서 나온 지 2년 후에 패치는 의과대학 학생이 되었습니다. 패치는 3학년이 되어야 환자를 만날 수 있다는 학칙을 위반하면서까지 환자들의 마음을 치유하기 위해 그들을 만나다가 경고를 받습니다. 또한 산 위의 허름한 집을 개조하여 의대생 친구들과 함께 소외되고 가난한 이들을 위한 무료 진료소를 세웠다가 퇴학의 위기를 겪기도 합니다. 이 영화는 이런 자막이 올라가는 것으로 끝이 납니다.

그 후 12년 동안 패치 아담스는 개조한 집에서 사람들을 돌보았는데, 치료비를 낼 수 없는 가난한 사람, 의료보험이 없는 사람, 요양시설에 있는 사람들 등 1만 5,000명이 넘는 사람들을 치료하였습니다. 그는 웨스트 버지니아에 105에이커(약 13만 평)의 땅을 구입하여, '게준트하이트 호스피틀 건강병원'을 건립 중에 있습니다. 지금까지 1,000명이 넘는 의사들이 패치의 운동에 동참하기 위해서 준비하고 있습니다.

의사이면서 사역자인 최초의 사람이 누가였습니다. 전 세계에 수많은 그리스도인 의료인들이 누가를 본받으려 하고 있습니다. 누가의 이름 뜻은 '빛나다'입니다. 그는 자신의 이름을 빛내는 삶을 산 것이 아니라 주님의 이름을 빛내는 삶을 살았습니다. 그러나 주님은 그의 이름을 빛나게 해주셨습니다.

'유유상종'(類類相從)이라는 말이 있습니다. 또 "친구를 보면 그 사람을 안다"고 합니다. 그러나 신앙은 그렇지 않습니다. 그리스도인은 얼마나 다양한 계층의 사람들을 많이 품고 있느냐가 그 사람의 신앙인격을 말해 줍니다. 예수님이 그러하셨기 때문입니다. 예수님은 니고데모와 같은 관리나 아리마대 요셉과 같은 부자, 회당장, 백부장 등을 외면하지 않으셨을 뿐만 아니라 병자들, 장애인들, 세리들, 죄인들을 더 많이 품어 주셨습니다. 우리의 신앙도 더 많은 사람을 더 넓게 품는 것과 비례합니다.

함께 누가복음을 배워 가면서 더욱 깊고 넓으신 주님을 만나실 수 있기를 바랍니다. 또한 주님의 행함과 말씀을 깊이 살핌으로 그 시대에 빛으로 살았던 누가처럼, 우리도 이 시대를 맑히고 밝히는 또한 사람의 누가가 되기를 소원합니다.

하나님 아버지!

누가는 예수님이 택하시고 보내신 열두 사도들 중에 한 명도 아니었고, 유대인도 아니었습니다. 또한 그가 어떻게 주님을 인격적으로 만났는지, 어떻게 편안하게 살 수 있는 의사의 삶을 누리지 않고 주님께 헌신하게 되었는지도 모릅니다. 하지만 누가가 한 사람의 직업인으로, 사역자로, 주님의 행함과 말씀을 깊이 연구하는 사람으로 신실하게 살았던 것처럼 우리도 다 누가와 같은 삶을 살게 하여 주옵소서. 하나님이 허락하신 우리 각자의 가정과 일터에서 최선을 다하는 그리스도의 좋은 일꾼들이 되게 하시고, 주님을 깊이 사랑하게 하옵소서.

주께서는 이미 우리를 향해 "너희는 세상의 빛이다"라고 말씀해 주셨습니다. 우리 각자가 서 있는 삶의 현장에서 빛으로, '누가'로 살아가게 하소서. 누가가 자세히 살펴 기록한 누가복음을 통해서 그가 발견했던 주님을 우리도 발견하게 하시고, 누가가 누렸던 그 은혜와 감격을 우리도 누릴 수 있도록 인도하여 주옵소서. 예수님의 이름으로 기도드립니다. 아멘.

2.

데오빌로 각하에게

누가복음 1장 1-4절

우리 중에 이루어진 사실에 대하여 처음부터 목격자와 말씀의 일꾼 된 자들이 전하여 준 그대로 내력을 저술하려고 붓을 든 사람이 많은지라 그 모든 일을 근원부터 자세히 미루어 살핀 나도 **데오빌로 각하에게** 차례대로 써 보내는 것이 좋은 줄 알았노니 이는 각하가 알고 있는 바를 더 확실하게 하려 함이로라

《기독교 강요》

기독교 역사상 최고의 책 중 한 권은 프랑스의 종교개혁자 장 칼뱅이 쓴 《기독교 강요》입니다. 이 책은 '16세기 종교개혁의 교과서'라 여김을 받습니다. 칼뱅은 27세였던 1536년에 1권 6장으로 이루어진 초판을 쓴 이래, 죽기 5년 전인 1559년 50세에 4권 80장으로 된 4판인 최종판을 썼습니다. 이 책은 1517년 마르틴 루터의 종교개혁 이후 성경을 자유롭게 읽을 수 있게 된 그리스도인들이 성경을 바르게 해석하고 더 잘 이해할 수 있도록 하기 위해 쓰였습니다. 이 책이 쓰여진 또 하나의 중요한 목적은 로마 가톨릭에게 박해받던 개신

교 그리스도인들을 변호하기 위해서였습니다.

《기독교 강요》는 당시 프랑스의 왕이었던 프랑수아 1세에게 드리는 헌사로 시작됩니다. 그는 루이 12세의 뒤를 이어 즉위했는데, '프랑스 르네상스의 아버지'라고 불립니다. 지금 루브르 박물관에 있는 뛰어난 예술작품 중 많은 부분이 프랑수아 1세의 통치 기간에 이루어진 것입니다.

1534년 10월에 우상화된 교황주의와 미사의 잘못된 부분을 지적하는 벽보가 파리는 물론 프랑스 전역에, 심지어 왕의 침실에까지 붙은 일이 있었습니다. 이 일로 프랑수아 1세는 종교개혁자들을 자신의 권력에 도전하는 반대 세력으로 규정하고, 종교개혁을 따르는 사람들을 대대적으로 박해했습니다. 칼뱅도 이 사건으로 인해 프랑스를 완전히 떠나게 되었습니다.

《기독교 강요》에서 프랑수아 1세에게 드리는 헌사는 이렇게 시작됩니다.

지극히 위대하시고, 지극히 영명(令名)하시며, 지극히 기독교적인 프랑스의 왕 프랑수아 폐하에게 장 칼뱅은 주 안에서 평강과 문안을 드립니다. 지극히 영광스러운 왕이시여, 제가 처음 이 저술에 손을 댔을 때 폐하에게 바쳐질 어떤 것을 쓴다는 것은 꿈도 꾸지 않던 일이었습니다. 나의 목적은 단지 어떤 기초적인 사실을 전달함으로 그것에 의해 종교에 열심을 가진 사람들이 참된 경건에 도달하게 하는 것이었습니다. 그러나 어떤 사악한 사람들의 격노가 당신의 영토에서 너무나 멀리 파급되었기 때문에 건전한 교리는 발붙일 장소가 없게 되었습니다. 결과적으로 만일 내가 가르치기에 착수한 자들에게 교훈을 주고, 동시에 폐하 앞에서 신앙을 고백할 수 있다면, 그것은 가치가 있는 일이 될 것이라고 생각되었습니다. (상권, 크리스챤다이제스트, 2003, 16쪽)

이렇게 시작된 헌사는 번역된 책으로 23쪽이나 됩니다. 헌사는 이렇게 마무리됩니다.

현재 폐하의 마음은 사실상 우리에게서 떠나 있으며 등을 돌린 상태이며 심지어 진노하고 계십니다. 그러나 만일 폐하께서 고요하고 안정된 기분으로 우리의 이 고백을 한 번 읽어 주신다면 우리는 폐하의 은총을 되찾을 자신이 있음을 첨언합니다. 우리는 이 고백을 변명 대신으로 폐하 앞에 바치는 것입니다. 하지만 저 악의로 충만한 자들의 속삭임들만이 폐하의 귀를 가득 채워 피고인들은 자기를 위해 아무런 변론할 기회조차 얻지 못하고 단지 그들의 미친 격노만이 폐하의 묵인하에 투옥, 채찍질, 고문, 절단형, 화형 등으로 나타난다고 생각해 보십시오(히 11:36-37 참조).

왕 중의 왕이신 주께서 폐하의 보좌를 의(義) 가운데(잠 25:5 참조), 폐하의 통치를 공평 가운데 견고케 하시기를 기원하나이다.

1536년 8월 1일, 바젤에서

(같은 책, 38쪽)

16-17세기경 프랑스의 개신교인들을 '위그노'(Huguenot)라고 합

니다. 위그노들은 1598년 앙리 4세가 발표한 낭트칙령으로 한때 신앙의 자유를 얻었습니다. 하지만 1685년 루이 14세는 가톨릭만을 국교로 인정하기 위해서 낭트칙령을 폐지하였습니다. 그 전에도 그러하였지만, 낭트칙령 폐지 후에는 프랑스 개신교인들은 더 많은 박해를 받았습니다. 그래서 수천 명의 사람들이 노예선에서 강제 노역을 당하거나 투옥되었고, 최소한 20만 명이 넘는 사람들이 스위스나 네덜란드, 영국, 북미 등지로 이주하였습니다.

세계에는 다양한 모양의 십자가가 있는데, 위그노 십자가에는 아래쪽에 비둘기 모양의 펜던트가 달려 있습니다. 비둘기는 두말할 필요도 없이 성령님을 상징합니다. 그런데 종종 비둘기 대신에 진주를 펜던트로 달기도 합니다. 그 진주는 종교개혁 시대에 박해를 받은 교회의 눈물을 상징합니다.

그리스도인들의 신앙고백문, 누가복음

《기독교 강요》는 일반 그리스도인들이 1000년 만에 겨우 읽을 수 있게 된 종교개혁 당시 신앙의 내용을 정리한 것이며, 박해받는 그리스도인들을 변호하기 위한 탄원문과 같습니다. 누가복음 역시 당시 로마황제를 '주'(主)라고 고백해야 했고, 나사렛 예수를 그리스도로 고백하는 것이 허락되지 않은 1세기 그리스도인들에게 예수님이 어떤 분인지에 대한 기록일 뿐만 아니라, 로마제국과 유대 교권주의자들로부터 박해받는 그리스도인의 신앙고백문과 같습니다.

누가복음의 서막은 이렇게 올라갑니다. 1장 1, 2절은 이렇게 증거합니다.

> 우리 중에 이루어진 사실에 대하여 처음부터 목격자와 말씀의 일꾼 된
> 자들이 전하여 준 그대로 내력을 저술하려고 붓을 든 사람이 많은지라

누가는 '이루어진 사실'을 기록하기 위해서 붓을 들었습니다. '이루어진 사실'은 두말할 필요도 없이 '예수 그리스도의 사건'을 말하는 것이고, 그것에 대한 기록이 '누가복음'입니다. '예수 그리스도의 사건'이 무엇인지에 대해서 누가는 누가복음의 후편인 사도행전에서 이렇게 밝히고 있습니다. 사도행전 1장 1, 2절이 이렇게 증거합니다.

> 데오빌로여 내가 먼저 쓴 글에는 무릇 예수께서 행하시며 가르치시기를
> 시작하심부터 그가 택하신 사도들에게 성령으로 명하시고 승천하신 날
> 까지의 일을 기록하였노라

'이루어진 사실', 즉 '누가복음'을 요약하면 '예수께서 행하시며 가르치시기를 시작하심부터 그가 택하신 사도들에게 성령으로 명하시고 승천하신 날까지의 일'입니다.

우리가 사는 지구촌에는 매일매일 '이루어진 사실'들이 있습니다. 그 모든 사실들이 신문에 활자화되거나 뉴스에 방송되는 것은 아닙니다. CNN처럼 24시간 뉴스만 방송한다 할지라도 지구촌에서 일

어나는 일을 '모두' 알려 줄 수는 없습니다. 신문이나 방송에 보도되는 것은 지극히 일부분일 뿐입니다.

신문사에서는 '이루어진 사실'들이 활자화되기까지 무엇을 1면 기사로 실을지 고심할 것이고, 방송사에서도 방송으로 내보내기까지 무엇을 톱뉴스로 정할지 심사숙고할 것입니다. 1, 2절에 나오는 '이루어진 사실', 즉 '예수 그리스도의 사건'에 대해서 소개하려고 붓을 들었던 사람들은 모두 예수님의 사건을 '신문의 1면 기삿감'이라고, 방송의 '톱뉴스감'이라고 생각했던 사람들이었습니다. 그런데 누가는 '이루어진 사실'이 일어난 곳이 '우리 중에'라고 합니다.

당시 대부분의 사람들은 예수님의 사건을 중요하다고 생각하지 않았습니다. 적어도 처음 1세기 동안은 극소수의 사람만이 중요하다고 생각했습니다. 그러나 2000년이 지난 지금까지 예수님의 사건보다 더 중요한 사건은 없었습니다. 예수 그리스도의 사건을 천평칭(天平秤) 저울의 한쪽에 올려놓고 다른 쪽에 이루어진 그 어떤 일을 올려놓아도 저울은 예수 그리스도의 사건 쪽으로 기웁니다. 아니, 천평칭의 한쪽에 예수 그리스도의 사건을 올려놓고, 다른 쪽에 이 땅에서 이루어진 모든 일을 다 올려놓아도 저울은 예수 그리스도의 사건으로 기웁니다. 적어도 우리에게는 그러합니다. 그래서 인류의 역사는 예수 그리스도께서 오시기 전(B.C.)과 오신 후(A.D.)로 나뉩니다.

누가는 예수께서 직접 택하신 열두 사도들 중에 속하지 않았을 뿐만 아니라 유대인도 아니었습니다. 그런데 누가는 어떻게 이 복음서를 기록할 수 있었겠습니까? "처음부터 목격자와 말씀의 일꾼 된 자들이 전하여 준 것"을 기록했기 때문이었습니다. 목격자였던 사람들은 예수님을 낳았던 마리아, 예수님의 육신의 형제들, 열두 사도들, 누가복음 10장에 나오는 70명의 제자들, 또한 예수님이 만나 주셨던 사람들 등일 것입니다. 누가가 목격자들의 말을 근거로 하여 기록했다는 것은 자신이 써 내려간 예수 그리스도의 이야기는 상상의 산물이거나 추론의 결과가 아니라 이 땅의 역사 속에 일어났던 사건 그대로라는 의미입니다.

또한 '일꾼'이라고 번역된 헬라어 단어가 '휘페레테스'(ὑπηρέτης)입니다. 종, 하인, 아랫사람, 수행원 등으로 번역되는데, 원 의미는 '배 아래에서 노를 젓는 사람'을 뜻합니다. 배 아래에서 노를 젓는 사람은 자기 마음대로 젓지 않습니다. 노를 저을지 말지, 어떤 속도로 저을지, 어떤 방향으로 저을지는 오직 명령을 내리는 사람에게 달려 있습니다. 노를 젓는 사람은 명령자의 말에 순종하기만 하면 됩니다. '말씀의 일꾼이 된다'는 것은 일꾼 된 나에게 말씀이 명령을 내린다는 의미입니다.

누가가 쓰는 주님에 대한 이야기는 주님의 말씀을 명령자로 여기고, 자신을 일꾼으로 여긴 사람들의 고백입니다. 그래서 이 복음은 주님과 주님의 말씀을 위해 자신의 삶을 송두리째 던진 사람들이 전해 준 이야기입니다. 그들이 이 복음을 우리에게 전해 주기 위해서 자신들의 생명을 소중한 것으로 여기지 않았기 때문에 오늘 우리가 이 자리에 앉아 들을 수 있게 되었습니다.

찬송가 586장은 "어느 민족 누구게나"입니다. 이 찬송의 3절 가사의 도입부가 이러합니다. "순교자의 빛을 따라 주의 뒤를 좇아서". 이 가사는 순교자들이 들고 있는 등불을 따라서 우리가 걸어가

거나, 순교자들의 빛 된 삶을 본받아서 우리도 그런 삶을 살자는 의미가 아닙니다. 이 부분의 영어 가사는 이러합니다. "By the light of burning martyrs"(불에 타고 있는 순교자들의 빛을 따라서), "Jesus' bleeding feet I track"(예수님의 피 묻은 발자국을 따라서 나는 걷습니다).

예수님이 머리에 가시관을 쓰고 채찍에 맞으며 십자가를 지고 대속의 길을 가셨습니다. 그 길 위에는 주께서 흘리신 핏방울이 있고, 피로 젖은 발자국이 있습니다. 우리가 그 발자국을 따라서 가야하는데, 칠흑같이 어두워서 따라 걸을 수가 없습니다. 그때에 화형을 당하고 있는 순교자들의 몸이 횃불이 되어서 길을 밝혀 주고 있습니다. 그래서 우리가 예수님의 피 묻은 발자국 위로 한 걸음씩 한 걸음씩 걸어갈 수 있습니다. 이것이 "순교자의 빛을 따라 주의 뒤를 좇아서"의 의미입니다. 순교자들이 이러한 삶을 마다하지 않고 묵묵히 그 길을 걸을 수 있었던 것은 자신들의 생명보다 주님을 더 소중하게 여겼기 때문이고, 그들이 받은 주님의 말씀이 영원한 생명의 말씀이었기 때문입니다.

계속해서 3절이 이렇게 증거합니다.

그 모든 일을 근원부터 자세히 미루어 살핀 나도 데오빌로 각하에게 차례대로 써 보내는 것이 좋은 줄 알았노니

누가는 예수님을 직접 뵙지 못했기 때문에 목격자와 말씀의 일꾼 된 자들의 증언에 의존해서 기록할 수밖에 없었습니다. 그렇다고 해서 그들이 전해 준 내용을 받아쓰기처럼 기록한 것은 결코 아니었

습니다. 자신도 근원부터 미루어 살폈습니다.

'미루다'라는 우리말은 '정한 시간이나 기일을 나중으로 넘기다'와 '일을 남에게 넘기다'라는 뜻이 있습니다. 하지만 그런 뜻만 있는 게 아닙니다. '이미 알려진 것으로써 다른 것을 비추어 헤아리다'라는 뜻도 있습니다. 본문의 '미루다'가 바로 이 의미입니다. 누가는 예수님에 대해 단지 알려진 것만을 기록하지 않았습니다. 그것을 토대로 해서 더 많은 사실들을 근원부터 살폈습니다. 그래서 예수님의 제자였던 마태는 예수님에 대해 기록하면서 예수님의 탄생에서부터 시작하지만, 누가는 예수님보다 6개월 먼저 태어나 주님의 길을 예비한 세례자 요한에서부터 시작합니다. 그뿐만 아니라 마태는 예수님의 족보를 기록하면서 아브라함부터 시작하지만, 누가는 그것보다 훨씬 더 근원인 아담까지, 아니 아담을 창조하신 하나님에게까지 소급하여 기록합니다. 누가가 얼마나 복음의 근원부터 살피려고 했는지 알 수 있습니다.

게다가 앞에서 말씀드린 바와 같이 누가가 예수님의 어린 시절을 비롯하여 다른 복음서에 기록되지 않은 여러 감동적인 사건들을 기록할 수 있었던 것은 그만큼 주님의 사역과 말씀을 자세히 미루어 살폈기 때문입니다. 누가의 미루어 살핌으로 인해서 우리는 완전한 인간으로 오신 완전한 하나님이신 예수 그리스도를 만날 수 있게 되었습니다. 만약 우리가 주님을 자세히 미루어 살펴 제대로 믿으면 우리를 통해서 또 다른 사람들이 주님을 만나게 될 것입니다.

계속해서 4절이 이렇게 증거합니다.

이는 각하가 알고 있는 바를 더 확실하게 하려 함이로라

누가가 여러 사람들에게서 예수님에 대해 그렇게 자세히, 철저히 근원부터 살폈던 이유는 데오빌로 각하의 신앙을 견고하게 세워 주기 위해서였습니다. '확실하다'의 문자적 의미는 '무엇인가에 걸려 미끄러지거나 넘어지지 않다'입니다. 누가는 지금까지 데오빌로 각하가 들었던 그 말씀이 틀리지 않았음을 확신하게 되고, 그 말씀으로 인해서 미끄러지거나 넘어지지 않는 그리스도인이 되게 하기 위해 이 글을 기록하게 되었습니다.

살펴본 말씀에서 누가복음이 보내진 때가 언제인지, 이 글을 받은 사람이 누구인지를 새기는 것은 의미심장한 일입니다. 3절을 다시 읽어 보겠습니다.

그 모든 일을 근원부터 자세히 미루어 살핀 나도 데오빌로 각하에게 차례대로 써 보내는 것이 좋은 줄 알았노니

《기독교 강요》가 프랑수아 1세에게 보내진 글이라면, 누가복음은 데오빌로에게 보내진 글입니다. 데오빌로의 호칭이 '각하'입니다. '각하'에 해당하는 헬라어 단어 '크라티스토스'(κράτιστος)는 '가장 고귀한 사람'이라는 의미로 당시 로마제국에서 총독 이상의 고위 관리에게 사용되었던 호칭이었습니다. 이 호칭은 신약성경에서 데오빌로를 비롯하여 총독 벨릭스, 총독 베스도 등 딱 세 사람에게만 사용되었습니다. 총독은 지배국에서 피지배국에 보내는 최고위 관리였

습니다. 그는 정치·경제·군사 등의 모든 통치권을 가진, 자기 관할 내에서는 절대적인 존재였습니다. 따라서 데오빌로는 누가가 쉽게 가까이 다가갈 수 있는 존재가 결코 아니었습니다.

누가는 이런 고위관리에게 예수 그리스도께서 이 땅에 오심부터 승천하시기까지의 일을 써서 보냈습니다. 누가복음은 주후 60년대에 기록되었습니다. 누가가 이 글을 보낼 때는 칼뱅이 《기독교 강요》를 써서 보낼 때처럼 로마제국 전역에서 그리스도인들이 처참한 박해를 받던 상황이었습니다. 네로 황제가 통치하던 주후 64년에 로마에 대화재가 있었습니다. 그리스도인들은 이 화재를 일으켰다는 누명을 쓰고 말할 수 없는 박해를 받았습니다. 그해에 사도 베드로는 순교의 제물이 되었습니다. 그리고 약 3년 뒤인 67년에 사도 바울마저도 순교의 제물이 되었습니다. 그뿐만 아니라 당시 예루살렘은 로마의 티투스 장군에 의해 포위되어 있는 상태였습니다. 66년부터 무려 4년 동안이나 예루살렘은 포위되어 있었습니다. 갇혀 있던 사람들은 대부분 아사를 당하고 말았습니다. 그리스도인들은 도처에서 박해의 대상이었습니다. 당시에 자신이 그리스도인임을 밝히거나 기독교를 편들기 위해서는 목숨을 걸어야 할 정도였습니다. 특히 황제숭배를 거부했던 그리스도인들은 더욱 그러했습니다.

그러한 때에 누가는 데오빌로 각하에게 예수 그리스도가 어떤 분인지를 이렇게 긴 글을 써서 보냈습니다. 예수 그리스도가 이 땅에 어떤 모습으로 오셨는지, 그분이 어떤 일을 하셨으며 어떤 말씀을 하셨는지, 어떤 사람들이 그분을 따랐으며 어떤 사람들이 반대했는지. 또한 그분이 어떻게 죽임을 당했으며 그 후에 어떤 일이 일어났는지를 목숨을 걸고서 보낸 것입니다. 그래서 그분을 따르는 그리스도인들이 결코 세상을 부정하는 사람들이 아니요, 예수 그리스도를 주님으로 섬기는 것이 이 땅에서 최상의 삶이라고 호소하고 있는 것입니다.

누가가 보낸 이 글이 데오빌로 각하에게 큰 울림이 되었고, 그는 그리스도인이 되었습니다. 누가복음의 후편인 사도행전 1장 1, 2절은 이렇게 증거합니다.

> 데오빌로여 내가 먼저 쓴 글에는 무릇 예수께서 행하시며 가르치시기를 시작하심부터 그가 택하신 사도들에게 성령으로 명하시고 승천하신 날까지의 일을 기록하였노라

누가복음에서 데오빌로의 호칭이었던 '각하'가 사도행전에서는 사라졌습니다. 누가복음과 사도행전 사이에 데오빌로는 그리스도인이 되었던 것입니다. 데오빌로가 누가로부터 누가복음의 내용을 받아서 읽다가 그 속에서 말씀하시는 주님을 만나고 얼마나 기뻐했겠습니까? 천한 목수의 아들로 태어난 그 예수, 가진 것도 배운 것도 없는 그 나사렛 출신의 예수가, 십자가에서 수치스러운 죽임을 당한 그 예수가 자신을 영원히 살려 주시기 위해 낮은 자리로 오신 구세주요, 자신의 신분과 비교 자체가 불가능한 영원한 왕이시자, 자신을 창조하신 하나님이심을 알았을 때 얼마나 감격했겠습니까? 아마 "주의 말씀 받은 그날 참 기쁘고 복 되도다"라고 주님을 찬양했을 것입니다. 그래서 누가에게 그는 더 이상 '각하 데오빌로'가 아니라 '형

제 '데오빌로'가 되었습니다.

'데오빌로'는 '하나님'을 뜻하는 '데오스'(Theos)와 '사랑' 또는 '친구'를 뜻하는 '필로스'(Philos)의 합성어입니다. 그래서 '데오빌로'의 의미는 '하나님을 사랑하는 사람' 또는 '하나님께 사랑을 받는 사람' 또는 '하나님의 친구'입니다.

지금 우리가 사는 이 세상에서 '예수 그리스도'는 존중받지 못하고 천덕꾸러기 취급을 받고 있습니다. 주님은 우리를 위해서 십자가에서 대속의 피를 흘리셨을 뿐만 아니라, 오늘도 우리를 사랑하시며 인도하고 계시지만, 우리의 삶은 주님의 이름을 땅에 떨어뜨리고 말았습니다.

장 칼뱅이 프랑수아 1세에게 《기독교 강요》를 써서 보냈고 누가가 데오빌로 각하에게 누가복음을 써서 보냈듯이, 이제는 우리가 우리 앞에 있는 '데오빌로 각하들'에게 주님이 어떤 분인지, 주님을 따르는 것이 무엇인지를 우리 삶으로 써야 합니다. '가족이라는 데오빌로 각하' 앞에, '친구와 직장 동료라는 데오빌로 각하' 앞에, '대한민국 사회라고 하는 데오빌로 각하' 앞에 우리는 삶으로 말씀을 써야 합니다. 우리의 삶으로 써 가다 보면 언젠가 주께서 우리 앞에 있는 '데오빌로 각하'를 '데오빌로'가 되게 해주실 것이요, 우리는 이 시대에 주님을 빛내는 누가들이 될 것입니다.

하나님 아버지!
장 칼뱅은 프랑수아 1세에게 개신교 신앙이 무엇인지 알게 하고 당시

개신교인들의 억울함을 풀어 주기 위해 《기독교 강요》를 써서 보냈습니다. 누가는 데오빌로 각하에게 그가 알고 있는 신앙의 내용을 더욱 또렷하게 각인시키기 위해서, 또 당시 박해받는 그리스도인들을 변호하기 위해서 자신의 목숨을 걸고 누가복음을 써서 보냈습니다. 그로 인해서 데오빌로는 그리스도인이 되었습니다.

이제 우리도 우리 앞에 있는 데오빌로 각하들에게 주님의 복음을 쓰게 해주십시오. 장 칼뱅은 종이에 《기독교 강요》를 써서 보냈고 누가는 파피루스에 누가복음을 써서 보냈지만, 우리는 우리의 마음과 삶에 주님을 기록하여 우리의 데오빌로 각하들에게 보내게 하여 주옵소서. 주님의 이름이 땅에 떨어지고, 교회가 교회답지 못하다고 손가락질받는 이 시대에 우리의 삶으로 복음서를 씀으로 인해 주님을 몰랐거나 흐릿하게 알았던 데오빌로 각하가 주님을 분명하게 아는 데오빌로가 되는 역사를 목도하게 하여 주옵소서. 이 시대가 어둡다고 한탄하거나 불평하지 않게 하시고, 나 자신이 빛을 밝히는 누가로 살아가지 못함을 안타까워하며 가슴을 치게 하여 주옵소서. 우리 모두가 누가들이 됨으로 우리가 서 있는 곳이 환해지는 주님의 은총을 누리게 하여 주옵소서. 예수님의 이름으로 기도드립니다. 아멘.

3.

유대 왕 헤롯 때에

누가복음 1장 5-7절

유대 왕 헤롯 때에 아비야 반열에 제사장 한 사람이 있었으니 이름은
사가랴요 그의 아내는 아론의 자손이니 이름은 엘리사벳이라 이 두 사
람이 하나님 앞에 의인이니 주의 모든 계명과 규례대로 흠이 없이 행
하더라 엘리사벳이 잉태를 못하므로 그들에게 자식이 없고 두 사람의
나이가 많더라

베들레헴의 흉년과 룻

성경 66권에서 여성의 이름으로 된 것은 룻기와 에스더서가 있
습니다. 그중에서 룻기 1장 1절은 이렇게 시작합니다.

사사들이 치리하던 때에 그 땅에 흉년이 드니라

룻기는 사사기와 시대적 배경이 동일합니다. 사사 시대에 이스
라엘 자손들이 바알과 아스다롯을 비롯한 여러 우상들을 숭배하고 온
갖 죄를 범하자, 진노하신 하나님은 그들이 노략자들에게 고통당하

는 것을 막아 주지 않으셨습니다. 이스라엘 자손들은 고통이 극심하여 견디지 못하게 되어서야 하나님께 도움을 요청하곤 했습니다. 그때 하나님은 사사를 보내서서 노략자들에게서 그들을 건지시고, 더 이상 침략이 없는 평화의 기간을 주셨습니다. 하지만 사사가 죽고 나면 이스라엘 자손들은 또다시 하나님의 은혜를 잊었습니다. 사사기에는 이스라엘 자손들의 삶의 틀이 있는데, '우상숭배와 범죄 → 노략질 당함 → 하나님께 도움을 요청 → 사사를 통해 건짐을 받음 → 평화 → 사사가 죽은 후에 우상숭배와 범죄 → 노략질 당함'의 순서가 반복적으로 일어났습니다. 드라이버로 나사못을 돌리면 원을 그리며 박히듯이, 이스라엘 자손들의 삶도 나선형의 원을 그리며 점점 더 하나님이 없는 패역한 삶과 어두움으로 깊어졌습니다.

이런 시대에 흉년까지 들었습니다. 엘리멜렉과 나오미 부부는 흉년을 피하기 위해 두 아들을 데리고 모압지방으로 이주했습니다. 그곳에서 그렇게 오래 살 계획은 없었습니다. 하지만 남편이 죽자 상황이 바뀌어 두 아들도 모압에서 결혼을 시켰습니다. 그런데 이주한 지 10년이 지나 두 아들도 죽고 남은 사람은 단 세 사람, 나오미와 며느리 둘뿐이었습니다. 나오미의 입장에서 보면 10년 동안 얼마나 많은 일들이 있었겠습니까? 노략질을 당하고 건짐받음을 반복하는 베들레헴에서의 삶과 흉년으로 인해 식량 구하기가 쉽지 않던 팍팍한 삶, 모압으로 이주하기까지의 고뇌와 갈등과 결심, 모압 이주 후에 갑작스러운 남편의 별세, 두 아들의 결혼으로 인한 새로운 삶, 차례대로 영원히 떠나보내야 했던 두 아들……

아마 나오미가 자신의 삶을 다른 사람에게 말했다면 "나의 지난 10년을 소설로 쓰면 1년에 한 권씩 열 권을 쓸 수 있을 것이다"라고 했을 것입니다. 하지만 성경은 나오미의 그 10년의 삶을 단 다섯 절로 기록하고 있습니다. 그 10년은 나오미에게 어두움으로 가득한 터널을 걷는 시간이었고, 잃어버린 세월과도 같았습니다.

나오미는 하나님이 자기 백성을 돌아보시고 베들레헴 사람들에게 양식을 주셨다는 소식을 들었습니다. 그리고 용기를 내어 며느리 룻과 함께 고향으로 돌아왔습니다. 고향 사람들은 나오미를 보고서 그의 예기치 않은 귀향에 놀라며 "이 사람 나오미 아냐?"라고 반문했습니다. 그 말에 나오미는 "나를 나오미라고 부르지 말고 '마라'라 부르십시오"라고 말했습니다. 나오미는 '희락', '즐거움'이라는 뜻이고, 마라는 '괴로움'이라는 뜻입니다. 시어머니 나오미와 함께 베들레헴으로 온 며느리 룻은 보아스를 만나 결혼하여 다윗의 증조모가 되었고, 다윗은 인간으로 이 땅에 오신 예수님의 조상이 되었습니다.

베들레헴에 노략질이 난무하고 흉년으로 온 땅이 황폐해져 아무런 소망이 없어 보일 때 하나님은 모압에 있는 한 소녀, 룻을 준비하고 계셨습니다. 하나님의 일하심은 인간이 결코 다 이해할 수 없습니다. 왜냐하면 하나님은 인간의 생각과 한계 속에 계시는 분이 아니기 때문입니다.

400년간의 노예 생활과 모세

이스라엘 자손이 된 야곱의 가족들은 요셉으로 인해 애굽으로 이주하게 되었습니다. 당시 요셉이 애굽의 총리인 덕에 야곱의 가족들은 고센 땅에서 걱정 없이 살 수 있었습니다.

요셉은 세상을 떠나며 이런 유언을 남겼습니다. 창세기 50장 24절입니다.

> 요셉이 그의 형제들에게 이르되 나는 죽을 것이나 하나님이 당신들을 돌보시고 당신들을 이 땅에서 인도하여 내사 아브라함과 이삭과 야곱에게 맹세하신 땅에 이르게 하시리라

요셉은 아버지 야곱과 형제들, 친척들을 애굽에서 살게 해주었지만, 그곳에서 자손만대가 사는 것이 하나님의 뜻이 아님을 잘 알고 있었습니다. 증조할아버지 아브라함은 하나님으로부터 "너는 반드시 알라 네 자손이 이방에서 객이 되어 그들을 섬기겠고 그들은 사백 년 동안 네 자손을 괴롭히리니 그들이 섬기는 나라를 내가 징벌할지며 그 후에 네 자손이 큰 재물을 이끌고 나오리라"(창 15:13-14)라는 말씀을 들었습니다. 이 말씀이 증조할아버지 아브라함부터 할아버지 이삭, 아버지 야곱에게로 내려왔고, 요셉은 이 말씀을 마음에 담고 있었던 것입니다.

요셉이 죽고 세월이 많이 지나 요셉을 알지 못하는 새 왕이 애굽을 다스리게 되었습니다. 그러자 이스라엘 자손들은 이민자의 신분에서 노예의 신분으로 전락하고 말았습니다. 하지만 이스라엘 자손들의 수는 계속 불어났습니다. 애굽 왕은 애굽 백성보다 더 빨리 불어나는 이스라엘 자손들을 두려워하기 시작했습니다. 그래서 괴

로움이 극심할 정도로 노역의 강도를 높여 비돔과 라암셋에 곡식이나 무기를 보관하는 국고성을 건축하게 했습니다.

그럼에도 불구하고 이스라엘 자손들의 수가 줄기는커녕 늘어나기만 했습니다. 급기야 애굽 왕은 히브리 여인들이 출산하면 딸은 살려 주지만 아들은 나일강에 던져 죽이라는 명령까지 내렸습니다. 이런 절망의 골짜기가 끝이 보이지 않을 때 하나님은 모세를 태어나게 하셔서 애굽 왕궁에서 40년을 보내게 하시고, 미디안 광야에서 40년을 보내게 하셨습니다.

애굽 왕들이 이스라엘 자손들을 압제하는 수위는 세월이 지나도 줄어들 줄을 몰랐습니다. 이스라엘 자손들이 고된 노동으로 탄식하며 부르짖는 소리를 하나님이 들으셨습니다. 출애굽기 2장 24, 25절이 이렇게 증거합니다.

> 하나님이 그들의 고통 소리를 들으시고 하나님이 아브라함과 이삭과 야곱에게 세운 그의 언약을 기억하사 하나님이 이스라엘 자손을 돌보셨고 하나님이 그들을 기억하셨더라

요셉의 유언이 400년 만에 이루어지는 장면입니다. 아니, 하나님이 이스라엘 자손들을 하나님의 백성으로 삼기 위해서 400년을 기다리셨습니다. 그래서 하나님은 이미 80년 전에 준비하신 모세를 불러 출애굽의 역사를 행하셨습니다. 하나님은 이스라엘 자손들이 고통당할 때 모르신 것도 아니었고, 아시면서 외면하신 것도 아니었습니다. 하나님의 때를 기다리셨습니다. 하나님은 우리를 모르는 분이

아닙니다. 우리가 하나님의 인도하심과 역사하심을 경험하게 될 때, "그때 네가 거기에서 당한 일을 내가 분명히 보았다"라고 말씀하실 것입니다. 지금 우리가 겪고 있는 일, 살아 내야 하는 상황, 내쉬는 한숨을 하나님이 다 알고 계심을 우리가 아는 것만으로도 용기가 되고 소망이 생깁니다.

누가복음 1장 5절은 이렇게 시작합니다.

유대 왕 헤롯 때에

6개월 간격으로 세례자 요한이 태어나고 예수님이 탄생하시던 때는 헤롯이 유대의 왕이었다고 증거합니다. 신약성경에는 여러 명의 헤롯이 나오는데 본문의 헤롯은 흔히 '헤롯 대왕'(Herod the Great)이라고 불립니다. 그가 대왕이라고 불리는 이유는 그가 통치했던 영토가 아주 넓어서이거나 아주 큰 업적을 남겨서가 아니라, 헤롯 가문의 첫 왕이었기 때문입니다.

헤롯 대왕은 에서의 피가 흐르는 유대계 이두매 사람으로 주전 73년경에 태어났습니다. 그가 정통 유대인이 아니었음에도 여러 전쟁에서 공을 세워서 주전 47년 26세에 갈릴리의 총독이 되었고, 주전 40년 33세에 유대의 왕이 되어 70세까지 다스렸습니다. 그는 건축에 조예가 있어 예루살렘 성전을 건축하기 시작했는데, 그것은 유대인들을 위한 최고의 업적이었습니다. 때로는 관대한 모습을 보이기도 했습니다. 백성들이 어려울 때는 세금을 경감해 주었고, 주전 25년에 극심한 흉년이 들었을 때는 자기의 금접시를 팔아 옥수수를 수입해서 나누어 주었습니다. 하지만 이 모든 것은 자신의 자리를 유지하기 위함이었습니다.

게다가 헤롯 대왕은 성격적으로 치명적인 결함이 있었습니다. 그에게는 병적인 의심증이 있었는데 나이가 들수록 의심증의 노예처럼 점점 심각해졌습니다. 그래서 자신의 자리를 탐낸다고 의심이 가는 정적은 즉각적으로 제거했습니다. 그에게는 열 명의 부인이 있었는데, 그는 의심병으로 둘째 부인인 마리암느와 장모 알렉산드라를 살해했습니다. 심지어 그의 장남 안티파터와 다른 두 아들도 암살했습니다. 헬라어로 '휘오스'(υἱός)는 '아들'이고, '휘스'(ὗς)는 '돼지'입니다. 그래서 로마황제 아우구스투스는 이 두 단어로 헤롯을 풍자하여 "헤롯의 아들(휘오스)이 되기보다는 헤롯의 돼지(휘스)가 되는 것이 더 안전하다"라고 말하기도 했습니다.

죽음이 임박할수록 헤롯 대왕은 점점 더 야만적이고 잔인해졌습니다. 그는 가장 좋아했던 도시인 여리고로 가서 이렇게 명령했습니다. "예루살렘에서 가장 유명하고 뛰어난 사람들을 잡아다가 죄목을 날조해서라도 투옥시켜라. 그리고 내가 죽을 때에 함께 처형하라"고 했습니다. 그렇게 말한 이유는 "내가 죽으면 아무도 슬퍼하지 않을 테니까, 내가 죽을 때 예루살렘 사람들로 하여금 눈물을 흘리게 하기 위해서이다"입니다. 이스라엘 백성들은 이런 왕의 통치 아래에서 신음하고 있었습니다.

사실 이스라엘 백성들은 헤롯 대왕이 통치하던 때만 힘들었던 것이 아닙니다. 구약성경의 마지막 권인 말라기와 오늘 본문과의 사이에는 약 400년의 간격이 있습니다. 이 기간을 '신구약 중간기'라고 부릅니다. 이 기간 동안에 이스라엘 자손들은 헬라제국과 로마제국의 지배를 연이어 받았습니다. 특히 헬라제국의 안티오쿠스 4세의 박해는 극심했습니다. 그는 애굽과의 전쟁에서 뜻을 이루지 못하고 돌아가는 길에, 예루살렘으로 진군하여 이스라엘 백성들에게 만행을 저질렀습니다. 그는 칙령을 내려 모든 사람에게 자기 관습을 버리라고 했고, 성전 안에서 하나님께 드리는 제사를 금하였으며, 절기와 안식일을 지키는 것도 금지했습니다. 그뿐만 아니라 헬라의 신을 섬기는 신전을 세우게 했고, 이스라엘 백성들이 부정한 짐승으로 여겼던 돼지와 같은 동물을 잡아 희생제물로 드리게 했으며, 율법을 읽는 것도 할례를 행하는 것도 모두 금지했습니다. 심지어 성전에서 매춘까지 시켰습니다. 이 칙령을 지키지 않은 사람들은 사형에 처했습니다.

이러한 때에 제사장이었던 마따디아와 그의 다섯 명의 아들들이 '하시딤'(Hasidim)이란 율법에 열심이 있었던 사람들과 함께 독립운동을 일으켰습니다. 마따디아의 셋째였던 유다 마카베우스가 지도자였을 때 예루살렘 성전을 되찾기도 했습니다. 그때를 기념하는 절기가 수전절(Feast of the Dedication)입니다. 하지만 성전을 되찾은 지 4년 후에 유다 마카베우스가 전사하자, 동생 요나단이 최고 지도자의 자리에 앉게 되었습니다. 요나단은 그 자리에 만족하지 않고 레위가문이 아님에도 대제사장의 자리까지 겸직하였고, 이에 이스라엘 백성들은 더욱 사분오열(四分五裂)이 되었습니다.

이 신구약 중간기 동안에 하나님은 헬라와 로마제국의 지배를 통해 언어가 통일되게 하시고 도로도 확장되게 하셔서 나중에 사도들이 효과적으로 복음을 전할 수 있게 하셨습니다. 하지만 그것이 이스라엘 백성들이 당해야 하는 고통을 경감시켜 준 것은 아니었습니다. 그러니까 본문의 "유대 왕 헤롯 때에"라는 아주 짧은 표현 속에는 '이스라엘 백성들이 아무런 희망을 가질 수 없고, 깊은 절망감만이 그들을 사로잡고 있을 때'라는 의미가 담겨 있습니다. 이러한 시대에 어떤 사람이 있었는지를 누가복음 1장 5절이 이렇게 증거합니다.

> 유대 왕 헤롯 때에 아비야 반열에 제사장 한 사람이 있었으니 이름은 사가랴요 그의 아내는 아론의 자손이니 이름은 엘리사벳이라

사가랴(스가랴)는 당시에 아주 흔한 이름 중 하나였습니다. 성경에는 이 이름을 가진 사람이 약 30명이나 등장합니다. 구약성경의 38번째 책도 '스가랴'입니다. 당시에 제사장들은 24개의 반열로 나뉘어 있었고, 각 반열이 1년에 2주간씩 돌아가면서 성전에서 섬겼는데, 사가랴도 순번이 되어 성전에 있게 되었습니다. '사가랴'는 '여호와가 기억하셨다'는 뜻입니다. 사가랴는 평범한 제사장이었을지라도 그의 이름처럼 하나님께 기억되는 인생을 살기 위해 몸부림쳤던 것으로 보입니다.

사가랴의 아내 엘리사벳도 아론의 자손이었습니다. 그는 아론의 자손이었을 뿐만 아니라 아론의 아내와 이름이 같았습니다. 6절은 이 부부의 삶에 대해서 증거하고 있는데 이 부분은 다음에 살펴보도록 하겠습니다. 7절은 이 부부의 가정에 대해 이렇게 증거합니다.

엘리사벳이 잉태를 못하므로 그들에게 자식이 없고 두 사람의 나이가
많더라

사가랴 부부에게는 자녀가 없었고 나이까지 많았습니다. 당시
에 자녀를 낳지 못한 사람은 하나님의 복에서 제외된 사람으로 여겨
지거나, 죄를 지어서 그렇다고 생각했습니다. 그래서 여인들은 자녀
를 낳지 못하면 굉장히 수치스러운 일로 여겼습니다. 야곱의 아내였
던 라헬이 아이를 갖지 못해서 고통을 겪었고, 사무엘의 어머니였던
한나는 아이를 갖지 못하자 성전에 올라갈 때마다 통곡하고 먹지를
않았습니다. 아기를 갖지 못함을 한스럽게 여기며 기도하는 모습이
얼마나 처절하였는지, 엘리 제사장이 보고 술 취한 사람이라고 착각
할 정도였습니다.

또 하나님이 아브라함을 부르셔서 고향을 떠나라고 명령하면서
복을 주겠다고 하셨는데 가장 먼저 하신 말씀이 "너로 큰 민족을 이
루고"(창 12:2)입니다. 구약의 개념으로는 많은 자녀와 넓은 땅을 소유
하는 것은 하나님이 주신 복의 상징이었습니다.

사가랴 부부는 자녀가 없었을 뿐만 아니라 나이가 많아서 자녀
를 가질 가능성도 거의 없었습니다. 사가랴가 살던 당시의 사람들은
'아니, 어떻게 제사장의 가정에 자녀가 없을 수 있지? 이젠 자녀를
가질 수도 없는 나이가 되었잖아? 제사장 노릇은 하고 있지만 뒤에
서 몰래 무슨 죄를 짓고 있는 것은 아닐까?'라고 생각했을 것입니다.
그러나 사가랴 가정에 대한 묘사는 그의 가정 이야기이기도 하지만
당시의 시대적 정황을 말해 주는 것이기도 합니다. 그 당시 헤롯 대

왕의 통치 속에 있던 이스라엘 백성들이 사가랴의 가정에 자녀가 없었던 것처럼 아무런 열매가 없고, 나이가 들어 더 이상 자녀를 낳을 수 없는 사람처럼 아무런 소망이 없는 가운데 살았음을 단적으로 보여 주는 말씀입니다.

이와 같이 제사장의 이야기가 곧 그 시대의 이야기임을 보여 주는 좋은 예가 사무엘의 시대입니다. 사무엘상 3장 1, 2절이 이렇게 증거합니다.

> 아이 사무엘이 엘리 앞에서 여호와를 섬길 때에는 여호와의 말씀이 희귀하여 이상이 흔히 보이지 않았더라 엘리의 눈이 점점 어두워 가서 잘 보지 못하는 그때에 그가 자기 처소에 누웠고

사무엘이 어렸을 때 제사장은 엘리였습니다. 그는 나이가 많았고 눈이 어두웠습니다. 그만큼 그 시대가 영적으로 어두웠음을 단적으로 말씀하고 있습니다. 어린아이였던 사무엘이 영적인 일을 감당해야 할 정도로 어두운 시대였음을 반증하고 있습니다.

본문 5절과 7절의 말씀에 드러난 당시 이스라엘의 상황은 그때까지도 짙은 어두움이 가득하였고, 앞으로도 절망과 좌절이 점점 더 깊어져 더 이상 빛이 비춰질 것 같지 않은 시대였습니다. 그러나 하나님은 사람들이 '더 이상 하나님이 역사하시지 않는다'고 생각할 때도 사가랴와 엘리사벳 부부를 통해 요한을 태어나게 하셔서 예수 그리스도의 길을 예비하셨을 뿐만 아니라, 그를 통해 구약의 문을 닫게 하셨습니다. 이와 같이 하나님의 역사는 절망과 좌절로 더 이상 소망

이 없어 보일 때 아무도 예상하지 못한 하나님의 사람들을 통해 펼쳐집니다. 왜냐하면 세상이 아무리 암울해 보여도 이 세상 역사의 주관자는 하나님이시기 때문입니다.

역사의 연도를 나타내는 때인 기원전과 기원후는 예수 그리스도께서 태어나신 해를 기준으로 삼습니다. 그래서 예수님의 탄생 이전을 B.C., 예수님의 탄생 이후를 A.D.로 표현합니다. B.C.는 'Before Christ'(그리스도 이전)입니다. A.D.는 라틴어 'Anno Domini'(아노 도미니)의 약자인데, 문자적인 뜻은 '주님의 시대 속에'(In the Year of the Lord) 또는 '우리 주님의 시대 속에'(In the Year of the Our Lord)입니다. 세상이 아무리 어두움으로 가득하여도, 내 삶을 짓누르는 헤롯 대왕과 같은 것이 있을지라도 우리의 인생은 주님의 시대 속에 있습니다.

아무리 많은 것을 누리고 아무리 화려하게 보이는 삶을 산다 할지라도, 주님을 향하지 않는다면 우리는 '헤롯의 때'를 살아가는 것과 같습니다. 반면에 비록 많은 것을 누리지 못하고, 다른 사람들이 보기에 무채색과 같은 삶을 산다 할지라도 주님을 향한다면 우리의 삶은, 또한 우리의 가정은 '주님의 시대 속'을 살아가게 될 것입니다.

하나님 아버지!
하나님은 사람들이 자기 눈에 좋아 보이는 것만 따라 살던 사사 시대에 모압 여인 룻을 통하여 어두움 속에서 빛나는 여명을 보여 주시고, 애굽 왕이 이스라엘 자손들을 짓누를 때에 모세를 준비시키셔서 출애굽의 역사를 만드셨습니다. 또한 예수 그리스도의 길을 예비한

세례자 요한이 태어나려 하던 때는 헬라제국과 로마제국의 압제와 헤롯 대왕의 학정으로 깊은 좌절감이 드리워져 있었습니다. 그 아무도 소망을 갖지 않던 때에, 하나님의 역사는 나이가 들어 더 이상 자녀를 가질 수 없었던 사가랴와 엘리사벳 부부를 통하여 땅 위에 나타났습니다.

때때로 우리 인생 가운데서 그러한 먹구름이 가득 드리워져 있을지라도 그것이 끝이 아님을 기억하게 하시고 언제나 말씀의 빛으로 우리 곁에 와 계시는 주님과 동행하게 하여 주옵소서. 그리하여 우리의 인생이 '헤롯의 때'에 속한 것이 아니라 '우리 주님의 시대'에 속한 것이 되게 하여 주옵소서. 예수님의 이름으로 기도드립니다. 아멘.

4.

두 사람이
하나님 앞에

누가복음 1장 5-11절

유대 왕 헤롯 때에 아비야 반열에 제사장 한 사람이 있었으니 이름은
사가랴요 그의 아내는 아론의 자손이니 이름은 엘리사벳이라 이 **두 사**
람이 하나님 앞에 의인이니 주의 모든 계명과 규례대로 흠이 없이 행하
더라 엘리사벳이 잉태를 못하므로 그들에게 자식이 없고 두 사람의 나
이가 많더라 마침 사가랴가 그 반열의 차례대로 하나님 앞에서 제사장
의 직무를 행할새 제사장의 전례를 따라 제비를 뽑아 주의 성전에 들
어가 분향하고 모든 백성은 그 분향하는 시간에 밖에서 기도하더니 주
의 사자가 그에게 나타나 향단 우편에 선지라

나발과 아비가일

다윗이 그에게 몰려든 환난당한 사람들, 빚진 사람들, 원통한
일을 겪은 사람들 600명과 함께 사울 왕의 칼날을 피해 광야와 동굴
에서 동가식서가숙할 때의 일입니다.

마온 지방에 '나발'이라는 사람이 살았습니다. 그는 양 3,000마
리와 염소 1,000마리를 가진 큰 부자였습니다. 당시는 아직 왕권이
확립되지 않은 시기라 치안이 몹시 불안했습니다. 국내외의 도적들

이 불시에 마을을 습격해서 가축을 노략해 가는 일이 흔했습니다. 그래서 양털을 깎을 때 목축업을 하는 사람은 도적들로부터 자신의 가축을 지켜 준 사람들에게 양털의 일부와 음식을 대가로 지불하곤 했습니다.

다윗과 함께한 600명의 사람들은 나발의 가축들이 한 마리도 빼앗기지 않도록 지켜 주었습니다. 그래서 다윗은 양털을 깎을 때에 그 대가를 받기 위해 나발에게 열 명을 보냈습니다. 그것은 나발로부터 상당한 양을 기대한다는 의미이기도 했습니다. 하지만 나발의 반응은 예상 밖이었습니다. 나발은 이렇게 말했습니다. "도대체 다윗이란 자가 누구며, 이새의 아들이 누구냐? 요즈음은 종들이 모두 저마다 주인에게서 뛰쳐나가는 세상이 되었다"(삼상 25:10, 새번역). 나발은 다윗을 폄훼했을 뿐만 아니라, 그 주군인 사울 왕을 배신한 악한으로 여기고 있었습니다. 물론 양털이나 음식을 나눌 생각은 조금도 없었습니다. 그 이야기를 들은 다윗은 분기탱천하여 자신과 함께하고 있는 600명 중에서 400명을 데리고 나발에게로 향했습니다.

한 하인이 이 소식을 듣고 주인 나발의 아내 아비가일에게 전했습니다. 아비가일은 급히 떡 200덩이, 포도주 두 가죽부대, 다섯 마리의 양 요리, 볶은 곡식 5세아['세아'(seah)는 가루나 곡식을 측량하는 단위로 1세아는 7.33리터이고 약 4되이다], 건포도 100송이, 무화과 뭉치 200개 등을 나귀에 싣고 다윗에게로 향했습니다. 그 정도면 600명이 주식과 후식으로 한 끼는 충분히 먹을 수 있는 양이었습니다. 아비가일은 다윗을 만나 남편을 용서해 달라며 이렇게 말했습니다. 사무엘상 25장 28, 29절입니다.

주의 여종의 허물을 용서하여 주옵소서 여호와께서 반드시 내 주를 위하여 든든한 집을 세우시리니 이는 내 주께서 여호와의 싸움을 싸우심이요 내 주의 일생에 내 주에게서 악한 일을 찾을 수 없음이니이다 사람이 일어나서 내 주를 쫓아 내 주의 생명을 찾을지라도 내 주의 생명은 내 주의 하나님 여호와와 함께 생명 싸개 속에 싸였을 것이요 내 주의 원수들의 생명은 물매로 던지듯 여호와께서 그것을 던지시리이다

아비가일은 남편을 대신해서 용서를 구하면서도 "남편의 허물을 용서해 주십시오"라고 말하지 않고 "주의 여종의 허물을 용서하여 주십시오"라고 했습니다. 그뿐만 아니라, 하나님이 다윗 당신의 생명을 '생명 싸개'로 싸셨기 때문에 원수들이 아무리 찾으려고 해도 찾을 수 없게 되고 오히려 하나님은 그들의 생명을 던지신다고 했습니다. 집으로 돌아온 아비가일이 남편에게 자초지종을 말하자 나발의 몸이 돌과 같이 굳어 버렸습니다. 그로부터 열흘 후에 하나님이 나발을 치시니 그는 죽고 말았습니다. 그 후 아비가일은 다윗의 아내가 되었습니다.

아비가일과 나발에 대해 사무엘상 25장 3절은 이렇게 증거합니다.

그 사람의 이름은 나발이요 그의 아내의 이름은 아비가일이라 그 여자는 총명하고 용모가 아름다우나 남자는 완고하고 행실이 악하며 그는 갈렙 족속이었더라

아비가일은 총명하고, 나발은 완고하다고 합니다. '총명하다'는 성경에서 주로 하나님의 뜻을 분별하는 사람을 지칭하고, '완고하다'는 하나님의 말씀에 순종하지 않으며 잘못을 뉘우칠 줄 모르는 '목이 곧은' 사람에게 적용하는 말입니다. 나발이 하나님의 뜻이나 하나님의 말씀과 상관없이 자기 마음대로 나발 부는 인생이었다면, 아비가일은 하나님의 뜻과 말씀 앞에 자신을 세우는 인생을 살았음을 보여줍니다. 그들은 믿음 없는 남편과 믿음 좋은 아내였습니다.

다윗과 미갈

나발과 아비가일 부부와는 반대로 하나님의 뜻과 말씀 앞에 자신을 세우려고 했던 남편과 그렇지 못한 아내도 있습니다. 다윗과 미갈이 대표적입니다.

다윗은 골리앗을 물리치고 나서 사울 왕의 장군이 되어 전쟁에서 승승장구했습니다. 또한 사울 왕의 딸 미갈과 결혼함으로 부마(駙馬)가 되었습니다. 하지만 다윗을 지지하는 백성들의 환호성이 커질수록 다윗을 향한 사울 왕의 증오심도 커져만 갔습니다.

급기야 사울 왕은 부하들을 다윗의 집으로 보내어, 밤새 그의 집을 지키다가 아침에 죽이라는 살해명령을 내렸습니다. 하지만 미갈은 다윗을 창문으로 내려 보내어 도망시키고, 다윗의 잠자리에는 우상을 가져다 놓았습니다. 하나님만을 신실하게 섬기려고 했던 다윗의 집안에 우상이 있었다는 사실은 참 의아한 일입니다.

다윗과 미갈이 하나님 앞에 어떠한 삶을 살았는지를 보여 주는 결정적인 장면이 사무엘하 6장에 있습니다. 기럇여아림에서 20년, 오벧에돔의 집에서 3개월간 있었던 하나님의 언약궤가 마침내 다윗 성으로 들어오게 되었습니다. 그 모습이 얼마나 감동적이었던지 다윗은 베로 만든 에봇을 입고서 있는 힘을 다해 춤을 추었습니다. 그 모습을 창문으로 보던 미갈은 마음속으로 업신여겼습니다. 모든 행사가 끝나고, 다윗이 자기 가족들에게도 복을 빌어 주기 위해 왕궁으로 돌아왔을 때 미갈은 다윗에게 이렇게 말했습니다. "건달패들이 옷을 벗고 춤추고 노는 것처럼, 어떻게 왕께서 채신머리없이 신하들의 아내가 보는 앞에서 몸을 드러내고 춤을 추십니까?"

이에 다윗은 이렇게 답변했습니다. 사무엘하 6장 21, 22절입니다.

다윗이 미갈에게 이르되 이는 여호와 앞에서 한 것이니라 그가 네 아버지와 그의 온 집을 버리시고 나를 택하사 나를 여호와의 백성 이스라엘의 주권자로 삼으셨으니 내가 여호와 앞에서 뛰놀리라 내가 이보다 더 낮아져서 스스로 천하게 보일지라도 네가 말한 바 계집종에게는 내가 높임을 받으리라 한지라

다윗은 자신의 옷이 벗어지도록 춤을 춘 것에 대해 단지 흥을 돋우거나 취기가 있어서가 아니라 '하나님 앞에서' 하였다고 합니다. 목동에 불과했던 자신을 왕의 자리에 앉히신 하나님에 대한 감사와 하나님의 말씀을 존중히 여기는 그 마음이 다윗으로 하여금 가만있

지 못하게 했습니다. 다윗이 하나님을 의식하고 하나님의 말씀을 존중히 여기는 삶을 살았던 반면에, 미갈은 사람들의 눈을 의식하고 자신의 판단을 더 중요하게 여기는 삶을 살았음을 알 수 있습니다. 그들은 믿음 좋은 남편과 믿음 없는 아내였습니다.

성경에는 나발과 아비가일 부부나 다윗과 미갈 부부처럼 부부 중 한 사람이라도 하나님을 존중하고 의식하며 산 사람이 있는가 하면, 부부 모두가 하나님을 경홀히 여기고 자신의 욕망을 따라 사람들의 눈만을 의식하며 살았던 이도 있습니다. 구약의 인물로는 아합 왕과 이세벨 왕비 부부가 대표적이고, 신약의 인물로는 아나니아와 삽비라 부부가 대표적입니다.

아합과 이세벨 부부는 구약의 어떤 부부보다도 하나님을 경홀히 여기는 삶을 살았습니다. 그들이 상아궁에서 최고의 음식을 먹었을지라도 그들의 끝은 참 비참하였습니다. 아합 왕은 전장(戰場)에 나갔다가 한 병사가 무심코 날린 화살에 맞아 죽었습니다. 후에 아합 왕이 탔던 피가 고인 마차를 사마리아에 있는 못에서 씻었는데, 개들이 그 피를 핥았습니다. 이세벨 왕비의 죽음은 더 처참합니다. 그는 창밖으로 던져져 최후를 맞이했는데, 개들이 그의 시신을 먹고 피를 핥아서 그의 시신 중에는 두개골과 두 손과 두 발이 남은 전부였습니다.

하나님을 의식하지 않으며 살았던 아나니아와 삽비라 부부도 동일합니다. 그들은 하나님보다 사람들의 눈을 더 의식하고, 주인으로 하나님을 두지 않고 물질을 두었다가 한날에 죽어 장례식의 주인공이 되었습니다.

사가랴와 엘리사벳

　오늘 본문은 지금까지 소개된 부부와는 달리 늘 하나님을 의식하고 하나님 앞에서 살기 위해 몸부림쳤던 부부를 소개하고 있습니다. 그들은 사가랴와 엘리사벳입니다.

　당시 제사장의 수는 약 1만 8,000명에서 2만 명 정도였다고 합니다. 당시 인구에 비해 제사장이 굉장히 많았습니다. 그렇게 흔하디흔한 제사장 중에 한 명이 아비야 반열의 사가랴였습니다. 그의 아내 엘리사벳도 아론의 후손이었지만, 그것이 그의 세상적인 특별함을 드러내 주는 것은 아니었습니다. 오늘날로 표현하면 사가랴와 엘리사벳은 경건한 모태신앙의 가정에서 자라 부부가 되었다는 의미입니다.

　사가랴와 엘리사벳 부부가 살던 때는 헤롯 대왕이 통치하던 시대였습니다. 그가 얼마나 자기중심적이고 잔인했는지는 지난 시간에 상세히 말씀드렸습니다. 자신의 왕좌를 넘보는 사람이라고 여겨지면 그가 신하이든 친척이든 즉각적으로 제거했습니다. 심지어 아내도 자식도 예외가 아니었습니다. 헤롯 대왕이 얼마나 자신의 왕좌에 집착했는지는 성경에도 아주 또렷한 그림이 있습니다. 동방에서 온 박사들이 예루살렘으로 가서 유대인의 왕으로 태어나신 분께 경배하러 왔다고 하자, 헤롯 대왕은 몹시도 당황하였습니다. 하지만 그는 당황하지 않은 척하며 박사들에게 왕으로 태어난 아기를 찾거든 내게도 알려 주어 경배하게 해달라고 말했습니다. 하지만 박사들은 꿈을 통해 지시하심을 받고서 다른 길로 고국으로 돌아갔습니다. 후에 박사들에게서 속았음을 안 헤롯 대왕은 분노하며 베들레헴에서 태어난 2세 이하의 사내아이들을 죽이라는 명령을 내렸습니다. 그때 헤롯 대왕은 70세로 자신의 종말을 불과 1년도 채 남겨 놓지 않은 시점이었습니다.

내가 일한 만큼의 정당한 대가가 돌아오지 않을 때, 한두 번만이 아니라 매번 노력에 비해 터무니없는 결실만 갖게 된다면 성실하게 살아가려고 하지 않을 것입니다. 특히 일제강점기처럼 많은 것을 착취당하는 때에는 바른 삶을 살기보다 눈치를 보며 겉치레의 삶을 살기 쉽습니다.

흔히 아주 선하게 살아가는 사람을 '법 없이도 살 사람'이라고 합니다. 그런데 정말 법이 없다면 그런 사람들은 늘 당하고만 살게 됩니다. 그래서 그런 사람들을 위해서는 법이 꼭 있어서 법이 그들을 지켜 주어야 합니다. 사람들이 살아가는 사회에서 가장 중요한 것 중 하나는 법입니다. 법이 모든 사람에게 공평하게 적용되어야 하는 이유는 그것이 사람들을 공평하게 사랑하는 것이기 때문입니다.

과거에는 법이 공평하게 적용되지 않는다는 생각 때문에 자동차 접촉사고가 나면 서로 먼저 소리를 지르고, 화를 내는 경우가 많았습니다. 그래야 혹 자신이 더 잘못했더라도 덜 잘못한 것처럼 되어서 유리한 판결을 받는 경우가 많았기 때문입니다. 그러나 요즘은 큰소리를 칠 필요가 없습니다. 블랙박스가 있기 때문입니다. 블랙박스의 화면은 그 어떤 말보다 강력한 법입니다.

작년 여름 늦은 밤에 제가 사는 집과 가까운 좁은 골목길에서 접촉사고가 났습니다. 저는 마주 오던 차가 쉽게 지나갈 수 있도록 주차된 차 사이로 비스듬하게 차를 세웠는데, 상대편 차 옆면이 제 차 뒷범퍼를 긁었습니다. 상대편의 운전 미숙으로 일어난 일이라 저는 빨리 마무리를 지어야겠다고 생각하고 "제 차는 제가 수리할 테니 댁의 차(독일산 세단)는 당신이 수리하십시오"라고 했더니, 상대는 제가 잘못했다고 우겼습니다. 결국 경찰이 왔습니다.

그날은 제가 청년부 수련회를 다녀오는 금요일 밤이었고, 이미 자정을 넘겼기에 제 머릿속에는 주일설교를 준비할 생각밖에 없었습니다. 주일설교 준비에 대한 초조함보다 혹 경찰이 제게 "뭐하시는 분입니까?" 하고 물을까 봐 더 걱정이었습니다. 다행히 상대 차는 물론 제 차에도 블랙박스가 있어서 100퍼센트 상대방 과실이라고 통보가 왔습니다. 만약 블랙박스가 없었고, 상대방이 끝까지 저의 잘못이라고 우겼다면…… 생각만 해도 아찔했습니다.

이스라엘 백성들은 우리의 일제강점기보다 2배나 긴 바벨론 포로 생활을 했습니다. 그로 인해 본래 사용했던 히브리말도 잃어버릴 정도였습니다. 그뿐만 아니라 사가랴와 엘리사벳 제사장 부부가 살았던 때는 헬라와 로마의 연이은 압제와 헤롯 대왕의 학정으로 좌절과 절망이 깊이 드리워진 시대였습니다. 그러한 시대에 바른 신앙을 갖기는 쉽지 않았습니다. 당시는 우리의 일제강점기와 같은 시대였습니다. 그러나 사가랴와 엘리사벳 부부가 어떠하였는지 오늘 본문 6절이 이렇게 증거합니다.

이 두 사람이 하나님 앞에 의인이니 주의 모든 계명과 규례대로 흠이 없이 행하더라 사가랴와 엘리사벳이 의인이었고, 흠이 없이 행하였다고 합니다. 이 의미는 사가랴와 엘리사벳이 자신들의 바른 삶만으로도 충분히 구원받을 수 있고, 예수 그리스도의 십자가 대속의 죽음과 부활이 필요 없다는 의미는 결코 아닙니다. 모든 인간이 죄인이고, 예수 그리스도를 통하지 않고서는 하나님의 자녀가 되는 길도 없고, 하나님께 나아갈 수도 없다는 것은 우리를 지으신 하나님의 선언입니다.

로마서 3장 10-12절이 이렇게 증거합니다.

기록된 바 의인은 없나니 하나도 없으며 깨닫는 자도 없고 하나님을 찾는 자도 없고 다 치우쳐 함께 무익하게 되고 선을 행하는 자는 없나니 하나도 없도다

또 로마서 3장 23, 24절은 이렇게 증거합니다.

모든 사람이 죄를 범하였으매 하나님의 영광에 이르지 못하더니 그리스도 예수 안에 있는 속량으로 말미암아 하나님의 은혜로 값 없이 의롭다 하심을 얻은 자 되었느니라

이 말씀에서 예외인 사람은 아무도 없습니다. 지금 이 세상에 있는 모든 사람의 선한 행동과 지금까지 이 세상에서 살았던 사람들의 선한 행동을 모두 모아서 한 사람에게 준다고 할지라도 그는 의인이 될 수 없고, 스스로의 능력으로 하나님의 영광에 이를 수 없습니다. 그래서 우리 모두는 구원자이신 예수 그리스도가 필요한 존재입

니다. 그럼에도 사가랴와 엘리사벳 부부를 '의롭다'고 함은 구원받은 그들이 하나님 앞에서 자신들의 삶을 올바르게 세우려고 했음을 하나님이 인정해 주셨다는 의미입니다.

하나님은 노아를 향하여 이렇게 평가하셨습니다. 창세기 6장 9절이 이렇게 증거합니다.

이것이 노아의 족보니라 노아는 의인이요 당대에 완전한 자라 그는 하나님과 동행하였으며

노아는 의인일 뿐만 아니라 그 시대에 완전한 사람이었다고 합니다. 노아가 그만큼 하나님 앞에서 자신을 바르게 세웠다는 의미입니다. 노아가 살던 시대가 어떠하였는지 창세기 6장 5-8절은 이렇게 증거합니다.

여호와께서 사람의 죄악이 세상에 가득함과 그의 마음으로 생각하는 모든 계획이 항상 악할 뿐임을 보시고 땅 위에 사람 지으셨음을 한탄하사 마음에 근심하시고 이르시되 내가 창조한 사람을 내가 지면에서 쓸어버리되 사람으로부터 가축과 기는 것과 공중의 새까지 그리하리니 이는 내가 그것들을 지었음을 한탄함이니라 하시니라 그러나 노아는 여호와께 은혜를 입었더라

노아 시대에 살았던 사람들은 하나님이 그들을 창조하셨음을 한숨 쉬며 후회하실 정도로 패역했습니다. 이것은 하나님의 속상함

을 표현하는 말입니다. 마치 자녀가 청개구리도 아닌데, 부모의 말이라면 무엇이든지 거부할 때에 "어휴! 저걸 누가 낳았나? 내가 저걸 낳고도 기뻐서 미역국을 먹었단 말이야?"라고 하는 것과 비슷합니다. 그때에 자녀가 "그럼 자기가 낳았지 누가 낳았어? 누가 낳아 달랬어?"라고 반발하는 것이 노아 시대 사람들의 삶이었습니다. 그런데 오직 한 사람, 노아는 달랐습니다. 그래서 하나님은 그런 노아에게 이렇게 말씀하셨습니다. 창세기 7장 1절입니다.

> 여호와께서 노아에게 이르시되 너와 네 온 집은 방주로 들어가라 이 세대에서 네가 내 앞에 의로움을 내가 보았음이니라

하나님은 노아에게 방주를 짓게 하셨고, 그는 홍수 이후에 첫 사람이 되었습니다. 아브라함이 조카 롯이 살고 있던 소돔을 건져 달라고 하나님께 이렇게 기도드렸습니다. 창세기 18장 24절입니다.

> 그 성 중에 의인 오십 명이 있을지라도 주께서 그곳을 멸하시고 그 오십 의인을 위하여 용서하지 아니하시리이까

아브라함은 하나님 앞에서 바르게 살려는 사람들을 보고서 소돔을 용서해 주시기를 기도드렸습니다.

하나님을 하나님답게 섬기며 신실하게 살기를 바랐던 의인과, 하나님을 경홀히 여기고 욕망을 따라 사는 죄인에 관한 표현은 시편, 잠언, 전도서와 같은 시가서에 아주 자주 등장합니다. 시편 1편 6절

은 이렇게 증거합니다.

무릇 의인들의 길은 여호와께서 인정하시나 악인들의 길은 망하리로다

세상에 어두움이 아무리 짙게 드리워져도, 세속적 가치관의 물결이 아무리 범람해도, 하나님의 말씀이 인생에 영원한 말씀이 되지 못하고 왜곡되어도, 하나님은 오늘도 자신을 하나님 앞에서 바르게 세우려고 몸부림치는 사람들을 통해 하나님의 뜻을 오묘하게 펼쳐 가고 계십니다. 하나님 앞에서 자신을 바르게 세우려고 몸부림치는 그 사람이 요셉이나 다니엘, 다윗과 같이 높은 관직에 있는 사람일 수도 있고, 바울이나 아볼로와 같이 학문을 많이 한 사람일 수도 있습니다. 또한 베드로나 다른 사도들과 같이 배우지 못한 사람일 수도 있습니다. 나 자신을 하나님 앞에 세우는 데는 지위, 학문, 나이, 성별, 재능과 같은 것들은 전혀 중요하지 않습니다.

성경에는 2,000명이 넘는 사람들이 등장한다고 합니다. 그중 사가랴와 엘리사벳처럼 부부가 함께 하나님 앞에서 살았던 사람들은 그렇게 많지 않습니다. 예를 더 든다면, 사도행전 18장에 등장하는 아굴라와 브리스길라 부부는 아주 좋은 샘플이 되는 인물입니다. 그들은 당시 유망업종이던 천막제조업을 통해, 자신들의 입신양명을 꿈꾸지 않고 자신들의 삶을 하나님 앞에 세워 주님의 도구로, 복음의 통로로 한평생 살았습니다. 하나님은 그런 그들을 하나님의 영원한 작품이 되게 해주셨습니다.

우리 각자가 먼저 하나님 앞에서 살고, 내 배우자가 하나님 앞

에서 의롭게 사는 날이 속히 오기를 손꼽아 기다려 봅니다. 내 자녀의 부부가, 내 손자와 손녀의 부부가 하나님께 의롭다고 인정받는 삶을 살기를 두 손 모아 기도합시다. 청년들에게는 내 부모님 모두가 하나님 앞에 의인이 되기를, 장차는 나와 내 배우자가 될 사람이 하나님 앞에서 올바르게 살기를 소망하십시다. 그때에는 마치 애굽 땅에 재앙이 임해 흑암이 가득하여도 이스라엘 자손들이 거주하는 곳에는 빛이 있었듯이, 이 시대가 아무리 유대 왕 헤롯 때와 같이 어둡다 할지라도 우리가 있는 곳에서부터 주님의 빛이 비추기 시작할 것이요, 그 빛은 이 시대의 어둠을 걷고 다시 오시는 주님의 길을 밝히는 가로등들이 될 것입니다.

하나님 아버지!

나발은 거부(巨富)였을지라도 욕망과 쾌락에 눈멀었고, 미갈은 공주로 태어나 왕비가 되었을지라도 하나님의 시선을 의식하기보다 사람들의 눈을 의식하였고, 아합과 이세벨은 왕과 왕비였을지라도 하나님이 분노하실 일들만 하며 살았습니다. 그래서 그들의 삶은 모두 세상에서는 화려하게 보였을지라도 하나님 보시기에는 어리석기 짝이 없었습니다.

성경에 참 많은 사람들이 등장하고 하나님의 사람들도 많지만, 부부가 함께 하나님 앞에서 살았던 사람들은 참 드뭅니다. 나 자신이 하나님 앞에서 살게 해주십시오. 내 배우자가 자신을 늘 하나님 앞에 세우게 해주십시오. 내 자녀의 부부가, 내 손주의 부부가, 내 부모가,

내 형제자매의 부부가, 장래의 내 배우자가 하나님이 인정하시는 삶을 살게 해주십시오. 그리하여 교회와 가정, 일터, 학교 등 우리 삶의 현장이 하나님을 인정하고, 하나님께 인정받는 하나님 앞이 되게 하여 주옵소서. 예수님의 이름으로 기도드립니다. 아멘.

5.

제사장의 직무를
행할새

누가복음 1장 5-11절

유대 왕 헤롯 때에 아비야 반열에 제사장 한 사람이 있었으니 이름은 사가랴요 그의 아내는 아론의 자손이니 이름은 엘리사벳이라 이 두 사람이 하나님 앞에 의인이니 주의 모든 계명과 규례대로 흠이 없이 행하더라 엘리사벳이 잉태를 못하므로 그들에게 자식이 없고 두 사람의 나이가 많더라 마침 사가랴가 그 반열의 차례대로 하나님 앞에서 **제사장의 직무를 행할새** 제사장의 전례를 따라 제비를 뽑아 주의 성전에 들어가 분향하고 모든 백성은 그 분향하는 시간에 밖에서 기도하더니 주의 사자가 그에게 나타나 향단 우편에 선지라

의로운 사람 요셉

예수님이 산 위에서 제자들에게 말씀하신 산상수훈 중에 이런 내용이 있습니다. 마태복음 7장 16-20절입니다.

그들의 열매로 그들을 알지니 가시나무에서 포도를, 또는 엉겅퀴에서 무화과를 따겠느냐 이와 같이 좋은 나무마다 아름다운 열매를 맺고 못된 나무가 나쁜 열매를 맺나니 좋은 나무가 나쁜 열매를 맺을 수 없고

못된 나무가 아름다운 열매를 맺을 수 없느니라 아름다운 열매를 맺지

아니하는 나무마다 찍혀 불에 던져지느니라 이러므로 그들의 열매로 그

들을 알리라

포도가 영그는 나무는 틀림없이 포도나무이고, 무화과가 열리
는 나무는 무화과나무일 수밖에 없습니다. 포도나무에서 무화과를
기대할 수 없고 무화과나무에서 포도를 바랄 수 없듯이, 열매 자체를
맺을 수 없는 가시나무나 엉겅퀴에서는 더더욱 포도나 무화과를 딸
수 없습니다. 또한 포도나무나 무화과나무가 좋다면 좋은 포도와 무
화과가 열릴 수밖에 없고, 포도나무나 무화과나무가 좋지 못하다면
좋지 못한 포도와 무화과를 맺을 수밖에 없습니다. 나무의 종(種) 자
체가 이미 그 나무가 맺을 열매의 종류를 결정하고, 또 나무의 건강
상태가 그 나무가 맺을 열매의 질(質)을 결정한다는 말씀입니다. 그러
나 그 역은 성립하지 않습니다. 단지 내게 사과가 많다고 해서 내가
사과나무인 것은 아닙니다. 또한 내가 본래는 부실한 사과나무인데
내게 좋은 사과를 많이 달아 놓는다고 해서 내가 건강한 나무가 되는
것도 아닙니다. 나의 건강상태와 상관없이 좋은 열매가 많고 그것도
다양한 종류로 많다면, 틀림없이 나는 좋은 나무가 아니라 그냥 '과
일장수'일 뿐입니다.

구원받은 그리스도인인 우리가 하나님 앞에서 자신을 바르게
세우고, 하나님의 자녀답게 살기 위해서 예배드림과 봉사, 섬김, 나
눔, 전도를 하는 것이지, 단지 예배드림과 봉사, 섬김, 나눔, 전도 등
과 같은 행함이 많다고 해서 우리가 자동적으로 하나님 앞에 바르게

서게 되고, 점점 더 하나님의 자녀다운 자녀가 되어 가는 것은 아닙니다. 왜냐하면 그러한 신앙적 행위로 자신을 하나님 앞에 세우려 하기보다, 자신의 우월함을 증명하려는 죄 된 본성이 우리 속에 있기 때문입니다.

마리아의 남편인 요셉에 대해 마태복음 1장 19, 20절은 이렇게 증거합니다.

> 그의 남편 요셉은 의로운 사람이라 그를 드러내지 아니하고 가만히 끊고자 하여 이 일을 생각할 때에 주의 사자가 현몽하여 이르되 다윗의 자손 요셉아 네 아내 마리아 데려오기를 무서워하지 말라 그에게 잉태된 자는 성령으로 된 것이라

마리아는 요셉과의 약혼 기간 중에 임신했습니다. 이런 여자는 율법에 의하면 돌에 맞아 죽는 형벌을 당해야 했습니다. 요셉이 동네 사람들에게 자신과 상관없이 마리아가 임신했노라고 알렸다면 마리아는 살아남기 힘들었을 테고, 요셉은 자신의 무죄를 입증할 수 있었습니다. 하지만 그가 하나님 앞에 의로운 사람이었기 때문에 성령으로 잉태되었다는 하나님의 사자의 말을 믿을 수가 있었고, 마리아를 데려오고서도 아기가 태어날 때까지 동침하지 않을 수 있었습니다. 요셉이 그러한 일들을 했기 때문에 의로운 것은 아닙니다. 그가 의로운 사람이었기 때문에 그렇게 행할 수 있었습니다.

이것뿐만 아니라 마태복음에는 요셉의 감동적인 장면이 또 있습니다. 마태복음 2장 13-15절이 이렇게 증거합니다.

그들이 떠난 후에 주의 사자가 요셉에게 현몽하여 이르되 헤롯이 아기를 찾아 죽이려 하니 일어나 아기와 그의 어머니를 데리고 애굽으로 피하여 내가 네게 이르기까지 거기 있으라 하시니 요셉이 일어나서 밤에 아기와 그의 어머니를 데리고 애굽으로 떠나가 헤롯이 죽기까지 거기 있었으니 이는 주께서 선지자를 통하여 말씀하신 바 애굽으로부터 내 아들을 불렀다 함을 이루려 하심이라

동방에서 온 박사들이 떠난 후에, 헤롯 대왕의 광기가 베들레헴에 있는 2세 이하의 사내아이들을 죽이려 할 것을 안 주의 사자는 요셉의 꿈에 나타나서 베들레헴을 떠나 애굽으로 가라고 알려 주었습니다. 요셉은 그 지시하심에 순종하여 밤에 애굽으로 피했습니다. 성경은 요셉이 '아기와 그의 어머니를 데리고' 갔음을 강조합니다. 그뿐만 아니라 헤롯 대왕이 죽은 후에 주의 사자는 또다시 요셉의 꿈에 나타나서 이스라엘로 돌아오라고 일러 주었습니다. 그때의 장면을 마태복음 2장 21절은 이렇게 증거합니다.

요셉이 일어나 아기와 그의 어머니를 데리고 이스라엘 땅으로 들어가니라

돌아올 때도 동일하게 "아기와 그의 어머니를 데리고" 왔다고 합니다. 이 부분이 성경에 나온 요셉의 마지막 장면입니다. 엄밀하게 말하면 마리아가 임신했을 때 요셉은 마리아와 정식으로 결혼한 사이도 아니었습니다. 그뿐만 아니라 마리아가 잉태한 아기에게 자

신의 피는 한 방울도 섞이지 않았습니다. 그럼에도 그는 주의 사자가 말씀하신 대로 순종하였습니다. 요셉이 의로운 사람이었기 때문입니다. 또한 요셉이 하나님 앞에서 행한 침묵과 순종은 마리아의 생명을 건져 주었음은 물론, 인류를 구원하는 통로가 되었습니다.

하나님 앞에서 '행한' 제사장 사가랴

오늘 본문 6절이 이렇게 증거합니다.

이 두 사람이 하나님 앞에 의인이니 주의 모든 계명과 규례대로 흠이 없이 행하더라

성경에 등장하는 인물 중에 하나님의 사람으로 산 남자와 여자는 많지만, 부부가 모두 하나님 앞에서 하나님의 자녀답게 의롭게 산 경우는 많지 않습니다. 사가랴와 엘리사벳 부부는 하나님 앞에서 의롭게 살기 위해서 몸부림쳤습니다. 특히 동사 '행하더라'의 시제는 '현재분사형'입니다. 사가랴와 엘리사벳은 과거의 어느 한순간에만 주님의 계명과 규례를 지키고 순종하며 산 것이 아니라, 과거부터 현재까지 하나님께 신실하게 순종하는 길을 걸었습니다.

그러던 어느 날 사가랴가 성전에서 제사장으로 하나님을 섬기는 날이 찾아왔습니다. 8절이 이렇게 증거합니다.

마침 사가랴가 그 반열의 차례대로 하나님 앞에서 제사장의 직무를 행
할새

앞서 말씀드린 바와 같이 당시 제사장의 수는 약 1만 8,000명
에서 2만 명 정도였고, 제사장들은 24개의 반열을 따라서 나뉘어
져 있었습니다. 그래서 각 반열마다 약 800명 전후의 제사장이 있었
습니다. 그 24개의 반열은 1년에 1주일씩 두 번, 즉 1년에 2주일씩
교대로 성전에서 봉사했습니다. 그리고 3대 절기인, 무교절[Feast of
Unleavened Bread, (유월절, Passover)]과 칠칠절[Feast of Weeks, (오순절, Pentecost)]
그리고 초막절[Feast of Booths, (수장절, Feast of Ingathering)]에는 수많은 사람
들이 절기를 지키기 위해 성전으로 몰려들었으므로 그때는 모든 제
사장이 동원되어 섬겼습니다. 한 반열이 성전을 섬기는 주간에도 그
반열에 속한 모든 제사장이 성전에서 제사의 일을 섬긴 것은 아니었
습니다.

당시에 매일 드리는 제사에서는 1년 된 흠 없는 숫양을 두 마리
씩 번제로 드렸는데, 아침에 한 마리를 드리고 해질 때에 한 마리를
드렸습니다. 또 고운 가루 2.3리터(약 한 되 반)에 기름 0.9리터(약 반 되)
를 섞어서 드렸습니다.

그리고 성전의 성소에는 중요한 물건 세 가지가 있었습니다. 성
소의 오른쪽(북쪽)에 진설병(bread of the Presence)을 두는 상이 있었습니
다. 이 상 위에는 이스라엘 열두 지파를 상징하는 열두 개의 떡을 올
리도록 했습니다. 매 안식일마다 새로운 진설병을 올렸습니다. 이것
은 우리에게 양식을 공급해 주시는 분이 하나님이심을 상징했습니

다. 진설병 상 맞은편인 성소의 왼쪽(남쪽)에는 등잔대가 있었습니다. 이 등잔대에는 불을 저녁부터 아침까지 켜 두라고 하셨는데, 그것은 사람들은 깊은 잠에 떨어질지라도 하나님은 주무시지 않고 하나님의 백성을 돌보심을 의미했습니다. 그리고 지성소 바로 앞에 분향단이 있었습니다. 이곳에는 아침과 저녁에 향을 피우도록 했습니다. 향을 피우는 것은 하나님이 자기 백성의 기도를 들어주시는 분임을 상징했습니다.

이러한 일들을 위해서 각 반열에 속한 800여 명의 제사장 중에 50명 정도가 필요했고, 나머지는 성전 주변 청소 등 보조적인 일을 했습니다. 사가랴는 그 50명에 속한 일로 섬기게 되었습니다. 그것만이 아니라 사가랴는 아주 특별한 섬김을 하게 되었습니다. 9절이 이렇게 증거합니다.

제사장의 전례를 따라 제비를 뽑아 주의 성전에 들어가 분향하고

성소에 있는 분향단에 아침과 저녁에 향을 피웠기 때문에 두 사람을 제비로 뽑아서 그 일을 섬기게 했는데 사가랴가 뽑혀서 그 일을 행하게 되었습니다. 자기 반열이 섬기는 주간이 되어서 제사장이 제사와 직접 관련된 일을 봉사하게 되는 50명에 뽑히는 것도 쉽지 않은 일이었지만, 두 사람이 섬기는 분향하는 일에 뽑히는 것은 아주 어려운 일이었습니다. 당시 제사장 중에는 평생 한 번도 분향하지 못하는 사람도 아주 많았습니다. 그래서 한 번 분향을 한 제사장은 다음 번 제비를 뽑는 데서 제외되었습니다. 사가랴는 제사장으로서 일생

에 가장 중요한 일 가운데 하나를 하게 되었습니다. 8절을 다시 살펴보겠습니다.

> 마침 사가랴가 그 반열의 차례대로 하나님 앞에서 제사장의 직무를 행할새

하나님이 사가랴와 그의 아내 엘리사벳을 의롭다 인정해 주셨고, 그래서 사가랴는 자신에게 주어진 직무도 '하나님 앞에서' 행했습니다. 그가 '좋은 제사장이라는 나무'가 되었기 때문에 '좋은 제사장의 직무라는 열매'를 거둘 수 있었습니다.

베드로전서 2장 9절은 이렇게 증거합니다.

> 그러나 너희는 택하신 족속이요 왕 같은 제사장들이요 거룩한 나라요 그의 소유가 된 백성이니 이는 너희를 어두운 데서 불러내어 그의 기이한 빛에 들어가게 하신 이의 아름다운 덕을 선포하게 하려 하심이라

우리 중에 그 누구도 택하심을 받지 아니한 사람이 없고, 왕 같은 제사장이 아닌 사람도 없습니다.

우리 교회에서 대표기도는 1-4부 주일예배와 수요성경공부 등 일주일에 다섯 명씩 하게 됩니다. 1년에 52주일이 있습니다. 그러면 1년에 기도 순서 담당자는 260명입니다. 산술적으로는 우리 교회에 등록하신 성도님들이 모두 기도할 경우, 그 기도 순서는 40년이 넘어야 다시 돌아오게 됩니다. 몇 해 전에 연세가 높으신 한 성도님이

당신이 주일예배에서 대표기도를 하게 되었노라고 하시며, "이것이 제 생애에 마지막으로 드리는 주일예배 대표기도가 될 것 같습니다"라고 하셨는데 마음이 울컥했습니다. '누군가에게는 그냥 순서가 돌아와서 하게 되는 대표기도이지만, 누군가에게는 이 땅에서 드리는 마지막 대표기도구나. 우리에게는 무엇이든지 이 땅에서 마지막으로 하게 되는 것들이 있구나' 하는 생각이 들었습니다.

홉니와 비느하스 vs. 다윗

제사장으로서 자신의 직무를 하나님 앞에서 마땅히 행해야 하고 의롭게 살기 위해 몸부림쳐야 하지만 그렇게 살지 않은 대표적인 사람이 엘리 제사장의 두 아들, 홉니와 비느하스입니다. 그들의 행실이 어떠하였는지 사무엘상 2장 13-17절은 이렇게 증거합니다.

그 제사장들이 백성에게 행하는 관습은 이러하니 곧 어떤 사람이 제사를 드리고 그 고기를 삶을 때에 제사장의 사환이 손에 세 살 갈고리를 가지고 와서 그것으로 냄비에나 솥에나 큰 솥에나 가마에 찔러 넣어 갈고리에 걸려 나오는 것은 제사장이 자기 것으로 가지되 실로에서 그곳에 온 모든 이스라엘 사람에게 이같이 할 뿐 아니라 기름을 태우기 전에도 제사장의 사환이 와서 제사 드리는 사람에게 이르기를 제사장에게 구워 드릴 고기를 내라 그가 네게 삶은 고기를 원하지 아니하고 날 것을 원하신다 하다가 그 사람이 이르기를 반드시 먼저 기름을 태운 후에 네 마음에 원하는 대로 가지라 하면 그가 말하기를 아니라 지금 내게 내라 그렇지 아니하면 내가 억지로 빼앗으리라 하였으니 이 소년들의 죄가 여호와 앞에 심히 큼은 그들이 여호와의 제사를 멸시함이었더라

당시 번제와 같은 제사는 제물을 모두 태워서 드렸지만, 화목제의 제물은 내장 일부와 내장에 붙은 기름기만 태웠습니다. 살코기 부분은 제사장과 그 제물을 드리는 사람이 함께 나누었는데, 제사장의 몫은 오른쪽 뒷다리와 가슴 부위였습니다(레 7:33-34 참조). 하지만 홉니와 비느하스는 막무가내였습니다. 어느 부위든 상관없이 갈고리로 찔러서 나오는 것은 자기 것이라고 했습니다. 그뿐만이 아니라 제사를 드리기도 전에, 생갈비구이를 먹고 싶다고 강제로 제물을 빼앗기도 했습니다. 그들의 죄가 사람들 앞이 아니라 하나님 앞에서 컸던 것은 하나님께 드리는 제사(예배)를 멸시했기 때문이었습니다.

이러했던 홉니와 비느하스를 사무엘상 2장 12절은 이렇게 증거합니다.

엘리의 아들들은 행실이 나빠 여호와를 알지 못하더라

'행실이 나쁘다는 것'[히브리어로 벨리야알(בְּלִיַּעַל)]은 단순히 행동이 불량하다는 정도가 아니라 '사악한 사람', '무가치한 사람', '깡패'라는 의미입니다. 홉니와 비느하스는 사람들이 보기에는 제사장의 아들이자 제사장으로 여김을 받고 그들의 명함에 '제사장 홉니', '제사장 비느하스'라고 기록되어 있을지 몰라도, 하나님이 보시기에는 '사

악한 사람', '무가치한 사람'이었습니다. 하나님이 가지고 계신 그들의 명함에는 '깡패 홉니', '조폭 비느하스'라고 기록되어 있었습니다. 홉니와 비느하스가 '여호와의 제사를 멸시함이라는 욕망의 열매'를 거둘 수밖에 없었던 것은 그들이 '사악하고 무가치하며 깡패 제사장이라는 나무'였기 때문입니다.

이들과 반대로 제사장이 아니면서도 제사장 같은 왕으로 늘 하나님 앞에서 살았던 다윗은 시편 16편 8절에서 이렇게 고백했습니다.

> 내가 여호와를 항상 내 앞에 모심이여 그가 나의 오른쪽에 계시므로 내가 흔들리지 아니하리로다

다윗은 하나님을 항상 자기 앞에 모셨더니 하나님이 자기 오른편에 계셔 주셨다고 고백합니다. '오른편'이라 함은 '하나님의 능력'을 상징한다고 말씀드린 적이 있습니다. 예를 들어 하나님은 우리에게 "나의 의로운 오른손으로 너를 붙들리라"라고 약속해 주셨습니다. 하나님은 왼손이 없으시거나 왼손은 힘이 없기 때문이 아니라 우리를 당신의 전 능력으로 꼭 지켜 주시겠다는 약속입니다. 또한 사도신경 중에 예수님이 부활하시고 승천하셔서 하나님 보좌 '우편'에 앉으셨다고 하셨는데, 이것은 성자 하나님은 성부 하나님과 그 존재와 능력이 동일하다는 의미입니다. 그래서 다윗의 표현은 자신이 하나님 앞에서 행했더니 하나님은 하나님의 능력으로 함께해 주시더라는 고백입니다.

다윗의 이런 모습을 보고 자란 아들 솔로몬이 왕이 된 후에, 하

나님께 일천번제를 드렸습니다. 그때 하나님이 솔로몬의 꿈에 나타나셔서 무엇이든지 원하는 대로 구하면 주겠다고 하셨습니다. 솔로몬의 답변을 열왕기상 3장 6절이 이렇게 증거합니다.

> 솔로몬이 이르되 주의 종 내 아버지 다윗이 성실과 공의와 정직한 마음으로 주와 함께 주 앞에서 행하므로 주께서 그에게 큰 은혜를 베푸셨고 주께서 또 그를 위하여 이 큰 은혜를 항상 주사 오늘과 같이 그의 자리에 앉을 아들을 그에게 주셨나이다

솔로몬은 아버지 다윗을 떠올렸습니다. 그리고 '아버지 다윗은 하나님과 함께, 하나님 앞에서 행하시던 분'이었기 때문에 자신이 왕위에 오를 수 있게 되었다는 사실도 깨달았습니다. 아들인 솔로몬이 보아도 아버지 다윗은 하나님과 동행하던 사람이었습니다. '제사장 같은 왕, 다윗이라는 나무'가 '솔로몬이라는 열매'를 맺게 하였습니다. '하나님 앞에서 행한다' 함은 하나님의 말씀을 지키고, 하나님의 뜻에 순종하며, 하나님이 기뻐하시는 일을 행한다는 의미입니다. 하나님의 말씀에 불순종하거나 욕망과 병든 이기심이 기뻐하는 일을 행할 때는 "하나님, 이번엔 모른 척해 주십시오"라거나 "하나님, 하나님 뒤에서 행합니다"라고 말할 것입니다.

사가랴는 제사장으로서 '하나님 앞에서 제사장의 직무'를 행했습니다. 사가랴와 엘리사벳이 살던 때는 헬라제국과 로마제국의 연이은 압제로 암울한 시대였습니다. 또한 그들은 제사장 부부였음에도 자녀가 없었고, 부부가 모두 나이가 들어서 자녀를 가질 수 있는

가능성도 거의 없었습니다. 그러나 그러한 시대, 그의 가정사가, 사가랴가 하나님 앞에서 사는 것을 막는 걸림돌이 되지 않았고, 하나님이 없이 살겠다는 핑곗거리가 되지도 않았습니다.

예수 그리스도의 피와 은혜로 의롭게 된 우리도 지금 어떤 신분에 있든지, 하나님 앞에서 감당해야 할 직무가 있습니다. 남편과 아내로서의 직무, 부모와 자녀로서의 직무가 있습니다. 기업인으로서의 직무, 직장인으로서의 직무, 주부로서의 직무, 학생으로서의 직무도 있습니다. 무엇보다도 우리가 어디에 있든 어떤 일을 하든 무엇을 갖고 있든 우리에게는 그리스도인이라는 직무, 하나님의 자녀라는 직무, 왕 같은 제사장이라는 직무가 있습니다. 그 직무가 무엇이든지, 그것이 비록 작게 보일지라도, 또 '나'라는 존재가 아무리 초라하게 보일지라도 그 직무를 하나님 앞에서 행하며 최선을 다합시다. 그때에 우리의 삶과 가정은 하나님에 의해서 온전하게 세워지고, 그런 우리를 통해 이 땅 위에 하나님의 뜻이 펼쳐지게 될 것입니다.

하나님 아버지!

하나님 앞에서 의롭게 살기 위해 몸부림쳤던 사가랴가 순번대로 돌아온 제사장의 직무를 행할 때도 '하나님 앞'에서 행한 것을 보았습니다. 요셉도 하나님 앞에서 의롭게 살기 위해 최선을 다했기에 쉽게 받아들일 수 없는 약혼녀 마리아의 임신을 받아들일 수 있었고, 아기 예수님과 아내를 데리고 애굽까지 이주했다가 되돌아와야 하는 모진 삶도 잘 감당할 수 있었습니다. 하지만 홉니와 비느하스는 겉으로는 멀쩡하게 보이는 제사장이라는 나무였지만, 그 속은 사악하고 무가치하며 깡패와 같은 나무였기에 하나님의 제사를 멸시하는 일을 자행했습니다.

우리가 어떤 자리에 있든 어떤 일을 하든 예수 그리스도의 피로 의롭게 된 사람으로, 또 성령님께 인치심을 받은 하나님의 자녀로, 우리에게 주어진 직무를 하나님 앞에서 감당하는 그리스도인이 되게 하여 주옵소서. 우리에게 맡겨진 직무를 마지막으로 하게 될 날이 언제인지 알지 못하나 혹 그것이 오늘이나 내일이라 할지라도 그 직무를 하나님 앞에서 행하게 하여 주옵소서. 이 세상에서 마지막 숨을 내쉬는 순간까지 하나님 앞에서 살게 하시고, 하나님을 섬기며 살아가게 하여 주옵소서. 그리하여 우리 각자가 이 시대를 살아가는 사가랴와 엘리사벳이 되게 하시고, 그들을 통하여 주님의 길을 예비하는 요한이 태어나게 하셨듯이, 우리를 통해서 주님의 뜻과 말씀이 이 땅 위에 펼쳐지게 하옵소서. 예수님의 이름으로 기도드립니다. 아멘.

6.

밖에서
기도하더니

누가복음 1장 5-11절

유대 왕 헤롯 때에 아비야 반열에 제사장 한 사람이 있었으니 이름은 사가랴요 그의 아내는 아론의 자손이니 이름은 엘리사벳이라 이 두 사람이 하나님 앞에 의인이니 주의 모든 계명과 규례대로 흠이 없이 행하더라 엘리사벳이 잉태를 못하므로 그들에게 자식이 없고 두 사람의 나이가 많더라 마침 사가랴가 그 반열의 차례대로 하나님 앞에서 제사장의 직무를 행할새 제사장의 전례를 따라 제비를 뽑아 주의 성전에 들어가 분향하고 모든 백성은 그 분향하는 시간에 **밖에서 기도하더니** 주의 사자가 그에게 나타나 향단 우편에 선지라

누가복음-성령과 기도의 복음

누가복음에는 이방인, 세리, 병자, 죄인, 여인 등 소외된 사람에 관한 내용이 가득합니다. 왜냐하면 누가 자신이 성경을 기록한 사람 중에 유대인이 아닌 유일한 사람이라 자신 역시 소외 대상이었기 때문입니다. 당시 유대인들은 이방인들을 지옥불을 유지하는 땔감 정도로 생각했지만, 예수님은 유대인이나 이방인이나 모두 구원의 대상으로 보셨습니다. 그래서 누가복음은 '소외된 사람들을 위한 복음'

이자 '구원의 복음'이라고 불립니다.

잃어버린 드라크마를 찾는 여인의 이야기와 집을 나간 둘째 아들을 기다리는 아버지의 이야기(일명 탕자의 비유)는 누가복음에만 있습니다. 또 부자였을지라도 사람들에게 손가락질받던 세리장 삭개오의 이야기도 누가복음에만 있는데, 예수님은 삭개오의 집을 찾으셔서 이렇게 말씀하셨습니다. 누가복음 19장 9, 10절이 이렇게 증거합니다.

> 예수께서 이르시되 오늘 구원이 이 집에 이르렀으니 이 사람도 아브라함의 자손임이로다 인자가 온 것은 잃어버린 자를 찾아 구원하려 함이니라

삭개오가 부자였을지라도 주님 보시기에는 여전히 소외된 사람이었고, 구원받아야 할 잃어버린 언약 백성이었습니다.

또한 4복음서에는 십자가에 못 박히신 예수님의 좌우편에 강도(행악자) 두 사람도 함께 못 박혔다고 기록하고 있습니다. 그런데 마태·마가·요한복음에는 그 내용을 단 한 절로만 표현하고 있지만 누가복음에는 무려 열두 절이나 기록하고 있습니다. 특히 두 행악자 중에서 자신이 죄인임을 인정하고 "예수여 당신의 나라에 임하실 때에 나를 기억하소서"(눅 23:42)라고 자신을 의탁한 사람에게 예수님은 "내가 진실로 네게 이르노니 오늘 네가 나와 함께 낙원에 있으리라"(눅 23:43)라고 영원한 구원의 약속을 해주셨습니다. 강도와 같은 존재도 구원의 대상일 뿐만 아니라 그런 흉악한 사람에게도 마지막

순간까지 구원의 문이 열려 있음을 그림처럼 보여 주고 있습니다. 이처럼 누가복음은 '소외된 사람들을 위한 복음', '구원의 복음'입니다. 그뿐만 아니라 누가복음은 '성령과 기도의 복음'이기도 합니다.

특히 누가복음 1장에는 성령충만한 사람들이 등장합니다. 주님이 오실 길을 예비한 세례자 요한은 어머니 뱃속에 있을 때부터 성령의 충만함을 받았다고 했습니다. 예수님을 낳은 마리아도 성령충만했고, 시대나 가정사를 탓하지 않고 하나님 앞에서 의롭게 살고자 몸부림친 사가랴와 엘리사벳도 성령충만하였다고 증언합니다.

누가가 성령님을 얼마나 중요하게 여겼는지는 예수님의 가르침을 기록하는 모습에서도 또렷하게 나타납니다. 마태는 예수님이 제자들에게 기도에 대해 가르치신 것을 이렇게 기록하였습니다. 마태복음 7장 7-11절은 이렇게 증거합니다.

구하라 그리하면 너희에게 주실 것이요 찾으라 그리하면 찾아낼 것이요 문을 두드리라 그리하면 너희에게 열릴 것이니 구하는 이마다 받을 것이요 찾는 이는 찾아낼 것이요 두드리는 이에게는 열릴 것이니라 너희 중에 누가 아들이 떡을 달라 하는데 돌을 주며 생선을 달라 하는데 뱀을 줄 사람이 있겠느냐 너희가 악한 자라도 좋은 것으로 자식에게 줄 줄 알거든 하물며 하늘에 계신 너희 아버지께서 구하는 자에게 좋은 것으로 주시지 않겠느냐

그런데 누가는 이렇게 기록하고 있습니다. 누가복음 11장 9-13절이 이렇게 증거합니다.

내가 또 너희에게 이르노니 구하라 그러면 너희에게 주실 것이요 찾으라 그러면 찾아낼 것이요 문을 두드리라 그러면 너희에게 열릴 것이니 구하는 이마다 받을 것이요 찾는 이는 찾아낼 것이요 두드리는 이에게는 열릴 것이니라 너희 중에 아버지 된 자로서 누가 아들이 생선을 달라 하는데 생선 대신에 뱀을 주며 알을 달라 하는데 전갈을 주겠느냐 너희가 악할지라도 좋은 것을 자식에게 줄 줄 알거든 하물며 너희 하늘 아버지께서 구하는 자에게 성령을 주시지 않겠느냐 하시니라

마태는 주님의 말씀을 기록하면서, 부모가 비록 악할지라도 자식에게는 좋은 것을 주기를 원하듯이 하나님도 자기 자녀에게 좋은 것을 주려고 하시는 분이라고 했습니다. 그런데 누가는 그 좋은 것이 바로 '성령님'이라고 기록하여, 생선과 알에만 정신이 팔려 그것이 좋은 것이라고 생각하고 있는 우리에게 정문일침(頂門一鍼)을 가하고 있습니다. 또한 누가복음에는 다른 복음서에 비해 기도의 장면이 훨씬 더 많습니다. 예수님이 공생애를 시작하시며 요단강에서 세례를 받으시는 모습은 4복음서가 모두 증언합니다. 그런데 누가복음에는 다른 복음서에 없는 표현이 있습니다. 누가복음 3장 21, 22절이 이렇게 증거합니다.

백성이 다 세례를 받을새 예수도 세례를 받으시고 기도하실 때에 하늘이 열리며 성령이 비둘기 같은 형체로 그의 위에 강림하시더니 하늘로부터 소리가 나기를 너는 내 사랑하는 아들이라 내가 너를 기뻐하노라 하시니라

성령님이 위에서 내려오시고, 하늘로부터 음성이 들린 때는 예수님이 세례를 받으시고, '기도하실 때'에 일어난 일이라고 증거합니다. 이처럼 예수님은 공생애를 기도로 시작하셨습니다. 또 누가복음 6장 12, 13절은 이렇게 증거합니다.

이때에 예수께서 기도하시러 산으로 가사 밤이 새도록 하나님께 기도하시고 밝으매 그 제자들을 부르사 그중에서 열둘을 택하여 사도라 칭하셨으니

예수님은 공생애를 함께 보내고 자신이 세상을 떠난 후에도 뒤를 이어 구원 사역을 이어 나갈 열두 사도를 택하시는데, 밤이 새도록 하나님께 기도하셨습니다. 구원주이자 창조주이신 예수님은 기도하셔야 하는 분이 아니라 기도를 받으시는 분입니다. 그럼에도 기도하심으로 예수님은 우리에게 기도하는 삶의 표본이 되어 주셨습니다. 그뿐만 아니라 예수님은 베드로와 요한과 야고보를 데리고 산에 올라가시고 모세와 엘리야를 만나셔서 당신의 죽으심에 대해서 말씀하셨습니다. 그때에 얼굴이 변하시고 입고 있던 옷이 희어져 광채가 났다고 말씀은 증언합니다. 누가는 그 순간이 바로 예수님이 기도하시던 때였다고 기록하고 있습니다.

또 제자들은 예수님께 세례자 요한이 자기 제자들에게 기도를 가르쳤듯이 자신들에게도 가르쳐 달라고 요청했습니다. 그래서 '주님의기도'라고 불리는 기도를 가르쳐 주셨습니다. 그런데 그 순간도 예수님이 한 곳에서 기도를 마치셨을 때였습니다. 제자들이 기도를

모르지 않았음에도 예수님이 기도하시는 모습을 보고서, 기도를 가르쳐 달라고 한 것은 더 제대로 더 바르게 기도하기 원했기 때문이었습니다. 또한 예수님이 십자가 위에서 하신 일곱 개의 말씀인 가상칠언(架上七言) 중에서 세 개가 누가복음에 있습니다. 그런데 처음과 마지막 말씀이 모두 누가복음에 기록되어 있습니다.

> 아버지 저들을 사하여 주옵소서 자기들이 하는 것을 알지 못함이니이다 하시더라(눅 23:34)
>
> 아버지 내 영혼을 아버지 손에 부탁하나이다(눅 23:46)

이 두 말씀이 모두 기도입니다. 그뿐만 아니라 누가복음에는 다른 복음서에는 없는 예수님의 기도에 대한 가르침도 여럿 있습니다. 밤에 떡을 빌리러 온 친구 비유, 불의한 재판관과 과부의 비유, 바리새인과 세리의 비유 등은 모두 누가복음에만 나오는 내용입니다.

누가복음뿐만 아니라 누가가 기록한 사도행전에도 기도의 내용은 가득합니다. 오순절에 성령님이 강림하실 때에 사도들과 여인들은 마음을 같이하여 오로지 기도에 힘썼고, 자신의 직무를 버리고 제 곳으로 가버린 가룟 유다를 대신해서 맛디아를 뽑을 때에도 기도했습니다. 오순절에 임한 성령님으로 인해 수천 명으로 늘어난 예루살렘교회 사람들이 사도의 가르침을 받아 서로 교제하고 떡을 뗄 때에도 오로지 기도하기를 힘썼습니다. 베드로가 죽은 다비다를 살릴 때에도 무릎을 꿇고 기도했으며, 가이사랴의 백부장 고넬료가 환상을 보게 된 것도 기도할 때에 일어난 일이었습니다. 또한 안디옥교회가 성령님이 따로 세운 바나바와 사울(바울)을 선교사로 내보낼 때에도 금식하며 기도했고, 바울과 실라가 빌립보에서 귀신 들려 점을 치던 여자 노예를 고쳐 준 일로 인해 심하게 매 맞고 빌립보의 감옥에 투옥되었을 때에도 한밤중에 그들은 기도하며 찬송하였습니다.

휴가를 나온 군인의 눈에는 군복을 입은 군인이 유난히 눈에 많이 띄고, 임신한 여인에게는 다른 임신한 여인이 눈에 많이 들어옵니다. 또한 동일한 사람이나 물건이라 할지라도 직업이나 관심의 정도에 따라서 자신의 눈에 다르게 보입니다. 구두를 만드는 사람에게는 구두가, 가방을 만드는 사람에게는 가방이, 요리사에게는 음식이, 농부와 어부에게는 농산물과 생선이 다른 사람들의 눈에 보이는 것과는 다르게 보일 것입니다. 누가가 누가복음에 성령님과 기도에 대해서 다른 복음서들에 비해 훨씬 더 다양하고 세밀하게 기록할 수 있었던 이유는 그가 바로 '성령님의 사람', '기도의 사람'이었기 때문입니다.

사가랴

그래서 누가는 누가복음 첫 장부터 사가랴의 기도를 통해 하나님의 뜻이 펼쳐지고 있음을 그리고 있습니다.

사가랴는 자신이 속한 아비야 반열이 섬기던 기간에 성전에서 제사장의 직무를 담당하게 되었습니다. 당시 제사장들은 모두 24개의 반열이 있었는데, 그중에 아비야 반열은 여덟 번째였습니다. 특히 사가랴는 성전의 성소 안에 있는 분향단에 향을 피우는 일을 행하게 되었습니다. 그런데 그 일에 뽑히는 것은 아주 드문 일이었습니다. 한평생 제사장의 일을 보아도 그것을 하지 못한 사람도 많았기에 분향을 한 번 담당한 제사장은 다음번부터는 제비 뽑는 대상에서 제외되었습니다.

사가랴가 분향단에서 분향하고 있을 때 이스라엘 백성은 무엇을 하고 있었는지를 오늘 본문 10절이 이렇게 증거합니다.

모든 백성은 그 분향하는 시간에 밖에서 기도하더니

지성소와 성소 밖에는 제사장들과 유대인 남자들만 들어올 수 있는 '제사장의 뜰'과 '이스라엘의 뜰'이 있었습니다. 그리고 그 밖이 여자들이 들어올 수 있는 '여인의 뜰'이었고, 그 밖이 '이방인의 뜰'이었습니다. '여인의 뜰'과 '이방인의 뜰' 사이에는 높이 약 1.5미터의 담이 있었습니다. 그중에서 '여인의 뜰'은 '기도의 뜰'이라고도 불렸습니다. 그래서 지금 이스라엘 백성들은 '여인의 뜰'에 모여 있었습니다.

제사장이 향을 분향단에서 태우면 연기가 성소 안을 가득 채우게 됩니다. 기도의 뜰에 모인 사람들은 그 연기가 위로 올라가는 것을 보고서 하나님께 기도를 드렸는데, 그 연기는 모인 사람들의 기도를 뜻하였습니다. 성전에서 분향하는 모습과 백성들이 기도드리는 모습을 시편 141편 2절은 이렇게 증거합니다.

나의 기도가 주의 앞에 분향함과 같이 되며 나의 손 드는 것이 저녁 제
사 같이 되게 하소서

성소에서 분향이 이루어질 때, 여인의 뜰에 모인 사람들은 두
손을 하늘을 향해 들고 침묵으로 기도드리며, 마음속으로 이렇게 읊
조렸습니다. "자비로우신 하나님! 성소 안으로 들어오시옵소서. 그
리고 이 백성이 드리는 제물을 기꺼이 받아 주소서."
　성전에서 분향과 기도가 이루어질 때에 하늘에서 어떤 일이 있
었는지를 요한계시록 8장 3, 4절은 이렇게 증거합니다.

또 다른 천사가 와서 제단 곁에 서서 금향로를 가지고 많은 향을 받았
으니 이는 모든 성도의 기도와 합하여 보좌 앞 금 제단에 드리고자 함
이라 향연이 성도의 기도와 함께 천사의 손으로부터 하나님 앞으로 올
라가는지라

사도 요한은 이 땅에서 드리는 성도들의 기도가 하나님 앞으로
올라감을 보았습니다. 과거에 힘없는 백성이 억울한 일로 신문고를
울리면 우연히 왕이 그 북소리를 듣고 해결해 주었듯이, 요즘도 어려
움에 처한 사람의 간절한 소원이 최고의 자리에 있는 사람에게까지
전달되어 이루어지는 경우를 보게 됩니다. 단, 그런 일은 극히 드물
게 일어납니다.
　그러나 하나님은 수많은 사람들의 기도를 선별해서 들어주시는
분이 아닙니다. 또한 하나님은 우리의 기도를 외면하시는 분도 아닙

니다. 복음성가 "주만 바라볼지라" 가사 중에 이런 내용이 있습니다.

> 하나님 사랑의 눈으로 너를 어느 때나 바라보시고
> 하나님 인자한 귀로써 언제나 너에게 기울이시니
> 어두움에 밝은 빛을 비춰 주시고
> 너의 작은 신음에도 응답하시니
> 너는 어느 곳에 있든지 주를 향하고 주만 바라볼지라

한계를 가진 인간은 보는 것보다 보지 못하는 것이 비교할 수 없을 정도로 많고, 듣는 것은 듣지 못하는 것에 비해 비교할 수 없을 정도로 적습니다. 하지만 하나님은 보지 못하는 것이 없으시고, 듣지 못하는 것도 없으신 분입니다. 그래서 인간은 결코 들을 수 없는 작은 신음에도 응답하시는 분입니다. 그래서 우리는 언제나 기도를 통해서 하나님을 향합니다.

사가랴가 분향을 하고, 이스라엘 백성들이 밖에서 기도하고 있을 때에 어떤 일이 있었는지를 11절이 이렇게 증거합니다.

> 주의 사자가 그에게 나타나 향단 우편에 선지라

주의 사자가 나타난 향단 우편은 사가랴가 보기에는 왼쪽, 분향단과 등잔대 사이였습니다. 이와 같은 상황, 특히 불임의 상황에서 주의 사자가 나타나심은 곧 하나님의 역사하심의 출발과 관련이 있습니다.

하나님이 아브라함에게 나타나셔서 아내 사라가 아기를 낳게 된다고 말씀하셨습니다. 하지만 아브라함은 엎드려서 하나님을 비웃으며 "나이 100세 된 남자가 아들을 낳는다고요? 90세나 되는 사라가 아이를 낳을 수 있다고요?"라며 중얼거렸습니다. 또 하나님의 사자가 아브라함을 찾아가서 다시 사라에게 아들이 있으리라고 말하자, 사라는 장막 문 뒤에서 듣고서는 "나는 기력이 다 쇠진하였고 나의 남편도 늙었는데, 어찌 나에게 그런 즐거운 일이 있으랴!"라고 중얼거리며 비웃었습니다. 하지만 그들은 1년 후에 아들을 얻었고, '웃음'이라는 뜻의 '이삭'이라 이름하였습니다. 하나님은 그들의 비웃음을 진짜 웃음이 되게 하셨습니다.

또한 소라 땅에 사는 단 지파 중에 '마노아'라는 사람이 있었는데 그의 아내가 임신하지 못했습니다. 여호와의 사자가 그 아내에게 나타나서 "네가 지금까지는 임신할 수 없어서 아이를 낳지 못하였으나, 이제는 임신하여 아들을 낳게 될 것이니 그 아이의 머리에 면도칼을 대지 말라"고 하셨습니다. 그래서 태어난 아이가 삼손이었습니다.

사가랴가 제사장으로 있었고, 구약의 문을 닫고 주님의 길을 예비했던 세례자 요한이 태어났으며, 예수님이 신약의 문을 열고 하나님의 구원을 완성하기 위해 이 땅에 오신 때는 참으로 어두움과 절망이 깊게 드리워진 시대였습니다. 하지만 오늘 본문은 그러한 시대에 빛이 비치고 소망의 문이 열리게 되는 일이 한 제사장과 백성들의 기도로 이루어지고 있다고 말씀합니다. 그래서 기도는 내 삶의 새로운 문을 열어 가는 열쇠와도 같습니다. 더 나아가 기도는 회피가 아니라 직면이고, 불순종이 아니라 순종이며, 방종이 아니라 헌신입니다.

사도 베드로는 만물의 마지막, 우리 인생의 끝이 가까이 다가올수록 무엇을 해야 하는지를 이렇게 권면합니다. 베드로전서 4장 7절이 이렇게 증거합니다.

> 만물의 마지막이 가까이 왔으니 그러므로 너희는 정신을 차리고 근신하여 기도하라

이 말씀은 베드로 자신의 지난 삶에 대한 참회의 표현입니다. 베드로는 예수님을 따라다니면서 예수님이 기도하시는 모습을 많이 보았습니다. 예수님은 새벽마다 일어나셔서 습관처럼 기도하셨습니다. 오병이어 기적을 보이신 후에도 많은 사람들이 예수님을 왕으로 세우려 하자 무리를 피해 산으로 가셔서 기도하셨습니다. 베드로는 예수님의 삶 자체가 기도의 삶이었음을 똑똑히 알고 있었습니다. 특별히 겟세마네 동산에서 자신을 짓누르는 고통을 이겨 가며 기도하시는 모습을 보았습니다. 예수님은 자신의 마지막을 아시고 기도하심으로 십자가에 직면하셨습니다. 우리와 같은 죄인을 구원하시려는 하나님의 뜻에 순종하셨고, 그 사역을 위해 한순간도 방종하지 않고 온 삶을 헌신하셨습니다. 그래서 우리에게 영원한 생명의 문을 활짝 열어 주셨습니다.

하지만 베드로는 주님이 십자가를 지셔야 함을 직면하지 않고 예루살렘에서 한자리하는 헛된 상황 속으로 회피했습니다. 겟세마네 동산에서 기도를 요청하는 주님의 간곡한 부탁에 잠자는 것으로

불순종했으며, 주님이 두 번씩이나 나타나 부활하셨음을 보여 주셨는데도 주님의 사역에 헌신하기보다 갈릴리로 도망하여 방종하고 말았습니다. 하지만 그 후에 마가의 다락방에서 기도하고 성전으로 기도하러 규칙적으로 올라감을 통해서 고난을 회피하지 않고 직면했습니다. 또한 율법에서 속되다고 할지라도 하나님이 속되지 않다고 말씀하시는 것에 순종했으며, 사도행전에서 사라질 때까지 자신의 역할에 헌신했습니다.

우리의 삶에서 직면해야 할 일을 회피하고, 순종해야 하는 관계에 불순종하고, 헌신해야 할 소명에 방종하고 있지는 않으십니까? 그것이 혹 기도를 잊고 있기 때문은 아닙니까? 우리가 우리의 무릎을 하나님 앞에 꿇려 제대로 기도하게 된다면, 우리의 삶과 가정과 일터에 그리고 이 사회에 새로운 문이 열리게 될 것입니다.

군인에게는 군인이 보이고, 임신부에게는 임신부가 눈에 들어오듯 성령님의 사람에게는 성령님의 행하심이 보이고, 기도의 사람에게는 기도가 눈에 들어옵니다. 우리에게도 성령님의 행하심을 보는 영적인 눈을 열어 주시고, 우리가 기도의 사람이 되게 하여 주옵소서. 우리의 기도가 주님께 올려 드리는 분향이 되게 하시고, 우리가 무릎을 꿇거나 손을 들고 드리는 기도는 우리의 삶의 제물이 되게 하여 주옵소서.

때때로 우리의 기도가 허공에서 사라지는 메아리와 같고, 공기의 진동으로 끝나는 것처럼 여겨질 때에도 언제나 하나님은 사랑의 눈으로 우리를 바라보시고, 인자한 귀를 기울이고 계시며, 우리의 작은 신음에도 응답하시는 분임을 잊지 않게 하여 주옵소서. 그리하여 우리의 기도가 회피로 일관하고 있는 우리 삶의 크고 작은 일에 직면하는 용기가 되게 하시고, 불순종으로 고집부리고 있는 관계에 병든 자아를 꺾어 순종하는 믿음이 되게 하시며, 좀 더 방종하고 싶은 쾌락의 삶에 끝을 알리는 헌신의 증거가 되게 하여 주옵소서. 바라옵나니 우리의 기도가 우리 앞서 행하시는 하나님의 역사를 보는 믿음의 안경이 되게 하여 주옵소서. 예수님의 이름으로 기도드립니다. 아멘.

7.

주 앞에
큰 자가 되며

누가복음 1장 11-17절

주의 사자가 그에게 나타나 향단 우편에 선지라 사가랴가 보고 놀라며 무서워하니 천사가 그에게 이르되 사가랴여 무서워하지 말라 너의 간구함이 들린지라 네 아내 엘리사벳이 네게 아들을 낳아 주리니 그 이름을 요한이라 하라 너도 기뻐하고 즐거워할 것이요 많은 사람도 그의 태어남을 기뻐하리니 이는 그가 **주 앞에 큰 자가 되며** 포도주나 독한 술을 마시지 아니하며 모태로부터 성령의 충만함을 받아 이스라엘 자손을 주 곧 그들의 하나님께로 많이 돌아오게 하겠음이라 그가 또 엘리야의 심령과 능력으로 주 앞에 먼저 와서 아버지의 마음을 자식에게, 거스르는 자를 의인의 슬기에 돌아오게 하고 주를 위하여 세운 백성을 준비하리라

주의 천사를 만난 사람들

24개의 제사장 반열 중 여덟 번째인 아비야 반열이 성전에서 직무를 행할 때에, 그 반열에 속한 사가랴도 제사장으로 섬기게 되었습니다. 사가랴는 많은 직무 가운데서도 당시 제사장으로서는 평생 한 번밖에 할 수 없었던, 성소에서 분향하는 일을 하고 있었습니다. 그

때 향단 우편에 서 있는 주의 천사를 보았습니다. 오늘 본문 12절은 그때의 사가랴의 반응을 이렇게 증거합니다.

> 사가랴가 보고 놀라며 무서워하니

사가랴는 주의 천사를 보고서 놀랐을 뿐만 아니라 두려워했습니다. 이것은 사가랴만의 반응이 아니라 하나님과 하나님의 사자를 경험하는 사람들의 공통적인 현상입니다. 자기 자신 앞에 현존하시는 하나님을 경험하고서 "하나님 감사합니다. 저에게까지 이렇게 친히 나타나 주시다니요. 제게 큰 영광입니다"라고 똑바로 말할 수 있는 사람은 아무도 없습니다. 밀 타작은 사방이 뚫린 넓은 공간에서 하는 것임에도, 미디안 사람들의 노략질을 피해 구덩이 속 포도주 틀에서 밀 타작을 하던 기드온은 자신을 찾아오신 분이 하나님의 천사임을 알고 이렇게 탄식하며 고백했습니다. 사사기 6장 22절이 이렇게 증거합니다.

> 기드온이 그가 여호와의 사자인 줄을 알고 이르되 슬프도소이다 주 여호와여 내가 여호와의 사자를 대면하여 보았나이다

기드온은 하나님의 천사를 뵙고서 제대로 말을 하지 못하고 "슬프도소이다"라고 감탄사만 내뱉었습니다. 예레미야 선지자도 동일하게 고백했습니다. 예레미야 1장 6절입니다.

내가 이르되 슬프도소이다 주 여호와여 보소서 나는 아이라 말할 줄을
알지 못하나이다

인간은 본질적으로 유한하고, 완전히 오염되었고, 거룩함과는
거리가 먼 존재입니다. 그런 존재가 영원하시고, 오염될 수 없고, 거
룩함 그 자체이신 분을 뵙게 될 때 두려움을 느끼는 것은 지극히 자
연스러운 반응입니다. 기드온과 예레미야뿐만 아니라 이사야 선지
자도 성전에서 현존하시는 하나님을 경험하고서 이렇게 고백했습니
다. 이사야 6장 5절이 이렇게 증거합니다.

그때에 내가 말하되 화로다 나여 망하게 되었도다 나는 입술이 부정한
사람이요 나는 입술이 부정한 백성 중에 거주하면서 만군의 여호와이신
왕을 뵈었음이로다 하였더라

이사야 선지자는 보좌에 앉으신 하나님을 뵙고서 두려움을 느꼈
을 뿐만 아니라, 하나님이 자신을 멸망시키신다 할지라도 마땅하다
고 여길 수밖에 없는 자기 자신을 보았습니다. 《메시지》 성경은 12절
을 "사가랴는 두려워서 그 자리에 얼어붙었다"(Zachariah was paralyzed in
fear)라고 번역하였습니다. 인간은 현존하시는 하나님과 하나님의 사
자를 만났을 때 언제나 두려워하지만, 하나님도 언제나 이렇게 말씀
하십니다. 13절 상반절이 이렇게 증거합니다.

천사가 그에게 이르되 사가랴여 무서워하지 말라

성경에는 인간이 하나님을 향해 '두려워함'과 하나님이 인간을 향해 '두려워하지 말라'는 말이 수백 번 나옵니다. 우리가 하나님을 향해 두려움을 가짐으로 우리는 자신의 피조물 됨을 직시하고, 하나님을 하나님으로 섬길 수 있습니다. 또한 하나님이 우리를 향해 두려워하지 말라고 하심을 통해 하나님이 우리를 사랑하시고 동행하시며 길을 인도해 주시는 분임이 또렷하게 드러나게 됩니다. '인생과 신앙이라는 자동차'가 '욕망이라는 연료'를 담아 달릴 때에는 과속은 아닌지, 달리는 길이 차도가 맞는지, 바른 방향으로 달리고 있는지 확인하지 못하다가 거룩하신 하나님 앞에 설 때에 비로소 지금까지 얼마나 많이 과속했는지, 차도만이 아니라 인도로도 수없이 달렸으며, 엉뚱한 방향으로 달렸던 때도 참 많았음을 확인하게 됩니다. 지나온 삶이 하나님의 뜻과는 완전히 다른 삶이었음으로 인해 깊은 탄식이 나올 때에 하나님은 다시 제 속도로, 바른길로, 제대로 된 방향으로 달려갈 수 있도록 격려해 주십니다. 그래서 인간이 하나님을 두려워하는 것과 하나님이 인간을 향해 '두려워하지 말라'고 하시는 말씀은 우리 신앙에 브레이크와 액셀러레이터와 같습니다.

찬송가 305장은 그리스도인은 물론이고 비그리스도인들에게도 잘 알려진 "나 같은 죄인 살리신"입니다. 이 찬송가의 2절 가사가 이러합니다.

큰 죄악에서 건지신 주 은혜 고마워
나 처음 믿은 그 시간 귀하고 귀하다

그런데 영어 가사는 그렇지 않습니다. 직역해서 말씀드리면 이러합니다.

내 마음이 두려워하도록 가르친 것은 은혜였습니다
(Twas grace that taught My heart to fear)

두려움이 사라진 것도 은혜였습니다
(And grace my fears relieved)

내가 처음 믿었던 시간에 나타난 은혜는 얼마나 보배로운지요!
(How precious did that grace appear The hour I first believed)

우리가 하나님을 믿고 섬길 때 그분을 경외함도 은혜이고, 하나님이 우리를 두려움에서 벗어나게 해주심도 은혜입니다. 그래서 마리아는 하나님의 천사로부터 구세주 예수님을 낳게 된다는 말씀을 듣고서 이렇게 노래했습니다. 누가복음 1장 49, 50절이 증거합니다.

능하신 이가 큰일을 내게 행하셨으니 그 이름이 거룩하시며 긍휼하심이 두려워하는 자에게 대대로 이르는도다

처녀가 임신을 한다는 청천벽력과 같은 말씀에 두려워하는 마리아에게 하나님의 긍휼이 임했습니다.
사가랴에게 무서워하지 말라고 한 하나님의 천사는 계속해서 이렇게 말했습니다. 13절 하반절입니다.

너의 간구함이 들린지라 네 아내 엘리사벳이 네게 아들을 낳아 주리니
그 이름을 요한이라 하라

'간구'로 번역된 헬라어 단어는 '데에시스'(δέησις)인데 이 단어는
'부족하다, 결핍되다'는 뜻을 가진 '데오마이'(δέομαι)에서 왔습니다.
성경에 '기도와 간구'가 짝처럼 같이 등장하는 경우가 많습니다. 기
도와 간구는 '하나님께 올려 드리는 우리의 아룀'이라는 면에서는 동
일하지만, 내용적으로는 약간 다릅니다. 기도가 공예배의 기도라면
간구는 개인기도입니다. 기도가 포괄적이라면 간구는 구체적입니
다. 그래서 간구는 아주 간절한 기도입니다.

주의 사자는 사가랴의 간구함을 들었다고 하시는데, 사가랴는
무슨 내용의 간구를 드렸겠습니까? 얼핏 생각하면 그가 '자식 낳기'
를 간구한 것처럼 여겨집니다. 그의 가정에 자식이 없었고, 또 주의
사자가 아들을 낳게 하신다고 약속하고 있기 때문입니다. 그런데 그
렇게 생각하면 이해가 되지 않는 부분이 있습니다. 사가랴는 지금 개
인 자격으로 성전에서 기도드리고 있지 않습니다. 제사장으로서 성
전 제사에서 가장 중요한 부분 중의 하나인 분향을 하고 있습니다.
그것은 온 이스라엘 백성을 대신해서 하나님께 기도를 올려 드리는
것입니다. 그런 때에 자기 자식이 태어나기를 바라는 것은 하나님 앞
에 의롭게 살고, 모든 계명과 규례를 흠 없이 행하는 사람의 바른 태
도가 아닙니다. 또한 아들이 태어나게 된다는 주의 사자의 말에 "내
가 이것을 어떻게 알리요 내가 늙고 아내도 나이가 많으니이다"(18절)
라고 반응하지도 않았을 것입니다. 그래서 자식을 간구한 것은 아닌

걸로 여겨집니다. 아내 엘리사벳이 낳은 아들이 이스라엘 자손들을 하나님께로 돌아오게 하고, 주님을 맞아들일 만한 백성이 되도록 준비하게 하리라는 주의 사자의 말로 볼 때, 사가랴는 이스라엘 자손들이 오랫동안 기도하고 있었던 구원자를 보내 주시기를 간절히 기도드린 것으로 여겨집니다.

사가랴와 엘리사벳은 나이가 많아 지금은 자식 갖기를 포기했지만, 오래전에 간곡하게 드렸던 기도를 이루어 주시겠다는 말씀으로 보입니다. 사가랴 본인은 오래전에 간절하게 한 기도를 잊었을지라도, 하나님은 그 간구를 잊지 않으시고 마침내 하나님의 때가 되어서 그 간구에 응답해 주셨습니다. 그래서 그의 아들을 통해 구약의 문을 닫고, 그리스도가 오셨음을 알리는 일을 하게 해주셨습니다.

때때로 우리가 간절하게 드리는 기도, 처절하게 드리는 기도, 꼭 응답해 주시기를 소망하며 드리는 기도가 허공으로 그냥 사라지는 것 같아 마음이 상하고, 하나님이 살아 계시는지 내 기도를 듣고 계시는 분인지 의심할 때가 있습니다. 그럼에도 우리가 용기를 잃지 않고 소망할 수 있음은 하나님은 우리의 기도를 들으시는 분이기 때문입니다. 또한 우리는 잊은 기도일지라도 하나님은 잊지 않으시고 응답의 때를 기다리십니다.

요한의 출생

13절을 다시 살펴보겠습니다.

천사가 그에게 이르되 사가랴여 무서워하지 말라 너의 간구함이 들린
지라 네 아내 엘리사벳이 네게 아들을 낳아 주리니 그 이름을 요한이라
하라

성경에 삼손과 사무엘처럼 태어나기 전에 출생이 예고된 사람
도 극소수이지만, 그 이름까지 예고된, 즉 하나님이 그 이름을 지어
주신 사람은 더 드뭅니다. 사라의 몸종이었다가 아브라함의 첩이 된
하갈이 임신했을 때, 하나님의 사자는 그녀에게 아들을 낳으리니 그
이름을 '이스마엘'이라 하라고 하셨습니다. 또한 아브라함에게 아내
사라가 임신하여 아들을 낳게 되는데 그 이름을 '이삭'이라 하라고
하셨습니다. 그리고 오늘 본문에서 주의 사자는 사가랴에게 엘리사
벳이 아들을 낳게 되면 그 이름을 '요한'이라 하라고 하셨습니다. '요
한'의 뜻은 '주님은 은혜로우시다', '주님은 자비로우시다'입니다.

사가랴의 가정에는 결혼 이후 자식이 없었습니다. 제사장의 가
정에 자식이 없음은 아주 수치스러운 일일 뿐만 아니라, 하나님께 버
림받은 것처럼 여겨지던 때였습니다. 그것이 사가랴와 엘리사벳에
게도 아주 큰 눌림이 되었을 것입니다. 그럼에도 태어날 아들의 이름
을 '요한'으로 짓게 하심은, 그동안 사가랴의 가정에 자식이 없었을
지라도 하나님은 그 가정에 은혜를 베풀고 계셨음을 의미합니다.

또한 당시에 이스라엘이라는 가정도 정치적으로는 헬라제국과
로마제국의 연이은 압제가 있었고 헤롯 대왕의 학정(虐政)이 극심하
였습니다. 또한 신앙적으로도 말라기 선지자 이후에 더 이상의 선지
자를 보내 주시지 않아서 하나님의 행하심이 아련하게 여겨지고 있

었습니다. 그럼에도 태어날 아기의 이름을 '요한'으로 짓게 하심은 하나님은 여전히 자기 백성을 사랑하시며, 자기 백성을 위해 친히 역사하고 계심을 말씀하시는 것입니다.

요한의 출생을 사람들이 어떻게 여기게 될지를 14절이 이렇게 증거합니다.

너도 기뻐하고 즐거워할 것이요 많은 사람도 그의 태어남을 기뻐하리니

요한의 출생이 사가랴에게 기쁨이 되고 즐거움이 됨은 금방 이해가 됩니다. 그런데 많은 사람이 요한의 출생으로 인해 기뻐한다는 말씀은 선뜻 이해가 되지 않습니다. 오랫동안 사가랴의 가정에 자식이 없다가 늦둥이가 태어났기 때문에 기뻐한다는 의미이겠습니까? 본문이 말하는 기쁨과 즐거움은 표면적이거나 말초적인 것이 아닙니다. 본질적이고 영원한 관점에서 그러하다는 의미입니다. 요한이 오시는 주님의 길을 준비하면, 그 길로 예수 그리스도께서 오셔서 우리의 죄를 용서해 주시고, 우리의 생명을 영원에 잇대어 주시며, 우리에게 영원한 기쁨을 주시기 때문에 그의 출생이 많은 사람들에게 기쁨이 됩니다.

사가랴의 가정과 사람들에게 기쁨이 되는 요한이 장차 어떤 사람이 되는지에 대해 15절이 이렇게 증거합니다.

이는 그가 주 앞에 큰 자가 되며 포도주나 독한 술을 마시지 아니하며 모태로부터 성령의 충만함을 받아

"주 앞에 큰 자가 되며"를 새번역성경은 "주님께서 보시기에 큰 인물이 될 것이다"라고 번역하고 있습니다. "주 앞에 큰 자", "주 님께서 보시기에 큰 인물"은 뒤집어서 말씀드리면 사람들 앞에서는, 사람들이 보기에는 큰 인물이 아닐 수 있다는 의미입니다.

어떤 사람이 가진 신분증이 어떠하냐에 따라서 관련 있는 사람들의 반응이 달라질 수 있습니다. 만약 오늘 이 예배당에 서울시장님이 참석해서 예배를 드리고 있다면, 서울시청에서 일하시는 분들은 여간 신경 쓰이는 일이 아닐 것입니다. 혹 시장님의 심기가 불편하지는 않은지 아주 예민해져야 할 가능성이 많습니다. 서울시 공직 앞에서는 그분이 큰사람이기 때문입니다.

열왕기하 5장 1절은 아람 나라의 나아만 장군에 대해 이렇게 묘사하고 있습니다.

아람 왕의 군대 장관 나아만은 그의 주인 앞에서 크고 존귀한 자니 이는 여호와께서 전에 그에게 아람을 구원하게 하셨음이라 그는 큰 용사이나 나병환자더라

나아만 장군은 그의 주인인 아람 왕에게 존귀히 여김을 받던 존재였습니다. 그가 나라를 건질 정도의 전공(戰功)을 세웠기 때문입니다. 하지만 그에게는 한센병이 있었습니다. 그럼에도 아람의 군인들에게는 나아만 장군에게 한센병이 있든지, 시력이 좋지 않든지, 귀가 잘 들리지 않든지, 발에 무좀이 있든지 전혀 중요하지 않습니다. 그는 아람의 군사에 관해서는 가장 큰 자였기 때문에 아람의 군인들

에게는 상관이요, 명령을 내리는 존재입니다. 하지만 그 나아만 장군이 지금 이 자리에 앉아 있다면, 그가 성경에 나오는 것보다 10배나 더 큰 전공을 세웠다 할지라도 우리에게는 그저 한센병 환자로 보일 것입니다.

매년 10월에는 노벨상 수상자가 발표됩니다. 그리고 노벨 사망일인 12월 10일에 시상식이 거행됩니다. 노벨문학상 수상자는 문학에 관해서 큰 인물일 테고, 노벨물리학상 수상자는 물리학에 관해서 큰사람일 것이며, 노벨평화상 수상자는 인권에 관해 큰 존재입니다. 우리 그리스도인들에게는 주 앞에 늘 있는 사람이, 또 하나님이 인정하시는 사람이 큰사람입니다.

요한은 세상적인 시각에서 보면 초라하기 짝이 없는 삶을 살았습니다. 그는 30세가 될 때까지 광야 동굴에서 살았습니다. 입은 옷은 낙타 가죽옷이 아니라 낙타 털옷이었습니다. 낙타털로 거칠게 만든 옷이었습니다. 음식도 최하층민이 주식으로 먹었던 메뚜기와 야생꿀인 석청이었습니다. 게다가 30대 초반에 참수를 당해 짧은 생애를 마감하고 말았습니다.

하지만 예수님은 요한에 대해 이렇게 평가하셨습니다. 누가복음 7장 28절 상반절입니다.

내가 너희에게 말하노니 여자가 낳은 자 중에 요한보다 큰 자가 없도다

그 당시 세상적 시각으로 보기에, 또 사람들이 보기에 큰사람이 얼마나 많았겠습니까? 어떤 사람은 '정치계의 거물'이라 불리고,

어떤 사람은 '재계의 큰손'이라 회자되었을 것입니다. 또 어떤 사람들은 '학문이나 예술계의 거장'이라는 칭호도 받았을 것입니다. 아마 요한을 떠올리면서는 혀를 찼을 것입니다. 그러나 주님은 그 어떤 사람들보다 초라한 옷을 입고, 보잘것없는 음식을 먹으며, 참수를 당해 생을 마친 요한을 가장 큰사람이라고 해주셨습니다. 그가 주님의 길을 예비하기 위해, 사람들을 하나님께로 돌아오게 하기 위해, 외치는 자의 소리로 살았기 때문입니다.

'맹목적인 경제제일주의'의 삶이 우리를 주 앞에 큰사람으로 만들어 주지 못합니다. 또한 '화려한 스펙 쌓기 제일주의의 인생'도 우리를 주 앞에 큰사람으로 세워 줄 수 없습니다. 그뿐만 아니라 '눈에 좋아 보이는 것이 최고라는 가치관'도 주 앞에서 큰사람으로 여김을 받게 할 수 없습니다. 오직 하나님 앞에 큰사람은 하나님의 말씀에 온전히 순종하며, 주님과 동행하는 사람입니다. 2000년 전뿐만 아니라 오늘날도 동일합니다. 소유, 직업, 직장, 직위, 나이, 상황이 어떠하든, 우리 있는 모습 그대로 하나님 앞에 서십시다. 세상에서 인정받기 위해서 발버둥질하고 동분서주하지 아니하고, 하나님 앞에서 큰 자라고 여김을 받도록 우리의 삶을 온전히 드립시다. 우리만 그리할 뿐 아니라, 우리 자녀도 자손도 그러하도록 소망합시다. 우리가 하나님 앞에서 큰 자들로 여김을 받을 때에 우리는 상처투성이, 허상투성이, 부실투성이의 이 시대와, 하나님과 진리를 외면하는 이 세대를 하나님 앞에 서도록 해주는 21세기의 요한들이 될 것입니다.

하나님 아버지!

우리에게 하나님을 향한 두려움이 있는 것도 은혜이고, 두려움에서 벗어나게 하시는 하나님을 경험하는 것도 은혜임을 일깨워 주셔서 감사합니다. 그래서 우리가 처음 하나님을 믿게 된 것도 은혜이고, 지금까지 올 수 있었던 것도 은혜임을 고백합니다. 하나님은 오랫동안 자식을 낳지 못했던 사가랴의 가정에 요한을 주시겠다고 약속하심으로 그의 가정에도 기쁨을 주셨고, 주님이 오실 길을 예비하게도 하셨습니다.

이 시간 함께 예배드리며, 머리를 숙이신 분들 중에서도 자녀를 낳기 원하지만 아직 자녀가 없다면 그 가정에 긍휼을 베풀어 주옵소서. 특히 오랫동안 자녀를 갖기를 원했지만 사가랴와 엘리사벳 부부처럼 더 이상 자녀를 가질 희망이 흐려지는 가정에도 은총을 베풀어 주셔서 '무자식이 상팔자'가 아닌 것을 보여 주옵소서.

우리 각자가 요한처럼 주님 앞에 큰 자가 되기를 소원합니다. 그동안 얼마나 많이 사람들 앞에서 큰 자가 되기를 소망했는지, 세상에서 큰 자가 되지 못해서 아쉬워하고 속상해했는지는 셀 수도 없습니다. 그러나 이제부터는 하나님의 말씀에 순종하고, 주님과 동행하는 인생이 되게 하여 주옵소서. 그리하여 우리가 서 있는 곳이 새로워짐을 목도하게 하시고, 다른 사람들도 주님 앞에 서게 하는 주님의 역사의 도구가 되게 하여 주옵소서. 예수님의 이름으로 기도드립니다. 아멘.

8.

돌아오게
하겠음이라

누가복음 1장 11-17절

주의 사자가 그에게 나타나 향단 우편에 선지라 사가랴가 보고 놀라며 무서워하니 천사가 그에게 이르되 사가랴여 무서워하지 말라 너의 간구함이 들린지라 네 아내 엘리사벳이 네게 아들을 낳아 주리니 그 이름을 요한이라 하라 너도 기뻐하고 즐거워할 것이요 많은 사람도 그의 태어남을 기뻐하리니 이는 그가 주 앞에 큰 자가 되며 포도주나 독한 술을 마시지 아니하며 모태로부터 성령의 충만함을 받아 이스라엘 자손을 주 곧 그들의 하나님께로 많이 **돌아오게 하겠음이라** 그가 또 엘리야의 심령과 능력으로 주 앞에 먼저 와서 아버지의 마음을 자식에게, 거스르는 자를 의인의 슬기에 돌아오게 하고 주를 위하여 세운 백성을 준비하리라

나실인의 규약

사가랴는 제사장으로서 성전의 성소에서 분향하는 직무를 행하다가 향단 우편에 서 있는 주의 사자를 보았습니다. 사가랴는 소스라치게 놀라며 무서워했지만, 주의 사자는 "무서워하지 말라"며 '네 아내 엘리사벳이 아들을 낳을 것인데 그 이름을 요한이라 하라'고 했습

니다. 그리고 그 아들 요한의 출생을 사가랴뿐만 아니라 많은 사람도 함께 기뻐하리라고 했습니다.

요한의 출생이 많은 사람들에게 기쁨이 되는 이유를 오늘 본문 15-17절이 이렇게 증거합니다.

이는 그가 주 앞에 큰 자가 되며 포도주나 독한 술을 마시지 아니하며 모태로부터 성령의 충만함을 받아 이스라엘 자손을 주 곧 그들의 하나님께로 많이 돌아오게 하겠음이라 그가 또 엘리야의 심령과 능력으로 주 앞에 먼저 와서 아버지의 마음을 자식에게, 거스르는 자를 의인의 슬기에 돌아오게 하고 주를 위하여 세운 백성을 준비하리라

요한의 출생이 많은 사람들에게 기쁨이 되는 이유는 그가 이스라엘 자손을 하나님께로 돌아오게 하고, 그 이스라엘 자손으로 하여금 주님을 맞이하는 백성으로 준비하게 할 것이기 때문이었습니다. 그래서 요한의 출생은 단지 사가랴 가정에 태어난 한 아들의 이야기만이 아니라 죄 용서와 구원, 하나님의 자녀 됨과 관련되는 특별한 사건이기에 많은 사람들에게, 또한 우리에게도 기쁨이 됩니다.

15절을 다시 살펴보겠습니다.

이는 그가 주 앞에 큰 자가 되며 포도주나 독한 술을 마시지 아니하며 모태로부터 성령의 충만함을 받아

주의 사자는 요한이 주님 앞에 큰 자가 되리라고 했습니다. 그

것은 '사람들 앞에'나 '세상 앞에'는 큰 자가 아닐 수 있다는 의미임을 지난 시간에 자세히 나누었습니다. '주 앞에' 있는 사람은 주님을 섬기고, '세상 앞에' 있는 사람은 세상을 섬기고, '권력과 재물 앞에' 있는 사람은 권력과 재물을 섬깁니다. 자기 앞에 있는 것이 자기를 인정할수록 그것 앞의 큰사람이 됩니다. 세상이 인정할수록 세상 앞에 큰사람이 되고, 권력과 재물이 인정할수록 권력과 재물 앞에 큰 사람이 되고, 주님이 인정할수록 주 앞에 큰사람이 됩니다. 요한은 옷이라고도 할 수 없는 낙타털로 만든 것을 입었고, 음식은 최하층민이 먹었던 메뚜기와 석청을 먹었고, 30대 초반에 참수를 당함으로 짧은 생을 살았지만, 주님 앞에서 살았기에 그는 주 앞에 큰사람이었습니다. 영원하신 주님이 인정하시는 삶이었기에 그는 주 앞에 영원히 큰사람이 되었습니다.

또한 주의 사자는 요한이 포도주나 독한 술을 마시지 않을 것이라고 합니다. '독한 술'은 '취하게 하는 음료'라는 의미인데, 포도 외에 다른 과일이나 곡식, 채소 등을 달여서 그 증기로 만든 술입니다. 그래서 예전에 사용했던 '개역한글'에서는 '독한 술'을 '소주'라고 번역했습니다.

그러나 요한이 포도주나 독한 술을 마시지 않는다는 의미는 그가 단지 금주를 한다는 의미만이 아닙니다. 그것은 요한이 '나실인'(Nazirite)으로 살아가게 됨을 의미합니다. 나실인은 '봉헌된 사람', '구별된 사람'을 뜻합니다. 나실인으로 살기를 서약한 사람들이 어떻게 해야 하는지 민수기 6장 1-8절에 자세히 나타나 있습니다.

여호와께서 모세에게 말씀하여 이르시되 이스라엘 자손에게 전하여 그들에게 이르라 남자나 여자가 특별한 서원 곧 나실인의 서원을 하고 자기 몸을 구별하여 여호와께 드리려고 하면 포도주와 독주를 멀리하며 포도주로 된 초나 독주로 된 초를 마시지 말며 포도즙도 마시지 말며 생포도나 건포도도 먹지 말지니 자기 몸을 구별하는 모든 날 동안에는 포도나무 소산은 씨나 껍질이라도 먹지 말지며 그 서원을 하고 구별하는 모든 날 동안은 삭도를 절대로 그의 머리에 대지 말 것이라 자기 몸을 구별하여 여호와께 드리는 날이 차기까지 그는 거룩한즉 그의 머리털을 길게 자라게 할 것이며 자기의 몸을 구별하여 여호와께 드리는 모든 날 동안은 시체를 가까이하지 말 것이요 그의 부모 형제 자매가 죽은 때에라도 그로 말미암아 몸을 더럽히지 말 것이니 이는 자기의 몸을 구별하여 하나님께 드리는 표가 그의 머리에 있음이라 자기의 몸을 구별하는 모든 날 동안 그는 여호와께 거룩한 자니라

나실인이 금해야 하는 세 가지가 있었습니다. 첫째는 포도주와 독주를 멀리해야 했습니다. 햄버거나 샌드위치를 떠올리면 바로 콜라나 사이다. 커피 등의 음료가 연상되듯이 팔레스타인에서의 식사는 자동적으로 포도주를 떠올리게 했습니다. 그 지역의 물이 석회수여서 마시기가 쉽지 않았기 때문에 포도주 없이 식사하는 일은 참 어려웠습니다. 나실인의 서약을 한 사람은 서약 기간 내내 포도주를 금하면서 맛없는 식사를 했습니다. 포도주와 독주를 멀리하는 것은 단지 금주만이 아니라 포도즙, 생포도, 건포도 등 포도와 관련된 모두를 먹지 않아야 했기 때문입니다.

포도는 가나안 땅에서 생산되는 대표 상품입니다. 모세가 열두 명의 정탐꾼을 가나안 땅으로 보내 40일 동안 정탐하게 하였는데, 그때 정탐꾼들이 가지고 온 대표적인 가나안 농산물이 포도였습니다. 포도가 얼마나 컸던지 두 사람이 포도송이를 나뭇가지 사이에 넣어서 어깨에 메고 올 정도였습니다. 그리고 건포도는 우상숭배 하는 사람들이 추구하는 향락을 상징하는 식물이었습니다. 그래서 나실인으로 서약한 사람들에게 포도주를 비롯하여 포도에 관련된 모든 것을 멀리하게 함은 일반인과 자신을 구별하여 온전한 정신으로 하나님을 섬기고 가나안의 정신에 물들지 않아야 한다는 의미입니다.

둘째, 나실인으로 서약한 사람들은 머리에 삭도(면도칼)를 대지 않아야 했습니다. 사도행전 18장을 보면 사도 바울이 일찍이 서원이 있어서 겐그레아에서 머리를 깎은 일이 있었는데, 유대인들에게 머리는 심장과 함께 생명의 상징이었습니다. 나실인으로 서약한 사람들이 서약 기간 동안 머리에 면도칼을 대지 않은 이유는 포도주와 독주를 금했던 이유와 동일하게 자신의 생명을 하나님께 온전히 드리는 것을 의미했습니다.

사도 바울이 겐그레아에서 1년 6개월 동안 자란 머리를 자르며 나실인의 서약을 마감했습니다. 그것은 그리스도인들을 잡아들이겠다고 살기등등하여 다메섹을 향하던 자신을 주님이 만나 주신 이후에 자신은 이미 주님께 헌신하였지만, 자신을 더욱더 온전히 드리기 위해서 나실인으로 서약했던 것입니다. 예수 그리스도께 적개심이 가득했던 바울에게 주님은 '은혜 위에 은혜'를 더하여 그를 주님을 위한 사도로 불러 주셨다면, 사도 바울은 그 은혜를 잊지 않기 위해 '헌신 위에 헌신'을 더했던 것입니다.

셋째, 나실인으로 서약한 사람들은 서약 기간 동안 시체를 가까이할 수 없었습니다. 나실인으로 서약한 기간에는 친인척이나 지인의 장례식은 물론 가족 중에서 장례가 있게 될지라도 시체를 가까이할 수 없었습니다. 나실인은 아무런 인간관계가 없이 살아야 한다는 의미가 아니라 하나님과의 관계가 최우선 순위에 있어야 함을 의미했습니다.

당시 제사장들은 성막이나 성전에서 자신의 고유한 직무를 행할 때만 포도주와 독주를 금지했습니다. 일상생활에서는 자유롭게 포도주나 독주를 마실 수 있었습니다. 또한 제사장은 시체도 가까이할 수 없었는데, 부모나 자녀, 형제자매의 장례의 경우에는 예외였습니다. 오직 대제사장 한 사람만 모든 장례에서 시체를 가까이할 수 없었습니다. 나실인에게는 제사장 수준이 아니라 대제사장 수준의 구별됨이 요구되었습니다. 요한은 태어나기 전부터 나실인으로 살아가도록 되어 있었습니다.

또한 주의 사자는 사가랴에게 요한은 어머니 뱃속에 있을 때부터 성령의 충만함을 받게 된다고 하셨습니다. 어머니 뱃속에서부터 시작되었고, 태어나서부터 지금까지 한 번도 이성교제를 하지 않은 사람을 요즘 유행하는 말로 '모태솔로'라고 합니다. 그렇게 본다면 요한은 말 그대로 '모태충만', '모태성령충만'이었습니다.

요한은 포도주나 독한 술을 마시지 아니하며 모태에서부터 성령의 충만함을 받게 된다고 하는데 이 둘은 굉장히 밀접한 관계가 있습니다. 에베소서 5장 18절에도 술 취함과 성령충만함을 함께 말씀하고 있습니다. 이렇게 증거합니다.

술 취하지 말라 이는 방탕한 것이니 오직 성령으로 충만함을 받으라

약 20년 전에 읽은 《하나님은 사랑에 눈이 멀었다》라는 책이 있습니다. 글은 얼마 되지 않는 그림책입니다. 그 책에 술 취함과 성령 충만함의 공통점 아홉 가지를 기록해 놓았습니다.

① 말수가 는다. ② 노래한다. ③ 권한다. ④ 운다. ⑤ 용감해진다. ⑥ 지배당한다. ⑦ 중독된다. 또는 없이는 못 산다. ⑧ 안주가 필요하다. (성령충만함에는 하나님의 말씀이 필요하다는 의미입니다.) ⑨ 냄새를 풍긴다.

이 중에서 술 취함과 성령충만함을 가장 잘 표현한 것은 여섯 번째인 '지배당한다'입니다. 술을 많이 마시면 평소보다 마음이 넓어진 듯 보입니다. 자기 월급의 절반이나 전체에 맞먹는 술값을 혼자서 내겠다고 우긴다든지, 초등학교에 다니는 자녀에게 평소 5,000원짜리를 용돈으로 주었는데 고주망태가 되어서는 5만 원짜리를 준다면, 그것도 몇 장씩 준다면, 그것은 마음이 넓어져서가 아니라 뇌가 판단 능력을 상실하고 몸의 제어장치가 고장 났기 때문입니다. 그래서 요한이 포도주나 독한 술을 마시지 아니하고 성령의 충만함을 받게 되리라 함은 '유한한 가치관', '세속적 가치관'으로 대변되는 알코올의 지배를 받지 않고, '영원한 가치관', '진리의 가치관'으로 대변되는 성령님의 다스림을 받게 된다는 의미입니다.

요한이 무엇 때문에 포도주나 독한 술을 마시지 않고, 어머니 뱃속에서부터 성령의 충만함을 받아야 했는지를 16절이 이렇게 증거합니다.

이스라엘 자손을 주 곧 그들의 하나님께로 많이 돌아오게 하겠음이라

요한이 나실인으로 하나님께 철저히 드려져야 했고, 성령님의 다스림을 온전히 받아야 했던 것은 이스라엘 자손들을 하나님께로 돌아오게 하기 위함이었습니다. '돌아오게 하다'는 '회개하다'를 의미하는 말입니다. 하나님을 외면하는 삶에서 하나님을 바라보는 삶으로, 세속적 가치관이라는 강물을 따라 흘러가는 삶에서 그 물결을 거슬러 영원을 향해 헤엄쳐 가는 물고기와 같은 삶으로, 눈에 보이는 것을 최고로 여기고 욕망을 채우려고 발버둥 치던 삶에서 눈에 보이지 않는 하나님과 하나님 나라를 소중히 여기며 주님의 뜻에 순종하는 걸음을 걷는 삶으로 바꾸는 것입니다.

우리말에도 '돌아오다'는 단지 장소의 이동만을 의미하지 않습니다. 예를 들어 "30년 객지생활을 끝내고 이제야 고향으로 돌아왔습니다. 남은 생은 여기서 농사지으며 지내렵니다"라고 말한다면, 객지는 도회지를 의미하고, 고향은 농촌을 의미합니다. 그리고 '돌아오다'는 도시에서 농촌으로의 위치 이동만이 아니라, 앞으로 농촌이 내 삶의 터전이며 농촌에 마음을 두고 살겠다는 의미입니다.

요한이 행할 사역은 우리에게 상당히 심각하게, 또 경고적으로 들립니다. 요한의 사역 대상은 이방인이 아닌 이스라엘 자손이었

습니다. 그들은 하나님이 친히 당신의 백성으로 삼아 주신 민족입니다. 그들이 조상으로 삼고 있는 아브라함부터 이삭, 야곱으로 대를 이어 가며 친히 인도해 주셨고, 노예로 끝날 수밖에 없었는데 애굽에 열 가지 재앙과 홍해를 가르는 역사를 베푸셔서 출애굽을 시키셨습니다. 광야에서도 구름기둥과 불기둥으로 인도해 주시고 만나를 먹이셨으며, 가나안 땅을 유업으로 차지하게 하셨습니다. 그래서 이스라엘 자손들은 광야에서도 하나님께 제사(예배)를 드렸고, 가나안 땅에서도 예배를 드렸고, 바벨론 포로 시절에도 회당에서 예배를 드렸습니다. 지금 사가랴가 주의 사자로부터 요한이 태어난다는 말씀을 듣고 있는 장소도 제사가 드려지고 있는 성전의 안쪽, 성소입니다. 그들이 팔레스타인 땅에 정착한 후 1400년 동안 예배를 드리지 않은 적은 거의 없었습니다. 그러나 정작 중요한 그들 자신은 하나님과 멀어져 있었습니다. 그것이 당시 이스라엘 자손의 영적인 실상이었습니다. 그래서 하나님은 요한을 태어나기 전부터 하나님께 구별된 나실인이 되게 하시고, 성령충만하게 하심으로 이스라엘 자손들이 돌아오게 하는 통로로 삼으셨습니다.

오늘은 497년 전, 돈을 주고 구원을 살 수 있다는 면죄부를 거리낌 없이 팔 정도로 타락한 중세 로마가톨릭교회에 맞서 마르틴 루터가 깃발을 들었던 종교개혁기념주일입니다.

종교개혁은 로마나 파리와 같이 당시의 거대도시에서 태동하지 않았습니다. 1517년 루터는 독일 작센주의 작은 대학도시, 비텐베르크에서 가톨릭교회가 옳다고 전하며 판매하고 있던 면죄부에 대해 95개조의 반박문을 썼습니다. 루터는 자신의 그 작은 행동이 온 유럽과 유럽을 넘어 전 세계로 흐르던 신앙의 물결을 바꾸어 놓는 출발점이 되리라고는 알지 못했습니다. 하나님은 루터의 그 몸부림을 '나비효과'를 만들어 내는 나비의 첫 날갯짓이 되게 하셨습니다.

종교개혁의 핵심 중의 핵심은 '성경으로 돌아가는 것'이었습니다. 하나님은 인간의 구원을 유보한 채 진노의 잔을 쏟아붓는 분이 아니라, 성경에 있는 그대로 인간을 구원하시려고 독생자를 보내실 정도로 인간을 사랑하시는 분입니다. 구원은 면죄부를 사는 행위가 아니라 성경의 가르침대로 십자가에서 피를 흘려 주신 예수 그리스도를 믿는 믿음을 통해 이루어지는 하나님의 선물입니다.

그러나 오늘날 우리나라 대한민국 기독교의 상황은 어떻습니까? 우리나라에는 특히 서울에는 교회가 정말 많습니다. 세계에서 가장 큰 교회도 있고, 세계 50대 교회 중에 절반에 가까운 숫자가 우리나라에 있습니다. 오늘도 전국 수만 개의 교회에서 예배가 드려지고 있습니다. 예수님이 재림하실 때 한국으로 오시고 싶은데 서울에 십자가가 너무 많아서 발이 걸려 넘어질까 봐 못 오신다는 유머를 말할 정도입니다. 그럼에도 한국 교회를 생각하면 소망보다 좌절이 더 많이 느껴지는 것은 왜일까요? 정작 그리스도인들도 다닐 교회가 없다고 합니다. 매 주일 예배는 드려지고 있지만 하나님의 말씀이 전해지지 않고 있다고 합니다. 또한 사회 각계각층의 그리스도인은 많은데 그리스도의 향기는 나지 않습니다. 그 이유는 오직 한 가지 그리스도인들이 하나님께로 돌아오지 않기 때문입니다. 그리스도인들이 하나님께 예배를 드리면서도 자신의 삶과 생각과 가치관을 주님을 향하여 돌아오게 하려고 하지 않고, 주님께 등을 보인 채 자신의 욕심과 욕망을 이루기 위해서 단지 주님의 도움만을 간절히 원하기 때문입니다.

교회인 우리 자신은 어떠합니까? 우리 대부분은 주님을 믿게 된 후로 하나님을 공식적으로 떠난 적이 없습니다. 어쩌면 몇몇 분들은 도저히 이해할 수 없는 일을 겪고서 하나님을 향해 삿대질을 하고 떠났다가 더 이해할 수 없는 일과 인간의 한계 밖에 있는 그 무엇을 느끼고서 이 자리에 앉아 계실 것입니다. 이스라엘 자손들이 늘 예배를 드렸듯이, 우리도 매 주일 예배를 드립니다. 그럼에도 이스라엘 자손이 하나님께 돌아와야 한다면, 우리도 하나님께로 하나님의 말씀으로 돌아와야 합니다. 이 예배시간에도 우리의 온 인격과 온 삶을 송두리째 하나님께 두지 않고, 우리의 생각과 욕심을 따라가고 있다면, 우리가 바로 하나님께 돌아오고 있지 않는 이스라엘 자손입니다. 우리가 매 주일 예배당에 나아오는 것보다 우리 인생 자체가 하나님 앞으로 돌아오는 것이 훨씬 더 중요합니다. 그것이 바로 우리 각자의 종교개혁이고, 우리 모두가 그러할 때 우리 교회의 종교개혁이 되며, 대한민국 교회가 그러할 때에 대한민국 교회의 종교개혁이 됩니다.

현재 우리의 모습이 비록 세상 앞에 크지 않을지라도, 또 가진 것이 적고 배움의 길이도 길지 않더라도 우리가 하나님께로 돌아와 말씀에 순종한다면, 영원히 크신 분이며 온 세상의 주인이시요, 전지전능하신 하나님이 그런 우리를 통해 우리뿐만 아니라 다른 사람의 인생도 새롭게 하실 것입니다. 또한 하나님은 하나님께로 돌아온 우리를 지금뿐만 아니라 앞으로 10년 후, 50년 후, 100년 후에도 누군가의 인생을 하나님께로 돌아오게 하는 하나님의 역사의 통로로 삼아 주실 것입니다. 그런 우리가 된다면, 우리가 바로 진정한 종교 개혁자입니다.

하나님 아버지!

우리가 세상 앞에 아무리 큰사람이 된다고 할지라도, 또한 권력과 재물 앞에 거인이 된다 할지라도 우리가 하나님 앞에 돌아오지 않는다면 그 모든 것은 사상누각과 같고, 태양빛 아래에서 오색찬란하게 비치는 비눗방울에 불과합니다. 또한 우리가 한평생 한 번도 빠지지 않고 매 주일 예배를 드린다고 할지라도 하나님 앞에 돌아오지 않는다면, 우리의 모든 예배는 단순한 종교행위에 불과하고 미신을 숭배하는 사람과 크게 다르지 않습니다.

497번째 종교개혁기념주일을 맞아 우리가 서 있는 자리와 우리가 향하고 있는 방향을 직시하게 하시고, 우리의 실상을 보게 해주셔서 감사합니다. 요한만이 나실인으로 살아야 하고, 성령충만한 삶을 살아야 하는 것이 아니라 우리도 그러해야 함을 마음에 깊이 새기게 하여 주옵소서. 이 시대 속에서, 하나님이 서게 하신 삶의 자리에서 우리가 나실인으로서 금해야 할 것을 금하고, 우리를 주관하시는 분이 누구신지와 하나님과의 관계를 삶의 0순위에 두어야 함을 잊지 않게 하여 주옵소서.

이런 나실인의 삶을 살아야 할 첫 사람이 바로 나 자신이고, 매 순간 하나님 앞으로 돌아와야 할 첫 사람도 나 자신임을 깊이 인식함으로 나에게서부터 종교개혁, 신앙개혁이 일어나게 하여 주옵소서. 그리하여 하나님께로 돌아온 우리가 모인 교회가 개혁된 교회가 되게 하시고, 하나님께로 돌아온 한국 교회가 진정한 주님의 교회가 되게 하여 주옵소서. 예수님의 이름으로 기도드립니다. 아멘.

9.

세운 백성을
준비하리라

누가복음 1장 11-17절

주의 사자가 그에게 나타나 향단 우편에 선지라 사가랴가 보고 놀라며 무서워하니 천사가 그에게 이르되 사가랴여 무서워하지 말라 너의 간 구함이 들린지라 네 아내 엘리사벳이 네게 아들을 낳아 주리니 그 이름을 요한이라 하라 너도 기뻐하고 즐거워할 것이요 많은 사람도 그의 태어남을 기뻐하리니 이는 그가 주 앞에 큰 자가 되며 포도주나 독한 술을 마시지 아니하며 모태로부터 성령의 충만함을 받아 이스라엘 자손을 주 곧 그들의 하나님께로 많이 돌아오게 하겠음이라 그가 또 엘리야의 심령과 능력으로 주 앞에 먼저 와서 아버지의 마음을 자식에게, 거스르는 자를 의인의 슬기에 돌아오게 하고 주를 위하여 **세운 백성을 준비하리라**

하나님께로

사가랴는 향단 우편에 서 있는 주의 사자를 보고서도 소스라치게 놀랐지만, 주의 사자가 들려준 소식도 그에 못지않게 놀랄 만했습니다. 주의 사자는 나이가 들어 더 이상 아기를 가질 소망이 없었던 사가랴와 엘리사벳에게서 아들 요한이 태어나며, 요한의 출생은 많은 사람들에게까지 기쁨이 된다고 했습니다. 하지만 요한이 포도주나 독한 술을 마시지 않는 나실인으로 살아야 했고, 어머니 뱃속에서부터 성령의 충만함을 받아야 했음은 이스라엘 자손들을 하나님께 돌아오게 하기 위함이었습니다.

이러한 요한의 사역이 우리에게도 놀람이 되고 생각이 깊어지게 하는 이유는, 이스라엘 자손들은 하나님을 몰랐던 이방인들이 아니었기 때문입니다. 이스라엘 자손들만큼 하나님과 긴밀한 관계를 가진 민족은 세상 어디에도 없었습니다. 하나님과 이스라엘 자손들의 이야기가 영원한 하나님의 말씀이 되었습니다. 또한 하나님과 이스라엘 자손들의 이야기는 하나님과 그리스도인의 관계를 보여 주는 샘플이 되어서, 그들의 이야기가 곧 우리의 이야기가 되었습니다. 그래서 이스라엘 자손들이 하나님과 오랫동안 교제를 나누었음에도 하나님께로 돌아와야 한다면, 우리도 오랫동안 하나님을 믿어왔을지라도 우리가 서 있는 자리가 하나님 앞이 아니라면, 하나님께로 돌아와야 합니다.

요한의 사역은 이스라엘 자손들을 하나님께로 돌아오게 하는 것 외에 또 무엇이 있었는지를 오늘 본문 17절이 이렇게 증거합니다.

그가 또 엘리야의 심령과 능력으로 주 앞에 먼저 와서 아버지의 마음을 자식에게, 거스르는 자를 의인의 슬기에 돌아오게 하고 주를 위하여 세운 백성을 준비하리라

요한은 엘리야의 심령과 능력, 엘리야의 영성과 내적인 힘을 갖

고서 주님보다 먼저 오는 사람이었습니다. 먼저 가시는 하나님이 요한을 선발대로 그리스도보다 먼저 보내어서, 주님이 오시는 길을 준비하게 하시겠다는 것입니다. 요한이 태어나던 때와 엘리야 선지자가 사역했던 때는 모두 영적으로 암울한 시대였습니다. 요한이 태어나던 때는 말라기 선지자 이후에 400년 동안 선지자가 등장하지 않아서 이스라엘 자손들이 하나님의 일하심을 아련하게 여기던 때였습니다. 그리고 엘리야 선지자가 사역했던 때도 이스라엘 자손들은 아합 왕과 이세벨 왕비의 우상숭배 정책에 현혹되어 하나님의 역사하심을 거의 잊고 있었습니다.

요한이 세례를 받으러 나온 사람들에게 이렇게 말했습니다. 누가복음 3장 7-9절입니다.

요한이 세례 받으러 나아오는 무리에게 이르되 독사의 자식들아 누가 너희에게 일러 장차 올 진노를 피하라 하더냐 그러므로 회개에 합당한 열매를 맺고 속으로 아브라함이 우리 조상이라 말하지 말라 내가 너희에게 이르노니 하나님이 능히 이 돌들로도 아브라함의 자손이 되게 하시리라 이미 도끼가 나무뿌리에 놓였으니 좋은 열매 맺지 아니하는 나무마다 찍혀 불에 던져지리라

요한은 세례를 받으러 나오는 사람들에게 "독사의 자식들"이라고 듣기에도 민망한 말을 퍼부었습니다. 이스라엘 자손들은 자신들이 아브라함의 후손임을 자랑과 자부심으로 여겼습니다. 그러나 그것은 그들 스스로가 만들어 낸 오만과 편견이었습니다. 그래서 요한

은 이스라엘 자손들에게 겉이 아브라함의 후손임을 자랑하지 말고, 속이 회개에 합당한 열매를 맺으라고 외쳤습니다. '회개하다'의 의미는 자기 자신을 주인으로 삼던 삶에서 하나님을 주인으로 삼는 삶으로 바꾸는 것입니다.

엘리야 선지자도 이스라엘 자손들에게 이렇게 호소했습니다. 열왕기상 18장 20, 21절입니다.

아합이 이에 이스라엘의 모든 자손에게로 사람을 보내 선지자들을 갈멜 산으로 모으니라 엘리야가 모든 백성에게 가까이 나아가 이르되 너희가 어느 때까지 둘 사이에서 머뭇머뭇 하려느냐 여호와가 만일 하나님이면 그를 따르고 바알이 만일 하나님이면 그를 따를지니라 하니 백성이 말 한마디도 대답하지 아니하는지라

당시에 아합 왕이 키우던 바알 선지자들은 이스라엘 전국 각지에 퍼져 있어서 그들이 레위인의 역할을 대신할 정도였습니다. '머뭇 머뭇하다'의 문자적인 의미는 '절뚝거리다'입니다. 태어날 때부터 한쪽 다리가 짧거나 운동을 하다가 한쪽 다리뼈가 부러지는 부상을 입게 되었을 때, 목발 없이 걸으려면 절뚝거릴 수밖에 없습니다. 그러나 이스라엘 자손들은 영적인 장애나 부상이 아니라 자신들의 욕망과 병든 이기심으로 인해 한 번은 하나님 쪽으로 휘청거리고, 또 한번은 바알 쪽으로 휘청거리는 삶을 살고 있었습니다.

이스라엘 자손들이 하나님을 완전히 버린 적은 한 번도 없었습니다. 그들은 하나님을 섬기면서도 자신들의 욕망과 목적을 위해 바

알도 섬기고 다른 우상들도 섬겼습니다. 그러나 하나님은 하나님과 함께 다른 신을 섬기는 것을 하나님을 버린 것이라고 하십니다. '가짜 휘발유'를 만들 때에 가장 많은 양이 들어가는 재료는 '진짜 휘발유'라고 합니다. 같은 이치로 '가짜 참기름'을 만들 때 가장 많이 들어가는 재료도 '진짜 참기름'입니다. 진짜 참기름에 값싼 기름을 섞는 것입니다. 하나님만을 섬기는 신앙에 다른 섬기는 대상을 더하면 그것은 '가짜 신앙'이 됩니다. 하나님을 섬기는 데 아무리 많은 열심을 낼지라도 거기에 다른 신을 섬김을 더하면 가짜가 됩니다.

엘리야 선지자에게는 하나님과 바알을 겸하여 섬기는 이스라엘 자손들이 하나님만을 섬기는 삶으로 돌이키게 하는 사명이 있었다면, 요한에게는 하나님에게서 멀어진 이스라엘 자손들을 다시 하나님 앞으로 돌아오게 하는 사명이 있었습니다. 이스라엘 자손들을 하나님께로 돌아오게 하는 요한의 사명은 구체적으로 표현하면 아버지의 마음을 자식에게, 거스르는 자를 의인의 슬기에 돌아오게 하는 것이라고 할 수 있습니다. 아버지의 마음을 자식에게서 돌아오게 함이 '가정의 회복'이라면, 거스르는 자를 의인의 슬기에 돌아오게 함은 '사회의 회복'이라고 할 수 있습니다.

구약성경의 마지막 책, 마지막 장, 마지막 절인 말라기 4장 6절은 이렇게 증거합니다.

> 그가 아버지의 마음을 자녀에게로 돌이키게 하고 자녀들의 마음을 그들의 아버지에게로 돌이키게 하리라 돌이키지 아니하면 두렵건대 내가 와서 저주로 그 땅을 칠까 하노라 하시니라

하나님이 엘리야를 보내시는데 그가 아버지의 마음을 자녀에게로 돌이키게 하고, 자녀의 마음을 아버지에게로 돌이키게 한다고 말씀합니다. 그런데 누가는 요한의 사역이 아버지의 마음을 자식에게로 돌아오게 하리라고 합니다. 자식에게서 떠난 아버지의 마음, 어머니의 마음이 돌아와야 한다면, 부모에게서 떠난 자식의 마음이 돌아와야 함은 두말할 필요도 없습니다. 자식에게 부모는 최후의 보루와 같습니다. 혹 자식은 부모를 외면하거나 버려도 부모는 끝까지 자식을 위합니다. 다른 사람들이 자기 자식에게 손가락질을 할 때에도 부모는 자식을 감싸 줍니다. 혹 자기의 생명은 잃을지라도 자식의 생명을 살리려 하는 것이 부모입니다.

약 2주 전 신문기사에서 본 내용입니다. 전북 부안의 한 주택가에서 화재가 발생했습니다. 어린 세 아들을 둔 엄마가 다급한 마음으로 첫째와 둘째를 데리고 나왔습니다. 불길은 점점 더 거세지고 있는데 다섯 살짜리 막내가 보이지 않았습니다. 엄마가 막내를 찾기 위해서 불길로 뛰어들었습니다. 침실에 있는 막내를 발견했지만 두 사람은 불길을 빠져나오지 못했습니다. 참 안타까운 일입니다. 만약 그 엄마가 심한 불길로 인해서 뛰어들지 못했더라도 막내를 구하지 못했다는 죄책감에 평생 마음에 무거운 짐을 지고 살았을 것입니다.

반면에 약 4개월 전에는 비정한 아빠에 관한 기사도 읽었습니다. 스물한 살 대학생 아빠는 경제적인 어려움을 이유로 7개월 된 딸을 입양 보내겠다고 인터넷에 올렸습니다. 그것을 보고서 입양하겠다는 댓글을 단 여인에게 사례비로 60만 원을 요구했다고 합니다. 혹 아무리 어리다고 해도, 또 아무리 철이 없어도 그런 짓을 할 수 있느냐고 혀를 차실지 모르겠습니다. 연초에 이런 기사도 읽었습니다. 주식투자에 많은 손실을 본 50대 부부가 잠자고 있던 중학생 아들의 방에 번개탄을 피워 놓고 잠적한 일이 있었습니다. 다행히 다른 방에서 자던 누나에 의해 발견되어 목숨을 건졌습니다. 이 부부는 딸은 대학에 합격했으니 혼자서도 살아갈 수 있으리라 생각했고, 중학생 아들은 혼자서 살아가기가 어려우니 죽게 한 후에 자신들도 다른 곳에서 번개탄을 피워 죽으려 했다고 진술했습니다. 하지만 이제 그 아들은 '내 부모가 나를 죽이려 했다는 바위'를 평생 가슴에 안고 살아가야 합니다. 그 바위는 누가 또 무엇으로 내려 줄 수 있겠습니까?

이런 유의 기사는 올해만 있지 않았습니다. 작년에도 많았고 재작년에도 많았습니다. 국제뉴스에도 적지 않게 있었습니다. 자녀가 부모에게 하지 말아야 하는 행동을 저지른 일은 훨씬 더 많습니다.

이러한 일을 근본적으로 해결할 수 있는 바르고도 빠른 길은 부모도 자녀도 모두 하나님께로 돌아와 자신을 하나님 앞에 세우는 것입니다. 자기 자신을 다른 사람과 비교하는 상대적인 존재가 아니라, 하나님과 자신 외에 그 무엇도 옆에 세우지 않는 절대적인 존재로 바라볼 때에 비로소 자신의 가치를 되찾고 회복이 일어납니다. 가정의 일원이 스스로 하나님 앞에 서게 되어 가정의 회복이 일어나면, '거스르는 자'가 '의인의 슬기'에 돌아오는 '사회의 회복'도 자연스럽게 이루어지게 됩니다.

당시 이스라엘의 가정은 많이 깨어져 있었습니다. 부모는 로마 제국과 결탁하고, 자식은 열심당(Zealots)의 일원이 되고, 형은 바리새파로 붙고, 아우는 사두개파에 속하는 등 많은 가정이 사분오열해 있었습니다. 그래서 가정의 분열은 곧 사회의 분열과 같았습니다. 로마제국과 결탁하든 열심당의 일원이 되든 바리새파나 사두개파에 속하게 되든, 어떤 쪽에 있든지 그들 모두 하나님을 향하지 않는다는 공통점이 있었습니다. 그들은 모두 하나님이 보시기에는 '거스르는 자'와 같았습니다. 그들을 하나가 되게 하는 방법은 '의인의 슬기'인 하나님 앞으로 돌아오게 하는 것이었습니다. 그것이 요한이 행할 사역이었습니다. 우리 사회에 존재하는 계층갈등, 빈부갈등, 세대갈등 등 여러 갈등을 해결하는 방법의 시작도, 과정도, 마지막도 하나님 앞으로, 하나님의 말씀 앞으로 돌아오는 것입니다.

17절을 다시 살펴보겠습니다.

> 그가 또 엘리야의 심령과 능력으로 주 앞에 먼저 와서 아버지의 마음을 자식에게, 거스르는 자를 의인의 슬기에 돌아오게 하고 주를 위하여 세운 백성을 준비하리라

요한이 엘리야의 심령과 능력을 가지고 주님보다 앞서 와서 아버지의 마음을 자식에게 돌아오게 하고, 거스르는 자를 의인의 슬기에 돌아오게 하는 궁극적인 목적은 주님을 맞아들일 만한 백성이 되도록 준비하기 위함이라고 합니다. 즉 이스라엘 자손은 하나님의 백성이기에, 하나님의 백성답게 준비시키기 위함입니다.

'백성'으로 번역된 헬라어 단어 '라오스'($\lambda\alpha\acute{o}\varsigma$)는 공관복음인 마태·마가·누가복음에 모두 49번이 나오는데 그중 누가복음에 35번이나 나옵니다. 또한 신약성경 전체에는 모두 141번이 나오는데, 그중

에서 누가가 기록한 누가복음과 사도행전에만 84번이 나옵니다. 그만큼 누가는 '백성'이라는 단어를 많이 사용합니다. 여기서의 '백성'은 성경에서 지배계급에 있지 않은 일반 사람들을 뜻하기도 하고, 제사장 계급이 아닌 사람들을 의미하기도 합니다. 그러나 아주 많은 경우에 하나님이 책임지시는 하나님의 사람들을 뜻합니다. 마치 국가가 자기 나라 국민을 책임지려고 하듯이, 하나님이 하나님의 백성을 구원하시고 인도하신다는 의미입니다.

마태복음 1장 21절은 이렇게 증거합니다.

아들을 낳으리니 이름을 예수라 하라 이는 그가 자기 백성을 그들의 죄에서 구원할 자이심이라 하니라

요셉은 약혼자 마리아가 자신과 동침한 적이 없음에도 임신했다는 사실을 알고 조용히 관계를 끊으려고 했습니다. 하지만 주의 사자가 요셉의 꿈에 나타나서 하시는 말씀이 '그 아기는 성령으로 잉태되었고, 아들을 낳게 되면 이름을 '예수'(구원)라 하라'고 했습니다. 왜냐하면 그 예수께서 "자기 백성"을 그들의 죄에서 구원할 자이기 때문이라고 하셨습니다. 예수님이 이 땅에 오심은 "자기 백성"을 구원하기 위함이셨습니다.

또 누가복음 1장 67-69절은 이렇게 증거합니다.

그 부친 사가랴가 성령의 충만함을 받아 예언하여 이르되 찬송하리로다 주 이스라엘의 하나님이여 그 백성을 돌보사 속량하시며 우리를 위하여

사가랴는 아내 엘리사벳이 아들을 낳게 된다는 주의 사자가 하는 말을 믿지 못하다가 말문이 닫히게 되었습니다. 그러다가 아들 요한이 태어나고 나서야 비로소 말을 할 수 있게 되었습니다. 그 순간에 찬송이 터져 나왔습니다. 하나님이 "그 백성"을 돌보시고 속량하셨다고 노래합니다. 하나님이 구원하시는 사람은 "그 백성", '하나님의 백성'입니다. 물론 "그 백성"이 유대인들만을 의미하는 것은 아닙니다. 하나님이 택하신 사람들이고, 하나님을 자신의 영원한 임금으로 여기는 사람들 모두입니다.

요한의 사역의 궁극적인 목적은 하나님의 백성이면서도 백성임을 의식하지 못하고 백성의 삶을 살지 않는 사람들에게, 자신이 하나님의 백성임을 되새겨 주어서 그 나라의 임금이신 주님을 주님으로 받아들이도록 준비시켜 주는 것이었습니다. 그것은 당시의 이스라엘 자손들이 그만큼 하나님의 백성답지 않게 살았음을 반증해 줍니다.

그러나 하나님의 백성인 이스라엘 자손들을 하나님이 어떻게 여기고 계신지를 스가랴 2장 8절은 이렇게 증거합니다.

> 만군의 여호와께서 이같이 말씀하시되 영광을 위하여 나를 너희를 노략한 여러 나라로 보내셨나니 너희를 범하는 자는 그의 눈동자를 범하는 것이라

하나님은 자기 백성 이스라엘을 바로 세우기 위해 여러 나라를

들어서 사용하셨습니다. 애굽, 가나안의 일곱 족속을 통해, 바벨론 제국, 앗수르제국도 들어서 쓰셨습니다. 그래서 이스라엘 자손들은 고난을 많이 겪었습니다. 그러면서도 하나님은 하나님의 백성에게 손을 대는 것은 하나님의 눈동자를 건드리는 것과 같다고 말씀하실 정도로 그들을 위하셨습니다.

하나님이 우리도 주님을 맞아들일 만한 백성이 되도록 준비하게 하기 위해서 얼마나 많이 역사하셨습니까? 지나온 인생을 돌아보면 여러 가지 크고 작은 일을 통해 역사하셨고, 인생의 고비마다 사람들을 보내 주셨고, 필요한 것들을 때마다 공급해 주지 않으셨습니까? 그뿐만 아니라 우리의 흐트러진 신앙을 바르게 세우고, 영원을 향해 바른 걸음을 걷는 하나님의 백성으로 세우기 위해 2005년에 이곳 양화진에 교회를 세우셨습니다. 그리고 더 이상 일반 교회에서의 목회는 하지 않겠다고 생각했던 이재철 목사님의 마음을 바꾸시면서까지 우리에게 보내 주시지 않으셨습니까?

이러한 하나님의 은총과 역사하심을 기억한다면, 이제는 하나님 앞으로 돌아와 주님을 닮아 가는 일이 우리의 몫입니다. 그것이 주님을 맞이하는 백성이 되는 최상의 준비입니다.

하나님 아버지!

우리 모두는 과거에는 하나님의 백성이 아니었고, 하나님께 긍휼을 얻지 못하던 인생이었습니다. 하지만 이제는 하나님의 백성이 되었고, 하나님께 긍휼을 얻는 사람이 되었습니다. 그뿐만 아니라 택하신 족속으로, 왕 같은 제사장으로, 하나님의 소유가 되게까지 해주셨습니다. 지금의 우리를 만들기 위해 수많은 역사를 행하신 하나님을 평생 잊지 않게 하여 주옵소서.

그럼에도 일상생활에서는 아합 왕의 통치 시대에 이스라엘 자손들이 하나님 편으로 나아오지 못하고 하나님과 바알 사이에서 머뭇머뭇했던 것처럼 우리도 하나님과 세상 사이에서 머뭇머뭇할 때가 많습니다. 또한 진리가 주는 즐거움과 영원한 생명이 주는 기쁨보다 세상이 주는 즐거움과 순간적 이익이 주는 배부름에 만족할 때도 적지 않습니다.

그럼에도 우리를 포기하지 않으시고, 우리가 하나님의 백성이 된 것을 취소하시지도 않으시고, 우리를 주님을 맞이할 만한 백성이 되도록 준비하게 하시니 감사합니다. 우리가 하나님의 백성다운 백성이 됨으로써 우리의 가정이 회복되게 하시고, 우리가 속한 사회가 회복되게 하여 주옵소서. 또한 평생 동안 주를 맞이하는 백성으로 우리를 준비시키시는 하나님과 동행하게 하시고, 우리가 맞이한 주님을 닮아 가게 하옵소서. 예수님의 이름으로 기도드립니다. 아멘.

10.

때가 이르면
내 말이 이루어지리라

누가복음 1장 18-25절

사가랴가 천사에게 이르되 내가 이것을 어떻게 알리요 내가 늙고 아내도 나이가 많으니이다 천사가 대답하여 이르되 나는 하나님 앞에 서 있는 가브리엘이라 이 좋은 소식을 전하여 네게 말하라고 보내심을 받았노라 보라 이 일이 되는 날까지 네가 말 못하는 자가 되어 능히 말을 못하리니 이는 네가 내 말을 믿지 아니함이거니와 **때가 이르면 내 말이 이루어지리라** 하더라 백성들이 사가랴를 기다리며 그가 성전 안에서 지체함을 이상히 여기더라 그가 나와서 그들에게 말을 못하니 백성들이 그가 성전 안에서 환상을 본 줄 알았더라 그가 몸짓으로 뜻을 표시하며 그냥 말 못하는 대로 있더니 그 직무의 날이 다 되매 집으로 돌아가니라 이 후에 그의 아내 엘리사벳이 잉태하고 다섯 달 동안 숨어 있으며 이르되 주께서 나를 돌보시는 날에 사람들 앞에서 내 부끄러움을 없게 하시려고 이렇게 행하심이라 하더라

도토리 속의 숲

동요 중에 "다람쥐"라는 노래가 있습니다. 그 가사가 이러합니다.

산골짝에 다람쥐 아기 다람쥐

도토리 점심 가지고 소풍을 간다

다람쥐야 다람쥐야 재주나 한 번 넘으렴

팔딱 팔딱 팔딱 날도 참말 좋구나

가을 무렵 다람쥐의 모습을 잘 그려 낸 이 동요를 듣거나 가사를 읽기만 해도 미소가 지어집니다. 그런데 사실 다람쥐는 1년 중 가을 무렵이 가장 바쁩니다. 도토리를 가지고 소풍을 갈 여유는 없고, 겨우내 먹을 양식을 준비해야 하기 때문에 부산하게 움직입니다. 그래서 미래를 위해 부지런히 사는 사람을 일컬어 '가을 다람쥐 같다'고 말하기도 합니다.

다람쥐는 땅속에 굴을 파서 보금자리를 만들고, 월동을 위해 보금자리 주변 몇 곳에 먹이 저장고를 만듭니다. 9월 하순부터 10월 상순에 평균기온이 섭씨 8-10도가 되면 굴속으로 들어가 겨울잠을 자기 시작하는데, 다람쥐는 완전한 동면을 하지 않고 가수면(假睡眠) 상태로 겨울을 보냅니다. 잠을 자다 날이 따뜻해지면 굴에서 나와 먹이를 먹은 후에 다시 잠을 잡니다. 이듬해 3월 중순, 겨울잠에서 완전히 깨어날 때까지 그 생활을 반복합니다.

다람쥐는 겨울을 잘 보내기 위해 많은 도토리를 저장해 두었다가 나중에 찾아 먹는데, 안타깝게도 다람쥐는 자기가 만든 먹이 저장고와 그 속에 있는 먹이를 다 찾지 못합니다. 다람쥐는 도토리를 운반할 때에 인간들처럼 호주머니에 넣을 수도 없고, 가방에 넣어 들 수도 없고, 수레와 같은 도구를 이용할 수도 없습니다. 오직 양 볼에 넣어서 부지런히 운반합니다. 그 모습을 보고서 겨우내 다 찾아 먹지도 못할 만큼 저장한다고 해서 '가을 다람쥐 같다'고 하는데 이 말은 욕심을 부려 자기 것을 많이 챙기는 사람을 뜻하기도 합니다.

그러나 다람쥐로서는 '가을 다람쥐 같다'는 표현이 아주 억울합니다. 왜냐하면 그 어느 다람쥐도 겨우내 풍족하게 먹을 만큼 도토리를 모아 저장하지 못하기 때문입니다. 그래서 다람쥐는 겨우내 먹을 양식을 모으기 위해 온 산을 뒤집니다. 그리고 다람쥐가 뺨 주머니를 이용해서 한 번에 옮길 수 있는 양은 불과 몇 개입니다. 그렇게 모은 도토리를 다 찾아 먹지도 못합니다. 이때부터 하나님의 신비한 역사는 펼쳐집니다.

도토리로 만든 음식도 먹고 약으로도 사용하지만, 도토리를 심은 사람은 거의 없습니다. 다람쥐의 먹이가 되기 위해 먹이 저장고에 숨겨진 도토리는 참 처량하게 보입니다. 그렇게 열매가 되기 위해서 봄부터 나무가 공급해 주는 수분을 아주 열심히 먹고서 보기 좋은 도토리로 잘 자랐는데, 어느 순간에 다람쥐의 볼 주머니로 들어갔습니다. 그리고 땅속에 감추어진 신세가 되었습니다. 도토리의 입장에서는 얼마나 처량하게 보입니까?

하지만 땅에 그냥 떨어진 도토리가 인간이나 짐승의 먹이가 되거나 썩어서 사라질 즈음인 이듬해 봄, 다람쥐가 땅속에 감추어 놓은 도토리에서 싹이 나기 시작합니다. 도토리와 같은 열매를 맺는 나무인 상수리나무, 굴참나무, 떡갈나무 등은 모두 참나뭇과에 속하는데, 이 나무들이 열매에서 싹을 틔워서 나무가 되어 다시 열매를 맺기까지는 약 15년이 걸립니다. 반면에 그 열매를 땅에 묻고서 기억하지 못하는 다람쥐는 10년 전후를 삽니다. 그러니까 다람쥐가 묻어 땅속에 있는 도토리에서 싹이 나서 나무로 성장하여 도토리를 맺을 때는 그것을 묻은 다람쥐는 이미 세상에 없습니다. 도토리는 한 알이 땅속으로 들어갔지만, 세월이 흘러 건강한 나무가 되었을 때는 그 나무에 수천 개, 수만 개의 도토리가 맺힙니다. 그것도 매년, 매년, 수백 년 동안 그렇게 열매가 맺힙니다.

오늘 본 앞산이나 뒷산이 어제와 동일하게 보일 수 있습니다. 그리고 올해 본 산이 작년과 비슷하게 보일 수도 있습니다. 또한 태양이 작열하고, 비가 오고, 눈이 오고, 바람이 부는 것이 그저 자연현상처럼 보일 수도 있습니다. 그뿐만 아니라 다람쥐가 도토리를 먹고, 살아남기 위해서 도토리를 땅에 감추어 두는 것은 단순히 본능적인 행동으로만 보일 수도 있습니다. 하지만 깊이 생각해 보면, 하나님은 하나님의 때를 맞추어서 하나님의 역사를 펼쳐 가고 계심을 알게 됩니다. 그래서 하나님은 자연이 자연 되게 하십니다. 하나님은 자연 속에서뿐만 아니라 이 세상 속에서도 동일하게 하나님의 때를 맞추어서 하나님의 역사를 펼쳐 가시는 분입니다.

하나님의 때

성전 안의 성소에서 분향하는 직무를 행하던 사가랴는 주의 사자가 들려준 말에 놀라지 않을 수 없었습니다. 자신에게는 자식을 가질 가능성이 거의 없는데 아내 엘리사벳이 아들을 낳게 되고, 그 아들이 포도주나 독한 술을 마시지 않는 나실인이 된다고 했습니다. 또한 어머니 뱃속에서부터 성령충만함을 받아 많은 이스라엘 자손들을 하나님께로 돌아오게 할 뿐만 아니라, 오시는 주님을 맞이하는 백성다운 백성이 되도록 준비하게 한다는 말을 들었습니다. 그 말을 들은 사가랴의 반응을 오늘 본문 18절이 이렇게 증거합니다.

> 사가랴가 천사에게 이르되 내가 이것을 어떻게 알리요 내가 늙고 아내도 나이가 많으니이다

"내가 이것을 어떻게 알리요?"는 놀람과 부정의 의미입니다. 그래서 이 부분을 《메시지》 성경은 "그 말씀을 믿으라는 말입니까?"(Do you expect me to believe this?)라고 번역합니다. 사가랴의 반응이 그럴 수밖에 없었던 것은 자신은 늙었고, 아내도 나이가 많았기 때문입니다. '나이가 많다'를 문자 그대로 번역하면 '많은 날 속으로 들어갔다'입니다. 거기에는 사가랴와 엘리사벳 부부의 기대와 소망, 인내와 한숨, 포기가 다 포함되어 있습니다.

제사장 부부인 사가랴와 엘리사벳이 결혼했을 때 자녀에 대한 기대가 있었을 것입니다. 당시엔 자녀가 하나님이 베푸시는 복의 상징이었고, 무자식은 하나님의 벌로 여겨졌기 때문에 두 사람도 가능한 한 많은 자녀를 낳자고 했을 것입니다. 또한 하나님이 언제 첫 아이를 주실까 기대도 하고, 아이를 주시면 훌륭한 하나님의 사람으로 키워 내리라 다짐도 했을 것입니다. 그러는 사이에 여러 달, 여러 해 속으로 들어갔습니다. 하지만 아기는 생기지 않았습니다. 그럼에도

소망을 잃지 않고 기다렸습니다. 더 많은 해 속으로 들어갈수록 주변 사람들의 눈빛이 달라지고 수군거리기 시작했습니다. 그럼에도 꿋꿋하게 인내하고 있는데 어떤 날은 자기도 모르게 한숨이 쉬어졌습니다. 그러는 사이에 또 여러 해 속으로 들어가서 이제는 더 이상 생물학적으로 아기를 가질 수 없는 때가 되었다는 생각이 들자, 아기에 대한 기대를 아예 접게 되었습니다.

비록 사가랴와 엘리사벳에게 자녀가 없었을지라도 두 사람이 모두 하나님 앞에 경건하게 살았기에 지나온 '많은 날들'을 의미 있게 보낼 수 있었습니다. 이제는 자녀가 없는 삶을 완전히 수용하고 있는데, 아들을 낳게 된다는 말을 듣자 놀라지 않을 수 없었고, 믿을 수도 없었습니다.

요즘 수능은 원점수, 표준점수 등으로 점수 체계가 복잡합니다. 그래서 어떤 점수를 기준으로 삼느냐에 따라서 전국 수석이 바뀌기도 합니다. 과거에는 점수 체계가 하나밖에 없었기에 누가 전국 수석을 했는지가 아주 명확했습니다. 점수가 발표되면 신문과 방송에서 전국 수석자에게 전화를 걸거나 찾아가서 그에게 전국 수석임을 알려 줍니다. 그때 당사자는 아주 놀랍니다. 단 한 사람도 "당연히 제가 수석을 할 줄 알았습니다"라고 말하는 사람을 본 적이 없습니다.

대입시험을 치르는 고3 수험생이 되었다고 가정해 보십시오. 반 전체 30명 중에서 25등 정도 하는 학생입니다. 그런데 반 친구들 가운데서 두 명은 체육특기생이라 수업에 거의 들어오지 않고, 또 두 명은 곧 이민을 갈 친구라 아예 학교에 나오지 않고 영어학원을 다닙니다. 나름대로 열심히 공부했지만, 시험지를 받고 보니 아는 문제가 별로 없었습니다. 다행히 주관식 문제는 없고 전부 객관식만 있습니다. 아는 문제는 답을 쓰고, 모르는 문제는 전부 연필을 굴려서 찍었습니다. 답을 다 쓰고서도 시간이 많이 남아서 연필을 다시 굴려서 자신이 쓴 답이 맞는지 확인도 하고, 혹 다르게 나오면 다시 연필을 굴려서 답을 고쳐 쓰기도 했습니다. 그런데 점수 발표가 나는 날, 방송국에서 전화가 왔는데 전국 수석이라고 합니다. 아마 믿을 수가 없다는 반응을 보일 것입니다.

사가랴의 경우가 이와 비슷합니다. 사가랴는 400년 동안 살아온 모든 이스라엘 백성 중에서 주께서 오시는 길을 준비하는 요한의 아버지로 낙점되었습니다. 놀라는 것이 전혀 놀랍지가 않습니다. 하나님은 아브라함에게 아브라함이 99세가 되고 사라가 89세가 되었을 때 아들이 있을 것이라고 말씀해 주셨습니다. 그때 아브라함의 반응을 창세기 17장 17절이 이렇게 증거합니다.

아브라함이 엎드려 웃으며 마음속으로 이르되 백 세 된 사람이 어찌 자식을 낳을까 사라는 구십 세니 어찌 출산하리요 하고

아브라함의 반응은 사가랴보다 더 심합니다. 아브라함은 차마 하나님을 바라보고 웃지 못하고 엎드려 웃었습니다. 좋은 말로 '웃었다'이지 실제로는 '비웃음'입니다. 우리가 대화할 때 정말 어이없는 말이나 말 같지 않은 말을 들을 때, "웃기고 자***"라고 하지 않습니까? 아브라함이 하나님께 그렇게 반응하고 있습니다. 그리고 아브라함은 속으로 "100세 된 사람이 어찌 자식을 낳을까?"라고 되뇌었

습니다. 아브라함이 되뇌는 말이 우리말에는 '능동형'으로 되어 있지만 원문은 '수동형'입니다. 그래서 "100세 된 남자에게 아들이 생길 수 있겠습니까?"라고 풀어서 번역할 수 있습니다. 아브라함의 중얼거림은 자신과 아내 사라가 '자식을 낳을 수 있는지 없는지'에 대한 것이 아니라 '하나님이 자신과 자신의 아내와 같이 늙은 사람을 통해서 무엇을 하실 수 있겠는가'에 대한 의심이었습니다.

아내 엘리사벳이 아들 요한을 낳고 그 아들이 어떤 역할을 하게 될지를 듣고서도, 사가랴가 믿을 수 없어 하자 주의 사자인 천사는 자신의 신분을 이렇게 밝혔습니다. 19절입니다.

> 천사가 대답하여 이르되 나는 하나님 앞에 서 있는 가브리엘이라 이 좋은 소식을 전하여 네게 말하라고 보내심을 받았노라

성경에는 천사의 이름이 미가엘과 가브리엘 둘만 나옵니다. 미가엘은 다니엘서와 유다서, 요한계시록에 등장하는데 주로 하나님의 백성들을 위해서 대적들과 싸우는 하나님의 용사로 나타납니다. 그리고 가브리엘은 다니엘서와 누가복음에만 나오는데 하나님의 사람에게 하나님의 말씀과 기쁜 소식을 전해 주는 천사로 나타납니다.

가브리엘 천사는 자신이 전하는 소식이 허무맹랑한 이야기가 아니라 하나님의 계획임을 알리기 위해 자신이 전능한 분 하나님 앞에 서 있다고 말합니다. 또한 자신이 전하는 이야기가 사가랴 부부는 물론 모든 사람을 살리는 일이기 때문에 '좋은 소식'(복음)을 전하러 보내심을 받았다고 합니다.

계속해서 사가랴의 답변은 이렇게 이어집니다. 20절이 이렇게 증거합니다.

보라 이 일이 되는 날까지 네가 말 못하는 자가 되어 능히 말을 못하리니 이는 네가 내 말을 믿지 아니함이거니와 때가 이르면 내 말이 이루어지리라 하더라

사가랴가 가브리엘 천사를 통해 들려지는 하나님의 말씀을 믿지 못하자 그만 그의 말문이 닫히고 말았습니다. 그렇다고 해서 사가랴와 엘리사벳 부부를 통해 요한이 태어나게 하시고, 그를 통해 이루시려는 하나님의 뜻이 취소되거나 변경된 것은 아닙니다. 하나님이 행하시는 일은 인간이 믿거나 믿지 않거나 상관없이 하나님이 하나님의 방법으로 이루어 가십니다. 하나님이 그 일을 우리를 통해서 이루고자 하실 때, 우리는 하나님이 일하시는 통로가 될 수 있습니다. 그것은 우리의 기쁨이고, 하나님의 피조물로서 누리는 영광입니다.

비록 사가랴는 너무 놀라서 가브리엘 천사가 전하는 하나님의 말씀을 믿지 못했지만, 가브리엘 천사는 때가 이르면 자신이 전한 말이 이루어지게 된다고 합니다. '때'에 해당하는 헬라어 단어는 '카이로스'(καιρός)입니다. 카이로스는 하나님이 정하시는 시간입니다. 하나님이 개입하시는 순간이고, 하나님이 역사하시는 때입니다. 가브리엘 천사를 통해 전해지는 말씀이 이루어지는 때는 표면적으로는 사가랴의 가정에 지난 세월 드리워진 '자식 없음의 어두움'이 걷히는 시간이지만, 실상은 온 인류를 구원하시기 위해 하나님의 아들을 이

땅에 보내시는 때입니다. 이스라엘 백성은 말라기 선지자 이후에 더 이상 선지자를 보내지 않으신다고, 하나님은 더 이상 역사하지 않으신다고 생각하고 있었을지라도 하나님은 친히 당신의 아들을 보내실 때를 기다리고 계셨습니다.

요셉의 때

요셉은 형들의 질투심 때문에 17세 때 애굽으로 팔려 갔습니다. 그리고 30세에 애굽 제국의 총리가 되었습니다. 그 사이 13년 동안 요셉은 억울한 종살이와 더 억울한 옥살이를 했습니다. 요셉이 종살이하던 시대에 노예의 삶은 몇 개월 또는 몇 년 하면 끝나는 것이 아니라 한 번 노예는 평생 노예였습니다. 그뿐만 아니라 그 자녀들도 노예가 되었습니다. 또 옥살이도 징역 몇 년이라고 형이 정해지지 않았습니다. 시간이 지나서 특사로 풀려나거나 사형을 당하곤 했습니다.

요셉은 옥살이를 하면서도 간수장에게 신임을 받아서 죄수 관리와 감옥의 제반 사무를 담당하게 되었습니다. 요셉이 28세였을 때, 바로 왕의 술 맡은 관원장과 떡 굽는 관원장이 투옥되었습니다. 그들이 자신의 주군인 바로 왕에게 무슨 잘못을 했는지, 아니면 모함으로 누명을 쓰게 되었는지에 대해서는 성경이 아무런 말을 하지 않고 있습니다. 그들이 투옥된 장소가 바로 '요셉이 갇힌 곳'이라고만 합니다. 당시 애굽제국 전역에서 감옥이 보디발의 집에만 있지는 않았을 것입니다. 그럼에도 그 두 사람은 그 많은 감옥 중에서 요셉이 갇힌 곳으로 오게 되었습니다. 마치 신랑과 신부가 만나는 것처럼 신랑을 먼저 데려다 놓고, 바로 신랑이 있는 그 장소에 신부를 데리고 오는 듯한 느낌이 들 정도입니다. 그곳이 '만남의 광장', 아니 '만남의 감옥'이 되었습니다.

그러던 어느 날 두 전직관리가 비슷하게 보이는 다른 꿈을 각각 꾸었습니다. 두 사람은 도저히 그 꿈의 의미를 알 수가 없어서 얼굴에 수심이 가득했습니다. 요셉은 그들의 꿈을 해몽해 주었는데 술 맡은 관원장에게는 복직이 된다고 했고, 떡 굽는 관원장에게는 교수형을 당하게 된다고 했습니다. 요셉의 해몽대로 3일 후에 한 사람은 복직이 되었고, 한 사람은 교수형에 처해졌습니다. 요셉이 술 맡은 관원장에게 복직이 된다고 해몽해 주고서 그에게 이런 부탁을 했습니다. 창세기 40장 14, 15절이 이렇게 증거합니다.

당신이 잘 되시거든 나를 생각하고 내게 은혜를 베풀어서 내 사정을 바로에게 아뢰어 이 집에서 나를 건져 주소서 나는 히브리 땅에서 끌려온 자요 여기서도 옥에 갇힐 일은 행하지 아니하였나이다

요셉은 지금까지 종살이와 옥살이를 잘 견뎌 내었습니다. 하지만 그의 마음속에는 여전히 억울함이 있었습니다. 자신은 히브리 땅에서 '끌려왔다'고 하는데, 그 의미는 '도둑질당하다'입니다. 자신은 본래 히브리 땅에 소속된 사람이었는데, 누군가가 허락도 받지 않고 자신을 도둑질해서 애굽 땅 보디발의 집에 노예로 갖다 놓고, 또 감옥에 죄수로 갖다 놓았다는 의미입니다. 그래서 지금 자기의 인생은

도둑맞은 것 같고, 자신은 지금이라도 당장 아버지가 있는 곳으로 돌아가고 싶다고 피력하고 있습니다. 술 맡은 관원장은 '만약 너의 말대로 복직이 된다면 바로 왕에게 너를 말해 주겠다'고 약속했을 것입니다. 하지만 술 맡은 관원장이 어떠했는지 창세기 40장 23절은 이렇게 증거합니다.

술 맡은 관원장이 요셉을 기억하지 못하고 그를 잊었더라

요셉은 술 맡은 관원장이 복직되는 것을 보고서 얼마나 기뻐했겠습니까? 이제 그가 바로 왕에게 말해서 전령이 오기만 하면 집으로 돌아갈 수 있다고 얼마나 손꼽아 기다렸겠습니까? 그러나 술 맡은 관원장은 함흥차사였습니다. 그런 일이 없었다면 기대라도 하지 않을 텐데, 요셉의 실망은 훨씬 깊어졌을 것입니다.

만약 그때 요셉의 말대로 술 맡은 관원장이 바로 왕에게 말해서 풀려났었다면, 요셉은 아버지 야곱이 있는 집으로 돌아갔겠고, 그것이 성경에 나오는 요셉의 마지막 장면이 되었을 것입니다. 하지만 하나님의 때는 달랐습니다. 만 2년이 더 지난 후 바로 왕이 꾼 꿈을 아무도 해몽하지 못할 때에 비로소 요셉은 바로 왕 앞에 등장해서 애굽의 총리가 될 수 있었습니다. 요셉의 삶에 대해서 시편 105편 17-19절은 이렇게 노래합니다.

그가 한 사람을 앞서 보내셨음이여 요셉이 종으로 팔렸도다 그의 발은 차꼬를 차고 그의 몸은 쇠사슬에 매였으니 곧 여호와의 말씀이 응할 때

'요셉의 몸이 쇠사슬에 매였다'고 합니다. '몸'이라고 번역된 단어는 '생명', '영혼'으로도 번역되는 말입니다. '쇠사슬'은 '철'을 가리키는 말이고, '매이다'는 '들어가다, 나오다'는 의미입니다. 그러니까 '요셉의 생명이, 또는 요셉의 영혼이 철에 찔렸다'는 의미입니다. 마치 작살을 맞은 물고기가 숨을 몰아쉬며 퍼덕이듯이 요셉의 종살이, 옥살이가 그러하였습니다. 그런 삶이 '여호와의 말씀이 응할 때까지' 계속되었다고 합니다. 하나님이 능력이 없으셔서 요셉이 형들에 의해 팔려 가는 모습을 보시고서도 막지 못하셨던 게 아니었습니다. 또 하나님이 알지 못하셔서 요셉이 보디발의 집에서 종살이하도록 외면하셨던 것도 아니었습니다. 또한 하나님이 요셉을 포기하셨기 때문에 요셉이 억울하게 옥살이하도록 그냥 두셨던 게 아니었습니다. 하나님이 요셉을 통해 이루기 원하시는 말씀이 있었는데, 그 말씀이 이루어질 때를 기다리고 계셨던 것입니다. 그 요셉으로 말미암아 야곱의 가족들이 애굽에 살게 되었고, 그 사람들이 불어나서 400년이 지난 후에 출애굽의 대역사가 일어났습니다.

자신의 인생이 다람쥐 먹이 저장고에 숨겨진 도토리처럼 여겨져 사방이 칠흑같이 어두우십니까? 인생이 요셉의 삶처럼 꼬일 때로 꼬여 어디서부터 풀어야 하는지, 어떻게 풀어야 하는지 몰라 고통스러우십니까? 사가랴처럼 벌어진 상황이나 환경이 믿을 수 없어 말문이 닫힌 것처럼 답답하십니까?

하나님은 하나님의 말씀이 우리의 삶에 이루어질 때를 기다리고 계십니다. 그 하나님의 시간을 믿음으로 기다리십시다. 우리보다 먼저 가시는 하나님이 사가랴에게 하신 말씀과 동일하게 우리에게도 말씀하십니다. "때가 이르면 내 말이 이루어지리라."

다람쥐에게 무참하게 꺾여 땅에 감춰진 도토리는 억울하고 초라하기 짝이 없게 보이지만, 하나님은 그 도토리로 하여금 십수 년이 지난 후에 건강한 나무가 되게 하여서 수천, 수만 개의 열매를 맺게 하시는 분임을 깨닫게 해주셔서 감사합니다.

형들의 계략으로 팔린 요셉이 종살이와 옥살이라는 깊은 터널을 지나고 있었을지라도, 하나님은 13년이 지난 후에 애굽의 총리라는 나무가 되게 하시고, 그 나무를 통해서 400년이 지난 후에 출애굽이라는 수백만 개의 열매를 맺게 해주셨습니다. 그 하나님이 우리가 믿는 하나님과 동일하신 분임을 감사합니다. 사가랴가 자신의 가정에 태어나는 아들이 주님의 길을 준비하게 되리라는 말씀을 믿을 수 없다 할 때도 하나님은 친히 말씀을 이루어 가셨습니다. 우리의 믿음은 연약하다 할지라도 신실하신 하나님으로 인해서 소망을 갖습니다.

우리 모두가 하나님의 때를 기다리는 사람들이 되게 하여 주옵소서. 우리가 그때를 정하려는 어리석음에서 벗어나게 하시고, 하나님의 방법대로 정하시는 때가 우리에게 가장 유익함을 분명하게 믿는 사람들이 되게 하여 주옵소서. 그리하여 우리의 인생이 하나님의 말씀이 이루어진 때로 인해 거룩한 진리의 나무가 되게 하여 주옵소서. 예수님의 이름으로 기도드립니다. 아멘.

11.

나를 돌보시는 날에

누가복음 1장 18-25절

사가랴가 천사에게 이르되 내가 이것을 어떻게 알리요 내가 늙고 아내
도 나이가 많으니이다 천사가 대답하여 이르되 나는 하나님 앞에 서
있는 가브리엘이라 이 좋은 소식을 전하여 네게 말하라고 보내심을 받
았노라 보라 이 일이 되는 날까지 네가 말 못하는 자가 되어 능히 말을
못하리니 이는 네가 내 말을 믿지 아니함이거니와 때가 이르면 내 말이
이루어지리라 하더라 백성들이 사가랴를 기다리며 그가 성전 안에서
지체함을 이상히 여기더라 그가 나와서 그들에게 말을 못하니 백성들
이 그가 성전 안에서 환상을 본 줄 알았더라 그가 몸짓으로 뜻을 표시
하며 그냥 말 못하는 대로 있더니 그 직무의 날이 다 되매 집으로 돌아
가니라 이 후에 그의 아내 엘리사벳이 잉태하고 다섯 달 동안 숨어 있
으며 이르되 주께서 **나를 돌보시는 날에** 사람들 앞에서 내 부끄러움을
없게 하시려고 이렇게 행하심이라 하더라

길 없는 길

2013년 9월에 세상을 떠난 소설가 최인호 선생의 작품 중에
《길 없는 길》이란 네 권으로 된 소설이 있습니다. 이 작품은 1989년

부터 3년 동안 한 일간지에 연재했던 내용을 책으로 묶은 것입니다. 최인호 선생은 1987년도에 가톨릭신자가 되어서 영세를 받고 '베드로'란 영세명을 받았습니다. 그런데 이 소설은 불교소설로 한국 현대불교를 새롭게 했다고 평가받는 경허스님의 일대기를 담은 작품입니다.

내용을 살펴보면, 경허스님은 학문을 배울 때 잠이 너무 많아 스승 스님께 꾸중을 자주 들었습니다. 그런데 스승이 묻는 질문은 무엇이든지 막힘없이 대답하자, 스승도 경허가 특이체질임을 알고 수업 중에 그가 졸아도 아무런 말을 하지 않았습니다. 경허스님은 학문적으로 높은 경지에 이르렀지만, 그것이 온전한 것이 아님을 확인하고, 방 안에 틀어박혀 벽을 바라보고 참선을 수행했습니다. 작품의 내용 중 일부가 이러합니다.

경허의 얼굴은 핏자국이 낭자하였고 상처투성이였다. 상처는 계속 생겨나 새로 흘러내린 핏물이 이미 괴어 있던 핏자국을 내리덮어 경허의 얼굴은 귀신의 형국이었다. 경허는 그 송곳을 얼굴 아래 턱밑에 받쳐 들고 앉아 있었다. 조금이라도 깜박하여 턱이 끄덕거리면 끝이 뾰족한 날카로운 송곳은 여지없이 얼굴을 찌르고 턱밑을 찌르도록 되어 있었다. 벌써 수십 차례 송곳은 얼굴을 꿰찌르고 턱밑을 꿰뚫어 그곳에서 흘러내린 핏물은 온통 얼굴과 턱을 흘러내려 그토록 처참한 귀신의 형상을 만들고 있었던 것이었다. 경허의 처참한 형국은 단어 하나를 떠올리게 한다. 스스로 송곳으로 찌른다의 뜻인 '인추자자'(引錐自刺).

경허스님은 학문으로는 메우지 못하는 자신이 뜻을 이루고 자신이 생각하는 경지에 도달하기 위해, 더 나아가 자신의 마음이 누리기 원하는 깊은 만족을 위해서 송곳으로 자기를 찌르면서까지 수행에 수행을 거듭합니다. 소설에 나오는 경허스님뿐만 아니라 여러 고승들이 해탈의 경지에 이르기 위해서 잠을 잘 때도 눕지 않는 장좌불와(長坐不臥)와 같은 고행을 합니다. 스님들이 형극의 고통을 마다하지 아니하고 자기 자신을 고난 속에 둠으로써 해탈의 경지에 이르려 하는 삶이 존경스럽습니다. 저는 그렇게 할 자신이 없기 때문입니다. 스님들이 그토록 불편한 삶을 감수하며 해탈의 경지에 이르려고 하는 것처럼, 저 자신이 아집과 욕망에서 벗어나 주님을 사랑하고 자신을 더욱 부인한다면 얼마나 주님의 깊은 은혜를 체험할까 생각해 보기도 합니다. 그러나 그렇게 해야만 주님의 은혜를 누릴 수 있고 구원에 이를 수 있다면, 저는 틀림없이 은혜도 구원도 받지 못했을 것입니다. 그러나 주님은 우리를 먼저 찾아오셔서 부르시고 동행해 주시며, 영원까지 인도해 주시는 분입니다. 그것이 우리의 감사의 출발이고 기쁨입니다. 그래서 우리는 우리의 손과 발을 주님께 드립니다.

돌보심

사가랴와 엘리사벳을 돌보심

오늘 본문은 사가랴를 찾아오시고, 그의 아내 엘리사벳을 돌보아 주신 하나님에 대하여 증거하고 있습니다.

사가랴는 가브리엘 천사로부터 출산의 때가 이미 오래전에 지난 아내 엘리사벳이 아들을 낳게 된다는 말을 듣고서 믿을 수 없다는 반응을 보였습니다. 그러자 그만 그의 말문이 닫히고 말았습니다. 사가랴와 가브리엘 천사가 성소에 머물러 있는 동안 백성들은 밖에서 초조한 마음으로 기다리고 있었습니다. 오늘 본문 21절이 이렇게 증거합니다.

백성들이 사가랴를 기다리며 그가 성전 안에서 지체함을 이상히 여기더라

백성들이 사가랴를 기다리면서 의아하게 생각했던 것은 분향한 제사장은 백성들이 오래 기다리지 않도록 곧바로 나와서 축복을 했기 때문입니다. 분향의 직무는 분향하는 제사장을 비롯해서 보조하는 제사장 네 명 등 모두 다섯 명이 담당했는데, 분향이 끝나면 다섯 명이 밖으로 나와 한 줄로 서고, 그 뒤로 같은 반열의 제사장들이 모두 줄을 선 뒤, 분향을 담당한 제사장의 선창으로 축복을 했습니다. 그때 들려진 말씀이 민수기 6장 22-27절입니다.

여호와께서 모세에게 말씀하여 이르시되 아론과 그의 아들들에게 말하여 이르기를 너희는 이스라엘 자손을 위하여 이렇게 축복하여 이르되 여호와는 네게 복을 주시고 너를 지키시기를 원하며 여호와는 그의 얼굴을 네게 비추사 은혜 베푸시기를 원하며 여호와는 그 얼굴을 네게로

향하여 드사 평강 주시기를 원하노라 할지니라 하라 그들은 이같이 내 이름으로 이스라엘 자손에게 축복할지니 내가 그들에게 복을 주리라

백성들은 복을 빌어 주는 이 말씀을 듣기 위해서 간절하게 기다리는데 사가랴가 나오지 않았습니다. 초대 대제사장 아론의 두 아들인 나답과 아비후가 하나님이 명령하시지 아니한 불로 분향하다가 목숨을 잃은 일이 있었기 때문에 분향하는 제사장은 자신이 목숨을 잃지 않았음을 보여 주기 위해 속히 나오기를 불문율처럼 여겼습니다.

백성들이 그토록 애타게 기다리던 사가랴가 마침내 나타났습니다. 22절이 이렇게 증거합니다.

그가 나와서 그들에게 말을 못하니 백성들이 그가 성전 안에서 환상을 본 줄 알았더라 그가 몸짓으로 뜻을 표시하며 그냥 말 못하는 대로 있더니

사가랴는 나와서 백성들에게 축복을 선포하기는 고사하고, 단 한마디의 말도 하지 못했습니다. 아마 민수기 6장의 축복의 말씀은 옆에 서 있던 다른 제사장이 선포했을 것입니다. 사가랴는 그저 몸짓으로 분향하다가 무슨 일이 있었는지를 설명하려고 했겠고, 백성들은 그가 환상을 보았다고 그 의미를 추측할 뿐이었습니다.

23절이 이렇게 증거합니다.

가브리엘 천사가 전하는 말씀을 믿지 못해서 말문이 닫힌 사가
랴는 모든 것을 몸짓으로나 손으로 글을 써 가며 자신의 의사를 표현
해야 했습니다. 그렇다고 해서 사가랴는 "어떻게 하나님이 내게 이
렇게 행하실 수 있느냐"며 속이 상해 곧바로 집으로 돌아가지 않았습
니다. 자신이 속한 반열이 담당해야 하는 기간이 끝날 때까지 그대로
성전에 있다가 집으로 돌아갔습니다. 하나님이 자신을 주목하시고,
자신을 통해 예수님이 오시는 길을 준비하게 될 요한이 태어나게 하
신다는 것을 수용했기 때문입니다.

우리나라 속담에 "벙어리 속은 그 어미도 모른다"는 말이 있습
니다. 설명을 듣지 않고서는 그 사정을 정확히 알 수 없다는 의미입
니다. 사람들은 엘리사벳이 아기를 낳지 못했고 사가랴까지 벙어리
가 되었기 때문에 그 가정은 완전히 끝이 났다고 생각했을지 모릅니
다. 그러나 사가랴의 가정에 어떤 일이 일어나고 있는지는 아무도 알
지 못했습니다. 또 이런 속담도 있습니다. "벙어리 냉가슴 앓듯 한
다." 아무리 답답한 사정이 있어도 남에게 말하지 못하고 혼자 애태
우는 경우에 하는 말입니다. 사가랴 부부는 심한 가슴앓이를 했을 것
입니다. 필설로 형언할 수 없는 하나님의 구원 역사가 일어나고 있음
을 말하고 싶은데, 사람들이 알아듣지 못하는 것이 얼마나 안타까웠
겠습니까? 그러나 하나님의 뜻은 그렇게 이루어지고 있었습니다.

그 이후에 있었던 일을 24절이 이렇게 증거합니다.

이 후에 그의 아내 엘리사벳이 잉태하고 다섯 달 동안 숨어 있으며 이르되

하나님의 약속대로 엘리사벳은 임신을 했습니다. 그런데 5개월 동안 숨어 지냈다고 증거합니다. 사실 엘리사벳은 자신이 임신했다는 사실을 마을 사람들에게 얼마나 알리고 싶었겠습니까? 그동안 받았던 모욕과 서러움을 한꺼번에 쏟아 내고 싶었을지 모릅니다. 무엇보다도 하나님께 버림받거나 외면당해서 임신할 수 없었던 게 아니라고 하소연하고 싶었을 것입니다. 그러나 엘리사벳은 그 모든 감정을 뒤로한 채 숨어 지냈습니다. 그 이유를 25절이 이렇게 증거합니다.

주께서 나를 돌보시는 날에 사람들 앞에서 내 부끄러움을 없게 하시려고 이렇게 행하심이라 하더라

우리말 성경에는 번역이 빠져 있지만, 헬라어성경에는 25절 맨 앞에 '왜냐하면'을 뜻하는 접속사 '호티'(ὅτι)가 있습니다. 엘리사벳은 아주 분명하게 알고 있습니다. 자신이 나이가 많음에도 임신할 수 있게 된 것도, 그로 인해서 사람들 앞에서 억울한 상황을 변호하지 않아도 자신이 부끄러움으로부터 회복된 것도 모두 하나님이 자신을 돌보아 주셨기 때문이라는 사실을 말입니다. 사가랴와 엘리사벳은 둘 다 나이가 많아 자녀를 가질 가능성이 거의 없었지만 그들이 주님이 오시는 길을 준비하는 요한을 낳을 수 있었던 것은 오직 하나님이

먼저 그들을 찾아가서 돌보아 주셨기 때문입니다.

한나를 돌보심

에브라임 산지에 '한나'라는 여인이 있었는데 그에게는 자식이 없었습니다. 그의 남편의 이름은 '엘가나'였는데, 그에게는 한나 외에 '브닌나'라는 아내도 있었습니다. 그런데 브닌나에게는 자식이 있었습니다. 그랬기에 틀림없이 한나는 자신의 몸에 문제가 있어 임신하지 못한다고 생각했을 것입니다. 자식을 갖지 못함도 고통스러운데, 브닌나의 괴롭힘과 업신여김은 극에 달할 정도였습니다.

한나가 할 수 있는 일이라고는 성전에 올라갈 때마다 먹지 않고 우는 것밖에 없었습니다. 남편은 그를 깊이 사랑해 주었고, "왜 울기만 하고, 왜 슬퍼만 하시오? 내가 당신에게는 열 명의 아들보다 더 낫지 않소?"라며 위로하였지만, 아무런 도움이 되지 않았습니다. 한나는 성전에서 이런 기도를 드렸습니다. 사무엘상 1장 11절이 이렇게 증거합니다.

서원하여 이르되 만군의 여호와여 만일 주의 여종의 고통을 돌보시고 나를 기억하사 주의 여종을 잊지 아니하시고 주의 여종에게 아들을 주시면 내가 그의 평생에 그를 여호와께 드리고 삭도를 그의 머리에 대지 아니하겠나이다

한나는 하나님이 자신을 돌보시고 기억해 주심이 지금의 고통에서 벗어나는 유일한 길인 것을 잘 알고 있었습니다. 하나님이 돌보

시는 대상이 되면 마치 깊은 터널 속을 걷는 듯한 자신의 삶이 빛을 보게 되리라는 고백입니다. 한나가 이런 처절한 기도를 드릴 때, 사사이자 제사장이었던 엘리는 그녀가 술에 취했다고 생각하고 "포도주를 끊어라"라는 어처구니없는 조언을 하여 한나의 마음을 더욱 상하게 했습니다. 마침내 한나가 임신하고 때가 이르러 아들을 낳아 그의 이름을 '사무엘'이라고 지었습니다.

그뿐만 아니라 그 후에 한나에게 또 어떤 일이 있었는지를 사무엘상 2장 21절은 이렇게 증거합니다.

> 여호와께서 한나를 돌보시사 그로 하여금 임신하여 세 아들과 두 딸을 낳게 하셨고 아이 사무엘은 여호와 앞에서 자라니라

한나는 서원한 대로 사무엘을 젖 뗄 때까지 잘 양육해서 하나님께 드려 성전에서 자라게 했습니다. 그 아들 사무엘은 영적인 암흑기라고 불린 사사시대의 문을 닫고, 다윗 시대의 문을 여는 문지기가 되었습니다. 하나님은 또 한나를 돌보시어 그에게 세 아들과 두 딸을 더 주셨습니다.

한조를 돌보심

저 자신의 이야기를 드림을 양해해 주시기 바랍니다.

저는 고등학교 1학년 5월에 주님을 인격적으로 만났습니다. 그 주님이 저를 위해 십자가에서 피 흘려 영원한 생명을 주셨음을 깨달았습니다. 그리고 얼마 지나지 않아 제가 다녔던 교회 중고등부 담당

전도사님이 제게 신학을 공부하면 어떻겠느냐고 제안했습니다. 저는 그 자리에서 "아닙니다"라고 답했습니다. 가난하게 살아온 것이 싫었기 때문에 무엇을 하든지 돈을 많이 벌고 싶었습니다. 그래서 신학을 공부하고 목회자가 되는 길은 저와는 상관없다고 생각했습니다. 그런데 그 후로 그분의 말이 제 뇌리를 떠나지 않았습니다. 하지만 저는 애써 무시했습니다.

그해 가을이었습니다. 당시 중고등부 예배가 오후 2시에 시작해서 분반공부와 행사까지 끝나면 4, 5시가 되었습니다. 그리고 저녁예배는 7시에 있었기 때문에 2, 3시간 정도의 간격이 있었습니다. 저는 그 시간 동안 예배당 한쪽 구석에서 자주 성경을 읽으며 기도하곤 했습니다. 어느 날 저녁 에베소서를 읽다가 저를 부르신 소명을 깨닫게 되었습니다. 1장 17-19절의 말씀이었습니다.

> 우리 주 예수 그리스도의 하나님, 영광의 아버지께서 지혜와 계시의 영을 너희에게 주사 하나님을 알게 하시고 너희 마음의 눈을 밝히사 그의 부르심의 소망이 무엇이며 성도 안에서 그 기업의 영광의 풍성함이 무엇이며 그의 힘의 위력으로 역사하심을 따라 믿는 우리에게 베푸신 능력의 지극히 크심이 어떠한 것을 너희로 알게 하시기를 구하노라

이 말씀이 제게는 이렇게 읽혔습니다. "우리 주 예수 그리스도의 하나님, 영광의 아버지께서 지혜와 계시의 영을 한조(너희)에게 주사 하나님을 알게 하시고 한조(너희) 마음의 눈을 밝히사 그의 부르심의 소망이 무엇이며 성도 안에서 그 기업의 영광의 풍성함이 무엇이

며 그의 힘의 위력으로 역사하심을 따라 믿는 한조(우리)에게 베푸신 능력의 지극히 크심이 어떠한지를 한조(너희)로 알게 하시기를 구하노라." 이 말씀 앞에서 더 이상 읽을 수가 없었습니다. 눈물이 걷잡을 수 없이 흘러내렸습니다. 하나님이 이렇게 말씀하시는 것 같았습니다. "네가 나를 알게 됨은 네가 잘났기 때문이 아니다. 내가 너에게 지혜와 계시의 영을 주었기 때문이다. 왜 내가 너를 불렀는지 아느냐? 내가 네게 맡길 그 일로 인해서 네가 받을 상급이 얼마나 풍성한지 아느냐?"

그때 저는 이렇게 말씀드렸습니다. "하나님! 저는 성격도 소심하고, 그렇게 잘할 줄 아는 게 없습니다." 그랬더니 하나님은 "네 힘으로 하라는 게 아니다. 내가 얼마나 큰 능력으로 너와 함께할 것인지 아느냐?"고 되물으셨습니다. 저는 더 이상 거부할 수 없었습니다. 그래서 다시 한 가지를 더 여쭈었습니다. "하나님! 세상에는 목사님들이 참 많은데 왜 저까지 목사가 되어야 합니까? 제가 어떤 일을 하기를 원하십니까?" 하나님은 이렇게 답해 주셨습니다. "대한민국에는 신자들이 많이 있기는 하지만…… 그들의 신앙이 좀 더 성숙했으면 좋겠구나. 그 일을 네가 좀 해주겠니?"

저는 총명한 아이가 아니었습니다. 공부를 뛰어나게 잘한 것도 아니었습니다. 그러나 그 이후로 하나님이 제게 말씀을 깨닫는 데 얼마나 많은 은총을 주셨는지 말로 표현할 수 없을 정도입니다. 만약 저를 통해서 성도님들에게 작은 부분이라도 영적인 유익이 있다면 그것은 저의 잘남이 아니라 저를 찾아와 주시고, 저를 돌보아 주신 하나님이 행하신 역사입니다. 하나님의 돌보심은 우리로 하여금 새로운 삶을 살게 하는 출발점이자 종착점입니다. 또한 하나님의 돌보심은 우리의 삶의 자리를 하나님의 나라로 바꾸어 줍니다. 하나님이 계신 곳, 하나님의 다스림을 받는 곳이 하나님의 나라이기 때문입니다.

올해도 점점 저물어 가고 있습니다. 올 한 해도, 지나온 우리 각자의 생애도 가만히 돌아보면 주님의 돌보심이 없이는 지금보다 훨씬 추악한 모습이었겠고, 세속적 가치관과 병든 이기심을 좇아가느라 이 자리에 앉아 하나님을 향하지도 않았을 것입니다. 그렇기에 비록 우리의 삶에 세상적인 기준으로 실패가 있다 할지라도, 또한 우리가 원하는 대로 누리지 못하고, 앉고 싶은 자리에 있지 못한다 할지라도 우리는 참 복 있는 사람들입니다. 그 복으로 주님의 손과 발이 되어서 누군가를 돌보는 인생이 되시기를 축복합니다.

하나님 아버지!

형극의 고통을 통해서나 처절한 수행을 통해서 구원을 얻을 수 있다고 말씀하지 아니하시고, 우리가 하나님을 알지도 못할 때 우리를 기억하시고, 돌보시며, 영원한 생명을 누리게 해주심을 감사합니다.

때때로 우리의 인생을 돌아보건대 나 혼자가 아니었음을 감사합니다. 우리가 몸부림치며 살 때에도 하나님은 우리를 지켜보고 계셨고, 하나님께 실망하여 하나님 없이 살겠노라고 반항할 때에도 동행해 주셨습니다. 그리고 우리가 삶의 의미를 찾지 못하고 무기력하게 살아갈 때에도 하나님은 우리를 향해 손을 내밀고 계셨습니다.

이제는 하나님의 돌보심을 받은 사람답게 살아가게 하여 주옵소서.

하나님의 눈길이 머무는 곳을 우리도 보게 하시고, 하나님의 마음이 있는 곳에 우리의 마음도 있게 하여 주옵소서. 또한 하나님의 손과 발이 필요한 곳을 알면서도 편함이나 나태함을 이유로 외면하는 일도 없게 하여 주옵소서. 그리하여 우리의 삶 전체가 하나님의 돌보심을 보여 주는 통로가 되게 하여 주옵소서. 예수님의 이름으로 기도드립니다. 아멘.

12.

은혜를
받은 자여

누가복음 1장 26-38절

여섯째 달에 천사 가브리엘이 하나님의 보내심을 받아 갈릴리 나사렛
이란 동네에 가서 다윗의 자손 요셉이라 하는 사람과 약혼한 처녀에게
이르니 그 처녀의 이름은 마리아라 그에게 들어가 이르되 **은혜를 받은**
자여 평안할지어다 주께서 너와 함께하시도다 하니 처녀가 그 말을 듣
고 놀라 이런 인사가 어찌함인가 생각하매 천사가 이르되 마리아여 무
서워하지 말라 네가 하나님께 은혜를 입었느니라 보라 네가 잉태하여
아들을 낳으리니 그 이름을 예수라 하라 그가 큰 자가 되고 지극히 높
으신 이의 아들이라 일컬어질 것이요 주 하나님께서 그 조상 다윗의 왕
위를 그에게 주시리니 영원히 야곱의 집을 왕으로 다스리실 것이며 그
나라가 무궁하리라 마리아가 천사에게 말하되 나는 남자를 알지 못하
니 어찌 이 일이 있으리이까 천사가 대답하여 이르되 성령이 네게 임
하시고 지극히 높으신 이의 능력이 너를 덮으시리니 이러므로 나실 바
거룩한 이는 하나님의 아들이라 일컬어지리라 보라 네 친족 엘리사벳
도 늙어서 아들을 배었느니라 본래 임신하지 못한다고 알려진 이가 이
미 여섯 달이 되었나니 대저 하나님의 모든 말씀은 능하지 못하심이 없
느니라 마리아가 이르되 주의 여종이오니 말씀대로 내게 이루어지이다
하매 천사가 떠나가니라

속편 영화

다음 영화의 공통점과 차이점을 생각해 보시기 바랍니다.

〈대부〉, 〈터미네이터〉, 〈공공의 적〉, 〈죠스〉, 〈스피드〉, 〈주유소 습격사건〉

이 6편의 영화는 '속편'이 나왔다는 공통점이 있습니다. 그리고 앞의 세 영화, 〈대부〉, 〈터미네이터〉, 〈공공의 적〉은 속편이 전편을 뛰어넘거나 전편에 버금가는 작품이었고, 뒤의 세 영화인 〈죠스〉, 〈스피드〉, 〈주유소 습격사건〉은 뛰어난 전편에 비해서 속편은 그렇지 못하여 흥행에 성공하지 못했다는 차이점이 있습니다.

속편 영화를 광고할 때 "전편은 예고편에 불과했다", "이보다 더한 영화는 없다"라고 말하곤 합니다. 그럼에도 속편에서 부진을 면치 못하는 경우가 허다합니다. 영화계에 내려오는 속설 중에 하나가 '전편보다 잘 만들어진 속편은 없다' 또는 '속편은 성공하기 어렵다'입니다. 속편이 만들어지는 경우는 전편의 작품성이 뛰어날 뿐만 아니라 흥행에도 성공했을 때입니다. 그래서 속편을 만드는 감독은 전편을 안고 가야 하기 때문에 전편보다 규모를 키워서 볼거리를 더 제공하려고 합니다. 그러기 위해서는 더 많은 등장인물도 필요합니다. 그러나 너무 많을 것을 보여 주려고 하다 보니 영화가 산만해져서 정작 중요한 몰입도가 떨어지는 경우가 많습니다.

하나님의 구원 사역

오늘의 본문을 영화에 비유하면 하나님이 감독이신 '하나님의 구원 사역'이라는 영화의 속편에 해당합니다. 전편의 주인공이 사가랴와 가브리엘 천사라고 한다면, 속편의 주인공은 마리아와 가브리엘 천사입니다. 사가랴와 마리아는 신분적으로 많은 차이가 있습니다. 사가랴가 사람들로부터 존경을 받았던 제사장이었던 데 반해, 마리아는 당시 가장 천대받던 직업 가운데 하나인 목수 요셉과 약혼한 평범한 소녀에 불과했습니다. 또한 전편의 배경이 웅장한 성전이었다면 속편의 배경은 갈릴리 벽촌의 한 가정입니다. 등장인물과 배경으로만 보면 전편이 할리우드의 블록버스터이고, 속편은 저예산 독립영화와 같습니다. 하지만 속편은 전편과 비교할 수 없는 내용을 담고 있습니다. 정말 '전편은 예고편에 불과했고, 이보다 더한 계시는 전에도 없었고 앞으로도 없을 것입니다'. 왜냐하면 전편 내용의 핵심이 '주님이 오시는 길을 준비하는 요한의 출생'에 관한 내용이라면, 속편은 바로 '그분'에 관한 내용이기 때문입니다.

제사장으로서 성전의 성소에 분향하는 직무를 행하던 사가랴는 가브리엘 천사로부터 주의 길을 준비하게 될 요한이 태어나게 된다는 소식을 들었습니다. 임신이 불가능하다고 여겼던 엘리사벳이 마침내 임신하게 되고, 그 후 6개월이 지난 후에 있었던 일을 26절이 이렇게 증거합니다.

여섯째 달에 천사 가브리엘이 하나님의 보내심을 받아 갈릴리 나사렛이

란 동네에 가서

가브리엘 천사는 하나님의 보내심을 받아서 이번에는 '갈릴리의 나사렛이라는 동네'로 향했습니다. 그냥 '나사렛'이라고만 하면 사람들이 어디인지 알지 못할 것 같아서 '갈릴리의 나사렛'이라고 설명하였습니다. 그것은 그만큼 나사렛이 사람들이 인식도 잘하지 못하는 벽촌이었음을 의미합니다.

혹시 '건천동' 또는 '인현동'이라는 지명을 들어 보신 적이 있습니까? 또 '음봉면'이라는 마을이 어디에 있는지 아십니까? '중구 인현동'이라고 하면 어디쯤인지 아시겠습니까? '건천동'은 '인현동'의 바뀌기 전 이름입니다. '건천동'은 이순신 장군이 태어난 동네 이름입니다. 그래서 현재 인현동 주변 길의 이름이 이순신 장군의 시호(諡號)를 따라 붙인 '충무로'입니다. 또한 '음봉면'은 이순신 장군의 묘가 있는 충청남도 아산시의 마을입니다. 제가 아무런 설명 없이 "건천동이 어디에 있는지 아십니까? 음봉면에 가 보신 적이 있으십니까"라고 여쭈면 아마 성도님들은 "거기가 어딥니까?"라고 반문하실 것입니다.

나사렛이 이러한 곳이었습니다. 나사렛이란 지명은 구약성경에 단 한 번도 나오지 않습니다. 베드로와 안드레 형제와 같은 동네에 살았던 빌립이 예수님의 제자가 되고서 나다나엘을 찾아가서 말했습니다. "모세가 율법책에 기록하였고, 또 예언자들이 기록한 그분을 우리가 만났습니다. 그분은 나사렛 출신으로, 요셉의 아들 예수입니다"(요 1:45, 새번역). 그때 나다나엘의 반응이 이러하였습니다.

"나사렛에서 무슨 선한 것이 날 수 있느냐." 아주 냉소적인 반응이었습니다. 인류를 구원하기 위한 하나님의 역사는 이런 곳에서 시작되었습니다.

성경은 하나님께 소명을 받은 선지자가 어느 지방 출신인지를 밝히곤 합니다. 엘리야 선지자는 길르앗의 디셉 지방 출신이었고, 예레미야 선지자는 아나돗 지방 출신이었습니다. 또한 다윗이 싸움에서는 챔피언이었던 블레셋의 골리앗을 물리친 곳은 엘라 골짜기였고, 바벨론에 포로로 끌려갔던 에스겔 선지자가 하나님이 주시는 말씀을 받았던 곳은 그발강가였습니다.

이처럼 성경이 하나님의 말씀이 들려진 곳과 하나님의 역사가 일어난 곳을 구체적으로 밝히는 것은 하나님의 역사하심은 언제나 이 땅 위에, 그리고 세상의 역사 속에 일어나기 때문입니다. 그래서 우리가 서 있는 곳이 바로 하나님의 역사의 현장입니다. 내가 가정에 있든지, 일터에 있든지, 학교에 있든지, 어느 곳에 있든지 바로 그곳이 하나님이 역사하시는 현장이 됩니다. 내가 서 있는 곳이 남들이 인정해 주는 자리일 수도 있습니다. 또 무시하는 자리일 수도 있습니다. 그러나 하나님의 역사하심은 방해를 받지 않습니다. 중요한 것은 '우리가 거기에서 어떻게 쓰임을 받느냐'입니다.

계속해서 27절이 이렇게 증거합니다.

다윗의 자손 요셉이라 하는 사람과 약혼한 처녀에게 이르니 그 처녀의 이름은 마리아라 유대인들은 인생에서 결혼을 너무 진지하게 여겼기 때문에 부모들은 자녀가 어린 시절에 미리 약속을 하였습니다. 우리나라에서도 과거에 그렇게 하지 않았습니까? 어렸을 때 부모에 의해 이루어진 약속이 본인들의 의사에 의해 결정되는 단계를 '약혼'이라 부르기도 하고 '정혼'이라 부르기도 했습니다. 만약 한쪽이 상대를 싫어하면 부모의 약속은 무효화할 수 있었습니다. 그러나 일단 정(약)혼이 성립되면 절대적인 구속력을 가졌습니다. 이 기간은 1년 동안 계속되었습니다. 그 1년 동안 비록 남편과 아내의 권리는 소유하지 못하지만 다른 사람들에게는 남편과 아내로 알려졌습니다. 정혼 기간인 1년 안에 여자를 두고 남자가 죽었을 때, 사람들은 그 여자를 '과부처녀'라고 불렀습니다. 그래서 이것은 결혼과 똑같은 법적인 의미를 지녔습니다. 정혼이 깨어질 때, 파혼이라고 부르지 않고 이혼이라 불렀습니다.

소돔에 살던 롯에게 하나님이 보내신 두 천사가 찾아왔습니다. 천사들은 롯에게 소돔 사람들의 죄가 하나님 앞에 너무 커서 이곳을 멸망시키기 위해 자신들을 보내셨다고 일러 주었습니다. 그때에 롯이 보인 반응을 창세기 19장 14절은 이렇게 증거합니다.

> 롯이 나가서 그 딸들과 결혼할 사위들에게 말하여 이르기를 여호와께서 이 성을 멸하실 터이니 너희는 일어나 이곳에서 떠나라 하되 그의 사위들은 농담으로 여겼더라

롯의 두 딸에게는 결혼할 사람이 있었습니다. 롯은 천사들로부

터 소돔이 멸망하게 될 이야기를 듣고서 딸과 결혼할 사람들에게 그 사실을 알렸는데, 그들은 그 말을 농담처럼 여겼습니다. 롯의 두 딸은 아직 결혼하지 않은 정혼 상태에 있었을지라도, 롯은 그들을 '사위'라고 불렀습니다. 일반적으로 정혼의 기간이 끝날 때에 결혼식을 올렸습니다. 결혼 잔치는 1주일이나 2주일 동안 계속되었고, 이때에 두 사람은 완전한 부부가 되는 것이 유대의 법이었습니다. 가브리엘 천사가 마리아를 찾아온 일이 이 정혼 기간에 이루어졌습니다.

마리아를 찾은 가브리엘 천사가 전한 말을 28절이 이렇게 증거합니다.

> 그에게 들어가 이르되 은혜를 받은 자여 평안할지어다 주께서 너와 함께하시도다 하니

가브리엘 천사가 마리아에게 전하는 말이 심상치 않게 느껴집니다. 우리 각자가 대학교 총장이거나 고위공무원 또는 유망한 정치인이라 가정한다면, 늦은 밤에 청와대로부터 전화가 오거나 누군가가 직접 찾아 왔을 때, '드디어 때가 왔구나. 이제야 내가 장관이 되는구나' 하고 생각하실지 모르겠습니다. 그런데 저와 같은 사람에게 전화가 온다면 "전화 잘못하셨네요. 동명이인이 있나 봅니다"라고 대답하고 끊을 것입니다. 그런 일은 저와는 상관없기 때문입니다. 당시에 여인들은 대부분 조혼(早婚)을 하였습니다. 당시의 풍습대로라면 그때 마리아의 나이는 10대 중후반이었을 것입니다. 지금의 고등학교 1학년 전후입니다. 얼마나 놀랐겠습니까?

계속해서 29절이 이렇게 증거합니다.

처녀가 그 말을 듣고 놀라 이런 인사가 어찌함인가 생각하매

사가랴가 놀랐던 장면을 누가복음 1장 8-12절은 이렇게 증거합니다.

마침 사가랴가 그 반열의 차례대로 하나님 앞에서 제사장의 직무를 행할새 제사장의 전례를 따라 제비를 뽑아 주의 성전에 들어가 분향하고 모든 백성은 그 분향하는 시간에 밖에서 기도하더니 주의 사자가 그에게 나타나 향단 우편에 선지라 사가랴가 보고 놀라며 무서워하니

사가랴의 놀람의 의미는 '온몸이 떨릴 정도'입니다. 그런데 사가랴가 놀란 이유는 향단 우편에 서 있는 주의 사자 가브리엘을 보았기 때문입니다. 밤에 어두운 골목길을 종종걸음으로 걷고 있는데, 누군가가 앞에 불쑥 나타난다면 얼마나 놀라겠습니까? 사가랴의 놀람이 이와 비슷합니다.

그러나 마리아의 놀람의 의미는 사가랴의 놀람보다 더한 연유에서입니다. 온몸이 떨릴 뿐만 아니라 뼛속까지, 온 신경이 다 놀라는 것입니다. 그런데 마리아가 놀란 까닭은 가브리엘 천사의 등장보다도 천사의 말 때문이었습니다. 어두운 밤에 골목길을 걷고 있는데 누군가가 불쑥 나타나 "움직이지 마!"라며 옷을 붙잡는다면, 누군가가 앞에 나타나서 놀랐음은 아무런 문제가 아니게 됩니다. 지금 내

옷을 붙잡고 있는 사람이 누구이고, 내 옷을 붙잡은 이유는 무엇이며, 흉기가 있지는 않을까 등의 생각이 들면서 문자 그대로 모골이 서늘해질 것입니다. 마리아의 놀람이 이와 유사합니다. 그런데 마리아는 그렇게 놀라면서도 그 인사의 의미를 깊이 생각했습니다. "왜 나에게 은혜를 받은 자여 평안할지어다"라고 말했는지를 생각해 보았습니다.

우리가 성경을 읽을 때나 예배 설교 시간에 익숙한 본문이 나오면 잘 들으려고 하지 않을 때가 있습니다. 이미 잘 알고 있다고 생각하기 때문입니다. 그런 생각이 우리를 사로잡으면 하나님의 역사의 폭은 줄어들 수밖에 없습니다. 또한 익숙하지 않은 본문은 어차피 들어도 잘 모르니까 모르기로 결심하고 들을 때가 자주 있습니다. 어떤 말씀을 읽거나 들을 때에 그 말씀이 지금 내게 주는 의미가 무엇인지 생각할 수 있어야 합니다.

큐티와 같은 경건의 시간을 가질 수 있는 교재가 여러 종류 있습니다. 저는 《생명의 삶》이라는 교재로 대학교 때부터 약 6년 정도 묵상했습니다. 처음에는 그 교재로 성경 전체를 묵상하면 나중에 좋은 설교 자료가 될 수 있겠다고 생각했습니다. 그래서 그 교재의 빈 곳에다 깨알 같은 글씨를 많이 써 놓았습니다. 그러다가 신학대학원 3학년이 되어서 그때까지 묵상하던 교재들을 전부 버렸습니다. 세월이 지난 후에 과거에 묵상했던 부분을 다시 읽었더니, 그 말씀들은 그 당시 저에게 주셨던 말씀이지 지금 내게 주시는 말씀은 아니라는 판단 때문이었습니다. 오랫동안 신앙생활을 하다 보면 성경을 여러 번 읽게 되고, 동일한 본문을 여러 목사로부터 들을 수 있습니다. 그

때 하나님이 나에게 말씀하시는 데 커다란 걸림돌은 나의 선입견입니다. 언제나 우리는 지금 나에게 주시는 하나님의 메시지가 무엇인지 생각할 수 있어야 합니다.

마리아에게 가브리엘 천사가 나타나고 얼마 후, 요셉은 약혼녀 마리아가 아기를 가졌다는 사실을 알게 되었습니다. 그런데 그때 요셉에게 일어난 일을 마태복음 1장 20절은 이렇게 증거합니다.

> 이 일을 생각할 때에 주의 사자가 현몽하여 이르되 다윗의 자손 요셉아 네 아내 마리아 데려오기를 무서워하지 말라 그에게 잉태된 자는 성령으로 된 것이라

요셉은 마리아의 임신 소식으로 인해 몹시 당혹스러웠고, 근심과 두려움을 갖게 되었습니다. 하지만 요셉도 마리아처럼 동일하게 자신에게 일어난 일을 생각할 때 하나님의 사자가 꿈에 나타났습니다.

시편 기자가 시편 94편 19절에서 이렇게 고백했습니다.

> 내 속에 근심이 많을 때에 주의 위안이 내 영혼을 즐겁게 하시나이다

우리의 인생에는 근심할 수밖에 없는 일이 이곳저곳에서 다가옵니다. 그런 상황 속에 있게 될 때 가만히 하나님을 바라보고 생각해 보십시오. 틀림없이 하나님이 말씀하시는 세미한 음성을 들을 수 있을 것입니다.

오늘은 대림절 첫째 주일입니다. 대림절은 죄와 허물로 죽었던 인간을 구원하기 위해 인간으로 이 땅에 오신 예수님과 다시 오실 예수님을 기다리는 성탄 전 4주간을 가리키는 말입니다. 교회의 모든 절기는 대림절에서 시작됩니다. 대림절의 참된 의미는 아무런 조건이 없는 우리에게 예수 그리스도를 보내 주셔서 은혜 입은 자가 되었음을 수용하는 데서 시작합니다.

가브리엘 천사가 마리아를 찾아간 이유는 그녀가 이스라엘에서 가장 뛰어난 미모를 소유했기 때문이 아니었습니다. 그녀는 사회적으로 높은 위치도 아니었고, 경제적으로 거부인 집안의 규수도 아니었습니다. 더군다나 그녀가 "하나님 제가 메시아를 잉태하게 해주십시오"라고 기도드렸던 것도 아니었습니다. 하나님의 일방적인 은총이었습니다.

하나님은 우리를 찾아오실 때 우리의 조건을 보고 찾아오시지 않습니다. 우리가 "하나님 저를 좀 찾아와 주십시오"라고 요청해서 찾아와 주신 것도 아닙니다. 우리가 하나님을 기대하지 않았음은 물론이요, 오히려 하나님께 반항하고 있을 때에 우리를 찾아와 주셨습니다. 그래서 대림절은 우리가 은혜 입은 자가 되었음을 확인시켜 주는 절기입니다.

하나님의 은혜 베풀어 주심은 우리의 예상을 넘어서서 역사하실 때가 많습니다. 전혀 기대하지 않았던 사람, 상상치도 못할 상황에서 우리에게 포근하게 다가옵니다. 한센병 환자였던 아람의 나아만 장군도 기대하지 않았던 하나님의 은혜를 받았습니다. 그가 그 한센병을 고침받았던 상황을 열왕기하 5장 1-3절은 이렇게 증거합니다.

아람 왕의 군대 장관 나아만은 그의 주인 앞에서 크고 존귀한 자니 이는 여호와께서 전에 그에게 아람을 구원하게 하셨음이라 그는 큰 용사이나 나병환자더라 전에 아람 사람이 떼를 지어 나가서 이스라엘 땅에서 어린 소녀 하나를 사로잡으매 그가 나아만의 아내에게 수종들더니 그의 여주인에게 이르되 우리 주인이 사마리아에 계신 선지자 앞에 계셨으면 좋겠나이다 그가 그 나병을 고치리이다 하는지라

이 소녀의 입장에서 나아만 장군은 원수와 같은 존재입니다. 그는 전쟁을 일으켜 조국 이스라엘을 쳐들어와 온 나라를 전장으로 만든 장본인입니다. 게다가 자신과 가족들을 떼어 놓았습니다. 그 부모가 죽임을 당했는지, 다른 군인의 집으로 잡혀가 노예살이를 하고 있는지 알지 못하지만, 이 소녀가 하나님을 향해 "하나님! 나아만의 나병이 죽을 때까지 낫지 않게 해주십시오. 그리고 나병균으로 인해서 온몸에 감각이 없어지게 해주시고, 죽을 때에도 아주 고통스럽게 해주십시오"라고 금식하고 철야기도를 했어야 자연스러울 것 같습니다.

그런데 이 소녀가 자기의 여주인인 나아만 부인에게 "이스라엘 사마리아에 선지자가 한 분 계신데, 나아만 장군께서 그분에게 가면 나을 수 있을 것입니다"라고 알려 주었습니다. 겉으로만 보면 나아만 장군과 소녀는 비교가 되지 않습니다. 전승국의 장군과 패전국의 포로입니다. 나아만에게는 권력과 부가 있지만 소녀에게는 몸뚱이밖에 없습니다. 은혜가 나아만에게서 소녀에게로 흘러가야 될 것 같습니다. 그러나 주인을 긍휼히 여기는 소녀의 마음이 나아만 장군의

한센병을 낫게 했습니다.

우리의 인생을 돌아보아도 우리에게 다가왔던 하나님의 손길은 나보다 훨씬 나아 보이는 사람에게서만 온 것이 아닙니다. 때로는 나보다 낮아 보이고, 참 작은 자를 통해서 다가오기도 합니다. 심지어 우리가 알지도 못하는 사람을 통해서 손을 내밀기도 합니다.

예수 그리스도를 이 땅에 보내시는 하나님의 구원의 역사는 벽촌의 무명 여인 마리아에게서 본격적으로 시작되었습니다. 그렇다면 이 시대의 마리아들은 누구입니까? 바로 우리 각자 각자가 마리아들입니다. 마리아가 예수 그리스도를 품었던 것처럼 우리 모두는 예수 그리스도를 모신 사람들이기 때문입니다. 우리가 이런 삶을 살 수 있게 된 것은 하나님이 우리에게 은혜를 베푸셨기 때문입니다. 이 은혜를 수용하는 순간부터 우리의 인생에는 전편과 비교 자체가 불가능한 하나님이 감독하시는 하나님의 구원 사역의 속편이 시작됩니다.

갈릴리의 벽촌, 나사렛에 사는 한 여인을 찾아가셔서 그로 하여금 은혜를 입은 자가 되게 하시고, 그로 하여금 하나님의 구원 사역을 펼쳐 나가실 예수 그리스도를 잉태하게 하심으로 흑암과 불순종의 시대에 마침표를 찍게 하신 하나님 아버지!
대림절 첫째 주일을 맞아 하나님이 베푸시는 은혜 입은 사람이 되는 것은 우리가 아무리 낮은 위치에 있어도 제한이 없고, 또한 우리가 아무리 가치 없는 존재처럼 여겨질지라도 제외되지 않음을 되새기게 해주셔서 감사합니다.

우리 모두가 하나님의 은혜를 입은 사람이 되어 예수 그리스도를 품은 이 시대의 마리아들로 살아가게 하여 주옵소서. 마리아가 품은 그 주님이 이 땅의 어두움을 물리치시고 이 땅에 영원한 생명의 빛을 주신 것처럼, 우리가 품은 그리스도께서 우리를 통하여 이 땅 위에 하나님의 진리를 수놓아 주시고, 하나님의 구원의 역사를 펼쳐 주십시오. 그리하여 우리 각자의 인생이 전편 영화와 비교될 수 없는, 하나님이 감독하시는 믿음과 소망과 사랑의 속편 영화가 되게 하여 주옵소서. 예수님의 이름으로 기도드립니다. 아멘.

13.

주께서 너와
함께하시도다

누가복음 1장 26-38절

여섯째 달에 천사 가브리엘이 하나님의 보내심을 받아 갈릴리 나사
렛이란 동네에 가서 다윗의 자손 요셉이라 하는 사람과 약혼한 처녀
에게 이르니 그 처녀의 이름은 마리아라 그에게 들어가 이르되 은혜를
받은 자여 평안할지어다 **주께서 너와 함께하시도다** 하니 처녀가 그 말
을 듣고 놀라 이런 인사가 어찌함인가 생각하매 천사가 이르되 마리아
여 무서워하지 말라 네가 하나님께 은혜를 입었느니라 보라 네가 잉태
하여 아들을 낳으리니 그 이름을 예수라 하라 그가 큰 자가 되고 지극
히 높으신 이의 아들이라 일컬어질 것이요 주 하나님께서 그 조상 다윗
의 왕위를 그에게 주시리니 영원히 야곱의 집을 왕으로 다스리실 것이
며 그 나라가 무궁하리라 마리아가 천사에게 말하되 나는 남자를 알지
못하니 어찌 이 일이 있으리이까 천사가 대답하여 이르되 성령이 네게
임하시고 지극히 높으신 이의 능력이 너를 덮으시리니 이러므로 나실
바 거룩한 이는 하나님의 아들이라 일컬어지리라 보라 네 친족 엘리사
벳도 늙어서 아들을 배었느니라 본래 임신하지 못한다고 알려진 이가
이미 여섯 달이 되었나니 대저 하나님의 모든 말씀은 능하지 못하심이
없느니라 마리아가 이르되 주의 여종이오니 말씀대로 내게 이루어지이
다 하매 천사가 떠나가니라

다윗과 함께하심

하나님과 예수님을 제외하고, 성경에 가장 많이 등장하는 이름이 '다윗'인데, 1,000번도 넘게 나옵니다. 그래서 우리는 성경을 통해 다윗에 대한 이야기를 많이 알고 있습니다. 또한 예수님은 다윗의 후손으로 이 땅에 오셨습니다. 이스라엘 자손들은 다윗이 다스리던 때가 메시아의 통치시대와 흡사할 것이라고 생각했습니다. 하나님도 다윗을 왕으로 세우게 하시고 그를 향해서 "내가 이새의 아들 다윗을 만나니 내 마음에 맞는 사람이라 내 뜻을 다 이루리라"(행 13:22)고 말씀하실 정도였습니다. 그래서 다윗의 인생은 그리스도인의 삶의 샘플과도 같습니다.

하지만 다윗의 인생을 가만히 들여다보면 그의 삶에는 성공보다는 실패가, 성취보다 좌절이 훨씬 더 많아 보입니다. 다윗이 목동이었을 때, 하나님은 사무엘 선지자를 이새의 집으로 보내서 사울왕의 뒤를 이어 왕이 될 사람에게 기름을 붓도록 했습니다. 하지만 이새는 다른 아들은 다 불러 모았지만 들에서 양을 치고 있던 다윗은 부르지 않았습니다.

이스라엘과 블레셋 사이에 전쟁이 발발했을 때 다윗의 첫째, 둘째, 셋째 형이 전쟁터로 나갔습니다. 당시는 국가 조직이 완전히 형성되지 않은 시기여서 군인들은 상당량을 자급자족해야 했습니다. 이새는 막내 다윗에게 세 아들이 먹을 식량을 가져다주고 증표를 받아 오게 했습니다. 넷째부터 일곱째까지에게 심부름을 시키지 않고 막내에게 시키는 것도 이해가 되지 않지만, 형들에게 식량을 가져다 주었다는 증표(자식들이 살아 있다는 증표)를 받아 오라고 하는 것은 더욱 그러합니다. 적어도 이새에게는 막내 다윗의 생명에 관한 걱정보다는 장남, 차남, 삼남의 생명이 더 걱정되었던 것입니다. 다윗은 이 전쟁에서 이스라엘의 모든 군인들을 공포 속으로 몰아넣었던 골리앗을 물리치고 사울 왕의 무신(武臣)이 되었습니다. 하지만 다윗은 전공(戰功)을 세우고 돌아올 때 여인들이 "사울이 죽인 자는 천천이요 다윗은 만만이로다"라고 부른 노래로 인해 사울 왕의 눈 밖에 나게 되었고, 급기야 도망 다니는 신세가 되었습니다.

다윗은 왕이 되고서 한동안 승승장구했습니다. 하지만 충신 우리아 장군의 아내인 밧세바와의 동침 사건으로 많은 고통을 겪어야 했습니다. 자식이 자식을 성폭행했다는 소식도 들어야 했고, 자식이 자식을 살해하는 비극도 겪어야 했습니다. 또한 자식에게 쿠데타를 당해서 극한의 슬픔과 수치심의 표현으로 자기 옷으로 머리를 가리고, 신을 신지도 않은 채로 피난을 가야 했습니다.

또한 다윗은 치세 말년에 자신의 왕권을 더 강화하고, 군사력을 더 크게 하기 위해서 인구조사를 실시했습니다. 이것은 단순한 인구조사를 넘어서 하나님을 신뢰하기보다 군사력을 의지하겠다는 것과도 같았습니다. 이로 인해서 이스라엘 전역에 전염병이 돌아서 7만 명이 목숨을 잃고 말았습니다.

이런 인생의 과정을 통해 다윗은 자신의 삶이 자기의 손 안에 있지 않고 하나님의 손 안에 있으며, 그 무엇보다 하나님이 함께하심이 지고(至高)의 복이며, 그분과의 동행보다 더 나은 삶이 없음을 깨달았습니다. 그래서 다윗은 이렇게 노래합니다. 시편 23편 1-6절입니다.

여호와는 나의 목자시니 내게 부족함이 없으리로다 그가 나를 푸른 풀밭에 누이시며 쉴 만한 물 가로 인도하시는도다 내 영혼을 소생시키시고 자기 이름을 위하여 의의 길로 인도하시는도다 내가 사망의 음침한 골짜기로 다닐지라도 해를 두려워하지 않을 것은 주께서 나와 함께하심이라 주의 지팡이와 막대기가 나를 안위하시나이다 주께서 내 원수의 목전에서 내게 상을 차려 주시고 기름을 내 머리에 부으셨으니 내 잔이 넘치나이다 내 평생에 선하심과 인자하심이 반드시 나를 따르리니 내가 여호와의 집에 영원히 살리로다

이 시편 23편이 다윗의 인생 전체의 신앙고백과도 같기에 우리의 인생 단계 단계에서도 동일하게 신앙으로 고백하게 됩니다. 그래서 이 시편은 우리가 어떤 연령대에 있든지 깊이 새겨집니다. 갓 태어나거나 첫돌을 맞은 아기에게 들려주어도 감동이 됩니다. 그 아기가 자라서 초·중·고·대학교에 입학하고 졸업할 때 읽어 주어도 감사가 되고, 입대하거나 취직, 결혼할 때 읽어도 감동이 됩니다. 결혼 10주년, 20주년, 30주년에 읽어도 미소가 지어지고, 환갑을 맞거나 칠순, 팔순이 되어 읽어도 감사가 됩니다. 그뿐만 아니라, 내가 세상적인 기준으로 성공한 것처럼 보일 때 주위에 밀물처럼 몰려들었던 사람들이 내가 세상적인 평가로 실패하였거나 모든 것에서 물러나 있을 때 썰물처럼 빠져나가 오직 홀로인 것처럼 여겨질 때도 이 말씀은 마음 깊은 곳에서 힘이 됩니다. 배우자와 이혼이나 사별로 홀로 되었을 때도, 심지어 장례식장에서도 이 말씀은 위로가 됩니다.

이 말씀이 인생의 어떤 연령대와 상황에서도 격려와 용기, 소망

이 됨은 '하나님이 함께하심'은 언제나 진실이기 때문입니다.

우리와 함께하심

성전의 지성소에서 분향하는 직무를 행하던 제사장 사가랴를 찾아오셨던 가브리엘 천사는, 사가랴의 아내가 임신한 지 6개월이 지난 후에 갈릴리의 벽촌 나사렛에 사는 마리아라는 처녀를 찾아오셨습니다. 오늘 본문 28, 29절이 이렇게 증거합니다.

그에게 들어가 이르되 은혜를 받은 자여 평안할지어다 주께서 너와 함께하시도다 하니 처녀가 그 말을 듣고 놀라 이런 인사가 어찌함인가 생각하매

가브리엘 천사의 방문을 받은 마리아가 뼛속 깊이까지 놀란 이유는 단순히 천사를 보았기 때문이 아니라 그의 인사말 때문이었습니다. 그 인사말 중에서도 "은혜를 받은 자여 평안할지어다"보다 뒤이어 한 "주께서 너와 함께하시도다" 때문이었습니다.

우리에게는 "주께서 너와 함께하시도다"가 그렇게 크게 느껴지지 않을 수 있고, 이 말이 왜 마리아로 하여금 그렇게 놀라게 하고, 또 그렇게 깊은 생각 속에 빠져들게 했는지 빨리 이해가 되지 않을 수 있습니다. 이 말씀은 구약성경과 깊은 관련이 있습니다.

하나님은 아브람이 75세였을 때 부르셔서 "너의 고향과 친척과

아버지의 집을 떠나 내가 네게 보여 줄 땅으로 가라"고 하셨습니다. 하나님은 아브람으로 하여금 큰 민족을 이루게 하시고, 이름을 크게 해주시어 복이 되게 하시겠다고 약속하셨습니다. 하지만 아브람과 아내 사래의 나이는 점점 들어가는데, 하나님의 약속은 이루어질 기미가 보이지 않았습니다. 아브람은 부르심을 받은 지 10년이 지나도 하나님이 자식을 낳도록 해주지 않으시자, 사래의 몸종이었던 하갈을 통해서 아들 이스마엘을 얻었습니다. 그러고는 이스마엘을 키우는 재미에 푹 빠져 살았습니다. 아브람이 99세가 되었을 때 하나님이 다시 나타나셔서 이렇게 말씀하셨습니다. 창세기 17장 1-5절이 이렇게 증거합니다.

> 아브람이 구십구 세 때에 여호와께서 아브람에게 나타나서 그에게 이르시되 나는 전능한 하나님이라 너는 내 앞에서 행하여 완전하라 내가 내 언약을 나와 너 사이에 두어 너를 크게 번성하게 하리라 하시니 아브람이 엎드렸더니 하나님이 또 그에게 말씀하여 이르시되 보라 내 언약이 너와 함께 있으니 너는 여러 민족의 아버지가 될지라 이제 후로는 네 이름을 아브람이라 하지 아니하고 아브라함이라 하리니 이는 내가 너를 여러 민족의 아버지가 되게 함이니라

하나님은 아브람에게 '내 앞에서 행하여 완전하라'고 하셨습니다. 그것은 아브람의 지금까지의 삶이 하나님 앞에서 행한 것도 아니었고, 온전하게 행한 것도 아니었다는 의미였습니다.

만약 학교 수업시간 중에 선생님이 몇몇 학생들에게 "야! 뒤에

앉은 너희들 그럴래?"라고 말한다면 그것은 단지 학생들이 뒤쪽에 앉아 있다는 의미만이 아닙니다. 그것은 "수업시간에는 학생들끼리 쳐다보며 키득대서는 안 되고, 앞을 보고 선생님의 가르침에 집중해야 바른 거야"라는 의미입니다.

하나님은 '존귀한 아버지'라는 의미의 '아브람'이라는 이름을 '많은 무리의 아버지'라는 의미의 '아브라함'으로 바꾸어 주시며, '내 언약이 너와 함께 있다'고 처음 부르심을 상기시켜 주셨습니다. 지금 아브라함에게는 적자(嫡子)가 한 명도 없습니다. 사래의 몸종 하갈을 통해서 태어난 이스마엘이 아브라함에게 아버지라고 부르는 유일한 사람입니다. 그럼에도 하나님은 수많은 민족에 속한 사람들이 그분을 아버지라고 부르게 해주시겠다고 약속하는 것입니다.

하나님은 아브라함의 아들 이삭에게도 이렇게 말씀하셨습니다. 창세기 26장 1-4절이 이렇게 증거합니다.

> 아브라함 때에 첫 흉년이 들었더니 그 땅에 또 흉년이 들매 이삭이 그랄로 가서 블레셋 왕 아비멜렉에게 이르렀더니 여호와께서 이삭에게 나타나 이르시되 애굽으로 내려가지 말고 내가 네게 지시하는 땅에 거주하라 이 땅에 거류하면 내가 너와 함께 있어 네게 복을 주고 내가 이 모든 땅을 너와 네 자손에게 주리라 내가 네 아버지 아브라함에게 맹세한 것을 이루어 네 자손을 하늘의 별과 같이 번성하게 하며 이 모든 땅을 네 자손에게 주리니 네 자손으로 말미암아 천하 만민이 복을 받으리라

아브라함이 75세에 부르심을 받아 가나안 땅으로 왔을 때, 첫

흉년이 들었습니다. 아브라함은 175년을 살았는데, 그가 세상을 떠났던 해에 흉년이 들었습니다. 이삭은 아브라함이 100세 때에 태어났기 때문에 이삭의 나이도 75세입니다. 그러니까 100년 전에 들었던 흉년이 또다시 들었습니다. 그때 이삭은 그랄로 가서 거기에서 애굽으로 내려가려고 했습니다. 하지만 하나님은 애굽으로 가지 말고 내가 지시하는 땅에 거주하라고 하셨습니다. 100년 전에 아버지 아브라함이 애굽으로 내려갔다가 낭패를 당한 적이 있었는데, 그 일이 아들의 때에 반복해서 일어나지 않도록 하나님이 미리 막아 주시는 것입니다. 그리고 하나님은 아브라함을 부르실 때에 주셨던 약속, "내가 너와 함께 있겠고, 네게 복을 주고, 네 자손이 하늘의 별과 같이 번성하게 하며, 이 땅을 네 자손에게 주겠다"라고 동일하게 말씀하셨습니다.

하나님은 이삭의 아들인 야곱에게도 이렇게 말씀하셨습니다. 창세기 28장 13-15절이 이렇게 증거합니다.

또 본즉 여호와께서 그 위에 서서 이르시되 나는 여호와니 너의 조부 아브라함의 하나님이요 이삭의 하나님이라 네가 누워 있는 땅을 내가 너와 네 자손에게 주리니 네 자손이 땅의 티끌같이 되어 네가 서쪽과 동쪽과 북쪽과 남쪽으로 퍼져 나갈지며 땅의 모든 족속이 너와 네 자손으로 말미암아 복을 받으리라 내가 너와 함께 있어 네가 어디로 가든지 너를 지키며 너를 이끌어 이 땅으로 돌아오게 할지라 내가 네게 허락한 것을 다 이루기까지 너를 떠나지 아니하리라 하신지라 야곱은 눈이 어두운 아버지 이삭을 속여 형이 받아야 할 축복을 대신 받고, 외삼촌 라반의 집으로 도망가고 있었습니다. 날이 저물어 돌을 베개 삼아 잠을 잘 때에 꿈에 하나님이 주신 말씀이었습니다. 하나님은 할아버지와 아버지에게 하신 약속이 야곱에게도 여전히 유효하다고 말씀하시며, "내가 너와 함께 있어 네가 어디로 가든지 너를 지키고, 네게 허락한 것을 다 이룰 때까지 너를 떠나지 않겠다"고 하셨습니다. 아브라함, 이삭, 야곱이 하나님의 사람으로 살아갈 수 있었던 것은 하나님이 함께하신 결과였습니다.

하나님이 이스라엘 자손들을 애굽에서 벗어나게 하시기 위해 먼저 모세를 부르셔서 이렇게 말씀하셨습니다. 출애굽기 3장 12절이 이렇게 증거합니다.

> 하나님이 이르시되 내가 반드시 너와 함께 있으리라 네가 그 백성을 애굽에서 인도하여 낸 후에 너희가 이 산에서 하나님을 섬기리니 이것이 내가 너를 보낸 증거니라

또한 모세가 죽은 후에 여호수아에게도 이렇게 말씀하셨습니다. 여호수아서 1장 2절과 5절이 이렇게 증거합니다.

> 내 종 모세가 죽었으니 이제 너는 이 모든 백성과 더불어 일어나 이 요단을 건너 내가 그들 곧 이스라엘 자손에게 주는 그 땅으로 가라

> 네 평생에 너를 능히 대적할 자가 없으리니 내가 모세와 함께 있었던

것같이 너와 함께 있을 것임이니라 내가 너를 떠나지 아니하며 버리지
아니하리니

하나님의 함께하심은 출애굽의 시작이었고, 과정이었고, 완결
이었습니다.

가브리엘 천사를 통해서 마리아에게 들려진 "주께서 너와 함께
하시도다"는 단순한 인사말이 아니라, 하나님이 마리아를 통해서 이
루기를 원하시는 일이 있다는 의미였습니다. 이것을 마리아가 모르
지 않았을 것입니다. 그래서 마리아는 뼛속 마디마디까지 놀라지 않
을 수 없었습니다. 자신은 사람들에게 천대받는 직업을 가진 목수와
정혼한 여인에 불과하기에, 자신에게는 하나님이 특별한 일을 위해
서 택하실 이유가 전혀 없다고 생각했기 때문이었습니다.

이처럼 마리아는 놀라고 당황하며 의아해하고 있는데, 가브리
엘 천사가 들려준 말은 청천벽력과도 같았습니다. 30, 31절이 이렇
게 증거합니다.

천사가 이르되 마리아여 무서워하지 말라 네가 하나님께 은혜를 입었느
니라 보라 네가 잉태하여 아들을 낳으리니 그 이름을 예수라 하라

가브리엘 천사는 사가랴 가정에 아기가 태어난다는 소식을 전
했습니다. 하지만 나이 많은 할아버지와 할머니에게는 믿기 힘든 이
야기였습니다. 그래서 사가랴는 제사장이었을지라도 그 사실을 믿
지 못해서 그만 말문이 닫히고 말았습니다. 하지만 마리아에게 가지

고 온 소식은 그것과 비교할 수 없을 정도로 놀라웠습니다. 처녀가 남자를 통하지 않고 아들을 낳게 된다는 소식이었습니다.

다음 주에 상세히 살펴보겠지만, 마리아가 낳은 그분이 우리에게 영원한 생명을 주셨습니다. 처녀로 하여금 잉태하게 하시는 하나님의 역사는 한계를 가진 인간은 결코 이해할 수 없습니다. 하지만 하나님은 마리아와 함께하심으로 그 일을 행하셨습니다.

사도 바울이 보낸 마지막 서신이자, 바울의 유언서라고 불리는 디모데후서 4장 16-18절은 이렇게 증거합니다.

내가 처음 변명할 때에 나와 함께한 자가 하나도 없고 다 나를 버렸으나 그들에게 허물을 돌리지 않기를 원하노라 주께서 내 곁에 서서 나에게 힘을 주심은 나로 말미암아 선포된 말씀이 온전히 전파되어 모든 이방인이 듣게 하려 하심이니 내가 사자의 입에서 건짐을 받았느니라 주께서 나를 모든 악한 일에서 건져 내시고 또 그의 천국에 들어가도록 구원하시리니 그에게 영광이 세세무궁토록 있을지어다 아멘

지금은 사도 바울이 전 세계의 모든 그리스도인들에게 신실한 그리스도인의 표상입니다. 하지만 생전에는 인간적으로 좋은 대접을 받지 못했고, 많은 고난을 겪었습니다. 심지어 동역했던 사람들로부터 외면당하기도 했습니다. 사역 초기에 외면을 당하면 다른 사람과 함께 다시 시작하면 되지만, 그는 사역 말기에도 외면을 당했습니다. 그때 그는 "주님이 내 곁에 서서 나에게 힘을 주셨습니다"라고 고백했습니다. 주님이 바울 곁에 서서 힘을 주심은 그의 사역 시작의 고

백이었고, 중간의 고백이었고, 마지막의 고백이었습니다. 이것은 우리 신앙의 처음과 중간과 마지막의 고백이기도 합니다.

오늘은 대림절 둘째 주일입니다. 대림절은 우리와 영원히 함께하시기 위해 오시는 예수 그리스도를 기다리는 절기입니다. 마리아를 찾아왔던 가브리엘 천사는 그와 정혼한 남편 요셉도 찾아가 마리아에게 잉태된 분은 성령으로 잉태되었다며, 이렇게 말했습니다. 마태복음 1장 23절입니다.

> 보라 처녀가 잉태하여 아들을 낳을 것이요 그의 이름은 임마누엘이라 하리라 하셨으니 이를 번역한즉 하나님이 우리와 함께 계시다 함이라

"하나님이 우리와 함께 계시다 함이라." 처녀가 남자를 통하지 않고 아기를 낳았음이 기적이라고 합니다. 주님을 믿지 않는 사람들은 그것이 어떻게 가능하냐고 어떻게 믿을 수 있느냐고 반문합니다. 그런데 처녀가 아기를 낳는 일보다 더 큰 기적과 더 믿을 수 없는 일은 영원한 하나님과 동등하신 분이 유한한 인간으로 오셨다는 사실입니다. 이것은 인간인 우리가 개나 고양이를 구원하기 위해 개나 고양이가 되는 것과도 비교될 수 없고, 파리나 모기 심지어 하루살이를 구원하기 위해 그런 곤충이 되는 것과도 비교될 수 없습니다. 10여 년을 사는 개나 고양이에 비해서 인간의 수명은 5, 6배 기니까 오래 사는 것처럼 보입니다. 또 불과 2, 3주 사는 파리나 모기에 비해서 인간은 1,000배도 넘게 사니까, 파리나 모기가 보기에 인간은 영원히 사는 것처럼 보일 것입니다. 그래서 개나 고양이는 자기 주인인 인간

을 이해하지 못합니다. 파리와 모기에게 인간은 자기 상상 밖의 존재입니다. 하지만 '영원' 앞에서 인간의 수명 80년이나, 개나 고양이의 수명 10년이나, 파리나 모기의 수명 3주는 모두 한 점에 불과합니다. 그리고 인간이나 개와 고양이, 파리와 모기가 유한하기는 모두 똑같습니다. 그러니 어떻게 영원하신 분이 유한한 인간으로 오시는 것을 유한한 우리가 이해할 수 있겠습니까?

처녀가 잉태하는 기적보다, 영원하신 분이 유한한 인간으로 오시는 기적보다 더 큰 기적은 인간으로 오신 그분이 죄인인 우리를 영원히 살리기 위해 십자가에서 대속의 죽음을 당하시고 부활하셔서, 지금 우리와 함께하고 계심이 믿어진다는 것입니다.

주님이 우리와 함께하심을 통해 우리는 이 땅의 모든 고통과 슬픔을 감사와 기쁨으로 승화시킬 수 있고, 하나님이 이루어 내시기 원하시는 일의 통로로 사용될 수 있으며, 우리에게 주어진 삶을 신실하게 살아 낼 수 있습니다.

마리아를 찾았던 가브리엘 천사가 말씀을 통해서 대림절 둘째 주일을 맞은 우리에게도 말씀하십니다.

"주께서 너와 함께하시도다."

하나님 아버지!

다윗이 인생의 크고 작은 난관을 이겨 내고, 믿음의 사람이 되고, 예수님의 조상이 되고, 시편을 기록할 수 있었던 것은 오직 하나님의 함께하심으로 인함입니다. 아브라함이 믿음의 조상이 되고 복의 통

로가 되었음도, 이삭이 언약의 연결고리가 되었음도, 형과 아버지를 속이는 인생을 살았던 야곱이 열두 지파의 조상이 되었음도 오직 하나님이 함께하여 주셨기 때문입니다.

모세와 여호수아가 이스라엘 자손들을 인도하여 출애굽을 하고 가나안 땅에 살게 할 수 있었던 것도 전적으로 하나님이 함께하심의 결과였습니다. 예수님을 그리스도라 인정하지 않고 예수 믿는 사람들을 그렇게 싫어했던 바울이 다메섹으로 가는 길에 부르심을 입고 비록 함께했던 사람들로부터 외면을 당할지라도 한평생 끝까지 달려갈 길을 마칠 수 있었던 것도 하나님이 함께하셨기 때문입니다. 목수와 정혼할 정도로 작고 연약한 마리아가 예수 그리스도의 육신의 어머니가 된 것도 하나님이 함께하셨기 때문입니다.

대림절 둘째 주일을 맞아 주께서 우리와 함께하고 계심을 확인하게 해주셔서 감사합니다. 주님의 함께하심이 우리 인생에 이는 폭풍도 능히 이기게 하시고, 사람들로부터 외면당할 때에도 능히 견디게 하시며, 우리의 연약함에 침몰당하지 않게 하는 승리의 원동력이 되게 하여 주옵소서. 그리하여 우리와 영원히 함께하시기 위해 오시는 주님을 기다리는 이 대림절이 우리에게 소망의 절기가 되게 하여 주옵소서. 예수님의 이름으로 기도드립니다. 아멘.

14.

그 나라가
무궁하리라

누가복음 1장 26-38절

여섯째 달에 천사 가브리엘이 하나님의 보내심을 받아 갈릴리 나사
렛이란 동네에 가서 다윗의 자손 요셉이라 하는 사람과 약혼한 처녀
에게 이르니 그 처녀의 이름은 마리아라 그에게 들어가 이르되 은혜를
받은 자여 평안할지어다 주께서 너와 함께하시도다 하니 처녀가 그 말
을 듣고 놀라 이런 인사가 어찌함인가 생각하매 천사가 이르되 마리아
여 무서워하지 말라 네가 하나님께 은혜를 입었느니라 보라 네가 잉태
하여 아들을 낳으리니 그 이름을 예수라 하라 그가 큰 자가 되고 지극
히 높으신 이의 아들이라 일컬어질 것이요 주 하나님께서 그 조상 다윗
의 왕위를 그에게 주시리니 영원히 야곱의 집을 왕으로 다스리실 것이
며 **그 나라가 무궁하리라** 마리아가 천사에게 말하되 나는 남자를 알지
못하니 어찌 이 일이 있으리이까 천사가 대답하여 이르되 성령이 네게
임하시고 지극히 높으신 이의 능력이 너를 덮으시리니 이러므로 나실
바 거룩한 이는 하나님의 아들이라 일컬어지리라 보라 네 친족 엘리사
벳도 늙어서 아들을 배었느니라 본래 임신하지 못한다고 알려진 이가
이미 여섯 달이 되었나니 대저 하나님의 모든 말씀은 능하지 못하심이
없느니라 마리아가 이르되 주의 여종이오니 말씀대로 내게 이루어지이
다 하매 천사가 떠나가니라

나라의 특징

현재 유엔에 가입된 나라는 모두 193개국입니다. 이 세상에 있는 모든 나라는 몇 가지 공통적인 특징이 있습니다.

첫째로, 한 나라와 다른 나라 사이에는 두 나라를 구분하는 국경선이 있습니다. 철조망으로 표시하든 나무를 심어서 표시하든 땅에 금을 그어 표시하든 국경의 안쪽과 바깥쪽은 명백한 차이가 있습니다. 예전에 두만강에 있는 중국과 북한을 잇는 다리를 본 적이 있습니다. 다리에 페인트가 칠해져 있었는데 중간쯤에서 북한 쪽은 푸른색, 중국 쪽은 붉은색이었습니다. 그 중간 지점이 북한과 중국의 국경선입니다. 어떤 나라이든 국경을 통과할 때 국경 검문소나 국경 세관에서 여권을 보여 달라고 하면 보여 주어야 하고, 자동차 트렁크나 가방을 열라고 하면 반드시 열어야 합니다. 국경은 이 나라 국민과 저 나라 국민을 구분합니다.

둘째로, 한 나라의 국민은 같은 통치자의 다스림 속에 있고, 같은 법을 지키며 삽니다. 대통령이든 왕이든 수상(首相)이든 국가원수가 없는 나라는 없습니다. 모든 국민은 국가원수를 정점으로 묶여 있는 사람들입니다. 우리나라를 비롯한 대부분의 나라에서는 운전할 때 오른쪽 도로를 따라서 합니다. 하지만 영국이나 호주, 뉴질랜드, 일본, 인도네시아 등의 나라에서는 왼쪽 도로를 따라서 운전합니다. 만약 우리나라에서 어떤 사람이 운전할 때에 왼쪽 도로를 따라서 가야 한다고 우긴다면 그는 대한민국 국민이 아닌 외국인일 것입니다. 또 우리나라에서는 신학기를 3월에 시작합니다. 어떤 사람이 만약 자기 자녀는 9월에 입학시켜야 한다고 주장한다면 그 역시 대한민국 국민이 아닌 외국인일 것입니다.

셋째로, 한 나라의 국민은 국가와 운명을 같이하고, 국가적인 일에 함께 공감합니다. 1936년 제11회 베를린올림픽 마라톤 경기에서 손기정 선수가 금메달을, 남승룡 선수가 동메달을 수상했습니다. 그들은 모두 대한민국에서 태어나고 자랐지만 그들의 가슴에는 태극기가 아닌 일장기가 달려 있었습니다. 당시 대한민국은 일제에 강점을 당해 국가가 없어졌기 때문에 대한민국 국민도 없었습니다. 또 〈터미널〉이라는 영화를 보면 동유럽의 소국 크라코지아 출신의 빅터라는 사람이 아버지의 소원을 들어드리기 위해 부푼 꿈을 안고 뉴욕 케네디국제공항으로 향합니다. 그런데 도중에 자국에서 내전이 일어나 그의 나라가 없어지자 그의 여권은 무용지물이 되고 맙니다. 영화는 미국으로 입국하지도 못하고 조국으로 귀국하지도 못해 공항에 머물러 사는 무국적자 빅터의 9개월 동안의 모습을 그리고 있습니다.

또 만약 대한민국 축구 국가대표팀이 월드컵에서 우승을 하게 된다면 대표선수들만이 아니라 우리 모두도 함께 기뻐합니다. 우리가 경기장에서 공을 한 번 찬 적도 없고, 국가대표 선수가 뛰는 경기장에서 함성 한 번 지르지 않았어도 대표선수의 우승은 대한민국의 우승이 됩니다. 우리가 경기장에서 뛴 선수들과 동일한 국민이기 때문입니다. 또한 국가적으로 망신스러운 일이 일어나면, 우리는 그 일이 일어나는지도 몰랐을지라도 동일하게 수치를 느낍니다. 같은 국민이기 때문입니다.

주님이 다스리시는 나라

오늘 본문은 우리가 대한민국 국민일 뿐만이 아니라 또 어떤 나라에서, 어떤 분의 다스림을 받고 있는지에 대해 말씀하고 있습니다. 가브리엘 천사는 제사장 사가랴의 가정을 찾은 이후에 갈릴리의 벽촌, 구약성경에 한 번도 등장하지 않았던 작은 마을인 나사렛에 사는 마리아를 방문했습니다. 가브리엘 천사는 마리아에게 의미심장하게 "은혜를 받은 자여 평안할지어다 주께서 너와 함께하시도다"라고 인사하고는, 그 이전에도 없었고 그 이후에도 없을 소식을 전해 주었습니다. 오늘 본문 30, 31절이 이렇게 증거합니다.

> 천사가 이르되 마리아여 무서워하지 말라 네가 하나님께 은혜를 입었느니라 보라 네가 잉태하여 아들을 낳으리니 그 이름을 예수라 하라

가브리엘 천사가 마리아에게 전해 준 소식은 유한한 인간인 처녀가, 그것도 남자를 통하지 않고서 영원하신 하나님의 아들을 낳게 된다는 것이었습니다. 바다는 강을 품을 수 있고, 강은 시내를 품을 수 있습니다. 바다는 강보다, 강은 시내보다 비교할 수 없을 정도로 크기 때문입니다. 그러나 강은 결코 바다를 품을 수 없고, 시내는 강을 품을 수 없습니다. 무한하신 하나님은 유한한 인간을 품으십니다. 하나님은 인간과 비교 자체가 불가능할 만큼 크신 분이기 때문입니다. 그런데 마리아에게 들려진 잉태 소식은, 유한한 인간이 무한하신 하나님을 품는다는 것이었습니다. 그래서 마리아는 놀라지 않

을 수 없었고, 두려워하지 않을 수 없었습니다. 마리아가 품었다가 낳게 될 아기 예수님이 어떤 분이신지를 32절 상반절이 이렇게 증거합니다.

그가 큰 자가 되고 지극히 높으신 이의 아들이라 일컬어질 것이요

마리아를 통해 태어날 아기는 "큰 자"가 된다고 하십니다. 주님이 오시는 길을 준비하는 소명을 받게 될 요한에 대해 1장 15절에서 이렇게 표현합니다. "이는 그가 주 앞에 큰 자가 되며." 요한은 주님 앞에서 큰 자, 다시 말해 주님이 보시기에 큰 인물이었습니다. 그러나 요한은 사람들 앞에서는 또는 사람들이 보기에는 큰 인물이 아니었습니다. 요한은 평생을 낙타의 거친 털로 만든 옷을 입었고, 가난한 사람들이 주로 먹었던 메뚜기와 석청(야생 꿀)을 주식으로 삼았으며, 유대 광야가 주거지였기 때문이었습니다. 그러나 요한은 주님으로 인해서 큰 자가 되었습니다. 하지만 마리아를 통해서 태어나는 예수님은 누구로 인해서 큰 자가 되는 분이 아니라 본질적으로 영원히 크신 분입니다. 또한 마리아를 통해서 태어날 아기는 '지극히 높으신 이의 아들'이라고 하십니다.

본문에서 말하는 '아버지와 아들'은 '서열'의 개념이 아니라 '동등'의 개념입니다. 그래서 '지극히 높으신 이의 아들'은 아기 예수님도 '지극히 높으신 분'이라는 의미입니다. 당시 사람들은 마리아를 통해서 태어난 아들이 '지극히 높으신 하나님의 아들'이라는 사실을 결코 믿지 못했을 것입니다. 더구나 낮고 낮은 직업 가운데 하나인

목수와 정혼할 정도에 불과한 처녀를 통해 지극히 높으신 하나님이 당신의 아들을 보내시리라고는 상상도 못했을 것입니다. 하지만 하나님은 인간의 한계를 초월하실 수 있는 분입니다.

예수님이 공생애를 시작할 때 요한에게 세례를 받으셨습니다. 그때 하늘에서 이런 음성이 들렸습니다. 마태복음 3장 16, 17절이 이렇게 증거합니다.

> 예수께서 세례를 받으시고 곧 물에서 올라오실새 하늘이 열리고 하나님의 성령이 비둘기같이 내려 자기 위에 임하심을 보시더니 하늘로부터 소리가 있어 말씀하시되 이는 내 사랑하는 아들이요 내 기뻐하는 자라 하시니라

하나님이 세례를 받는 예수님이 당신의 아들이라고 말씀하셨습니다. 또한 예수님이 이 땅에서 떠날 때가 얼마 남지 않았음을 아시고 기도하시기 위해, 베드로와 요한, 야고보를 데리고 산으로 가셨을 때였습니다. 거기에서 예수님의 용모가 변화되고 입으신 옷은 희어져 광채가 났습니다. 예수님은 모세와 엘리야와 함께 예루살렘에서의 죽으심에 대해 이야기를 나누셨는데, 그 모습이 얼마나 찬란하였는지 베드로는 졸다가 깨어나 자신들이 주님과 모세와 엘리야를 위해 초막 세 개를 지어드릴 테니 이곳에 계속 머물러 살자고 요청했습니다. 그때 구름 속에서 이런 음성이 들렸습니다. 누가복음 9장 35절부터 36절 상반절입니다.

구름 속에서 소리가 나서 이르되 이는 나의 아들 곧 택함을 받은 자니 너희는 그의 말을 들으라 하고 소리가 그치매 오직 예수만 보이더라

이번에도 하나님은 예수님을 향해 "나의 아들"이라고 하셨습니다. 즉 하나님은 예수님의 공생애 초기와 말기에 그분이 하나님의 아들이심을 증언해 주셨습니다. 하나님만이 예수님이 하나님의 아들임을 말씀하신 것은 아니었습니다. 예수님은 공생애를 40일 금식으로 시작하셨습니다. 그 금식이 끝났을 때 마귀가 찾아와 세 번을 시험했는데, 두 번을 이런 말로 유혹하였습니다. 누가복음 4장 3절과 9절이 이렇게 증거합니다.

마귀가 이르되 네가 만일 하나님의 아들이어든 이 돌들에게 명하여 떡이 되게 하라

또 이끌고 예루살렘으로 가서 성전 꼭대기에 세우고 이르되 네가 만일 하나님의 아들이어든 여기서 뛰어내리라

마귀가 예수님께 "네가 만일 하나님의 아들이어든"이라고 말하는 것은 예수님이 어떤 분이신지 몰랐기 때문에 하는 말이 아니었습니다. "당신은 영원한 하나님과 동등한 존재가 아니냐? 그렇다면 이 돌들에게 명해서 떡이 되게 할 수 있지 않느냐? 그것을 해보라", "당신은 지극히 높으신 이와 같은 존재가 아니냐? 그렇다면 이 성전 꼭대기에서 뛰어내리는 일이 아무것도 아니지 않느냐? 한번 뛰어내려

보라"는 의미입니다. 예수님의 지극히 높으신 이의 아들 되심은 하나님의 정반대 편에 있는 사탄을 통해서도 입증되었습니다.

지극히 높으신 이의 아들이신 예수님이 어떤 역할을 하게 되시는지를 32절 하반절부터 33절이 이렇게 증거합니다.

주 하나님께서 그 조상 다윗의 왕위를 그에게 주시리니 영원히 야곱의 집을 왕으로 다스리실 것이며 그 나라가 무궁하리라

다윗 왕의 후손으로 오신 예수님은 그 왕권을 가지시고, 야곱의 집의 왕이 되신다고 하십니다. '야곱의 집'은 표면적으로는 '이스라엘 백성 전체'이고 실제적으로는 그리스도를 구주로 수용하는 모든 성도들, 즉 '영적 이스라엘 백성'을 의미합니다. 예수 그리스도께서 이 땅에 오시기 약 700년 전에, 이사야 선지자는 주님에 대해 이렇게 선포했습니다. 이사야 9장 6절이 이렇게 증거합니다.

이는 한 아기가 우리에게 났고 한 아들을 우리에게 주신 바 되었는데 그의 어깨에는 정사를 메었고 그의 이름은 기묘자라, 모사라, 전능하신 하나님이라, 영존하시는 아버지라, 평강의 왕이라 할 것임이라

인간으로 오실 예수님에 대해 이사야 선지자의 첫 묘사는 '통치권을 메었다'는 의미의 '그의 어깨에 정사'입니다. 예수 그리스도만이 우리의 참된 통치자가 되어 주십니다. 그리고 이사야 선지자는 예수님에 대한 호칭을 '기묘자와 모사', '전능하신 하나님', '영존하시

는 아버지'에 이어서 마지막으로 '평강의 왕'이라고 합니다. 세상의 왕들이 절대 권력으로 아무리 광활한 영토를 다스리고 막강한 군사력을 자랑한다 할지라도 그들이 하나님과 인간 사이에 막힌 담을 헐어 평화를 누리게 해줄 수 없고, 사람과 사람 사이에 있는 불신의 늪을 메워 줄 수 없습니다. 오직 아기로 태어나신 예수 그리스도만이 하나님과 사람 사이에 있는 막힌 담을 헐어 주실 수 있고, 인간과 인간 사이에 있는 불신의 늪을 메워 주실 수 있습니다. 그래서 예수님만이 평강의 왕이 되십니다.

지극히 높으신 이의 아들이자, 왕이신 예수님이 다스리시는 나라가 얼마나 지속될지를 33절이 이렇게 증거합니다.

영원히 야곱의 집을 왕으로 다스리실 것이며 그 나라가 무궁하리라

예수 그리스도께서 영원하신 분이기 때문에 그 나라도 무궁하다고 합니다. 예수님이 오시기 전에 여러 제국들이 있었습니다. 북이스라엘을 무너뜨렸던 앗수르제국, 남유다를 패망하게 한 바벨론제국, 포로민의 자손이면서 왕비가 된 에스더와 왕의 술관원이 되었던 느헤미야가 살았던 페르시아제국, 예루살렘 성전을 제우스 신전으로 바꾸고 돼지 피로 제사를 드려 하나님의 이름을 모독했던 헬라제국은 모두 한때 영원할 것 같은 맹위를 떨쳤지만 그들은 모두 사라지고 말았습니다. 예수께서 태어나던 당시 로마제국은 유럽과 아시아, 아프리카에서까지 기세등등하였습니다. 하지만 2000년이 지난지금은 그 흔적만 남아 관광객들의 발에 밟히고 있습니다. 그 이후

에도 숱한 제국들이 일어났지만 모두 사라지고 말았습니다. 인간이 만드는 제국이 유한할 수밖에 없는 까닭은 인간이 유한하기 때문입니다.

오늘은 대림절 셋째 주일입니다. 대림절은 우리를 영원히 다스려 주시기 위해서 오시는 주님을 기다리는 절기입니다. 세상 나라에 국경이 있듯이, 눈에는 보이지 않는다 할지라도 주님의 나라에도 국경이 있습니다. 주님이 우리를 다스려 주시기 위해 우리를 주께서 다스리시는 국경 안으로 옮겨 주셨습니다. 골로새서 1장 13, 14절이 이렇게 증거합니다.

그가 우리를 흑암의 권세에서 건져 내사 그의 사랑의 아들의 나라로 옮기셨으니 그 아들 안에서 우리가 속량 곧 죄 사함을 얻었도다

예수 그리스도의 십자가에서 대속의 죽으심으로 말미암아 '흑암의 나라 국경' 안에서 살았던 우리가 '사랑의 아들의 나라 국경' 안으로 옮겨져, 우리의 국적이 바뀐 것입니다. 예전에는 흑암의 나라 국민이었는데, 이제는 사랑의 아들 예수 그리스도 나라의 국민이 된 것입니다. 또한 주님이 우리를 옮겨 주신 나라가 어떤 곳인지 히브리서 12장 28절은 이렇게 증거합니다.

그러므로 우리가 흔들리지 않는 나라를 받았은즉 은혜를 받자 이로 말미암아 경건함과 두려움으로 하나님을 기쁘시게 섬길지니

주님이 영원한 생명의 피를 흘려서 우리를 옮겨 주신 나라는 '흔들리지 않는 나라'입니다. 세상의 나라가 모두 흔들릴 수밖에 없는 것은 그 나라를 통치하는 인간이 흔들리는 존재이기 때문입니다. 그러나 영원히 흔들리지 않는 왕이신 예수 그리스도께서 다스리시는 나라는 요동하지 않고, 쇠망하지 않습니다. 주님이 다스리시는 나라는 다함이 없습니다. 그래서 우리는 우리를 무궁하도록 다스려 주시기 위해서 오시는 주님을 손꼽아 기다립니다.

우리를 사랑의 아들의 나라로 옮겨 주시고, 우리에게 흔들리지 않는 나라를 받게 하신 주께서 우리가 어떤 삶을 살기를 원하시는지 디도서 2장 14절은 이렇게 증거합니다.

> 그가 우리를 대신하여 자신을 주심은 모든 불법에서 우리를 속량하시고 우리를 깨끗하게 하사 선한 일을 열심히 하는 자기 백성이 되게 하려 하심이라

'선한 일을 열심히 하는 자기 백성'입니다. 우리는 본래 하나님의 말씀의 법이 아닌 불법 속에서의 삶을 당연하게 여기던 존재였고, 더러움 속의 삶을 자랑처럼 여겼던 사람들이었습니다. 그러나 이제는 우리가 주님의 '자기 백성'이 되었습니다. '자기'에 해당하는 헬라어는 '페리우시오스'(περιούσιος)인데, 이것은 '선택된'(chosen), '특별한'(special)이라는 의미입니다. 부부나 연인 사이에서 상대방이 아주 귀하게 여겨지거나 예뻐 보일 때 '자기(야)'라고 하지 않습니까? 바로 '자기 백성'의 '자기'가 그런 느낌을 갖고 있습니다. 주님은 우리의 모

습이 그러하기를 원하십니다. 우리가 주님의 선한 일을 열심히 하는
자기 백성으로 살아간다고 함은 우리 자신을 주께서 쓰시기에 편하
시도록 우리의 손과 발을 내어 드리는 것입니다. 그것보다 주님의 무
궁한 다스림을 더 온전하게 받는 방법은 없습니다.

　　주님의 다함이 없는 나라, 주님의 무궁한 다스림 속에 거하고
싶지 않으십니까? 주님의 무궁한 다스림 속에 거함은 주님 나라의
법인 주님의 말씀에 우리를 온전히 올려 드려, 그 말씀이 내 삶의 법
이 되어서 우리를 다스리게 하는 것입니다. 우리가 주님의 무궁한 다
스림 속에 있게 될 때, 우리는 세상을 맑히고 밝히는 주님의 통로가
될 것입니다. 잊지 마십시다. 왕이신 주님의 무궁한 다스림 속에 있
을 때에야 대림절을 지나 마침내 영원한 생명의 성탄절을 맞이하게
된다는 사실을 말입니다.

하나님 아버지!

그동안 우리는 세상 나라의 국경과 세상의 법에만 관심이 있었고, 세
상 나라의 일로 인해서만 일희일비했습니다. 그래서 매년 대림절을
네 번씩, 여러 해 동안 맞았지만 무궁한 주님의 나라의 다스림을 받
는 삶에는 무관심했거나 외면하곤 했습니다. 우리가 그러하였을지라
도 올해도 대림절을 맞게 해주셔서 감사합니다.

이 대림절 셋째 주일에 어깨에 정사를 메시고, 평강의 왕으로 오시는
주님을 두 손 모아 기다립니다. 우리의 기다림이 기대가 되게 하시
고, 기도가 되게 하시며, 기쁨이 되게 하여 주옵소서. 결코 무궁할 수

없는 세속적 가치관을 따르는 삶과 흑암의 나라에서 욕망을 따라 살던 인생에 마침표를 찍게 하시고, 흔들리지 않는 나라를 받은 자답게 선한 일을 열심히 하는 주님의 자기 백성으로 살아가게 하여 주옵소서. 그리하여 무궁한 나라를 다스리시기 위해서 오시는 주님을 기다리는 이 대림절이 예수 그리스도를 품는 생명의 절기가 되게 하여 주옵소서. 예수님의 이름으로 기도드립니다. 아멘.

15.

말씀대로
내게 이루어지이다

누가복음 1장 26-38절

여섯째 달에 천사 가브리엘이 하나님의 보내심을 받아 갈릴리 나사렛이란 동네에 가서 다윗의 자손 요셉이라 하는 사람과 약혼한 처녀에게 이르니 그 처녀의 이름은 마리아라 그에게 들어가 이르되 은혜를 받은 자여 평안할지어다 주께서 너와 함께하시도다 하니 처녀가 그 말을 듣고 놀라 이런 인사가 어찌함인가 생각하매 천사가 이르되 마리아여 무서워하지 말라 네가 하나님께 은혜를 입었느니라 보라 네가 잉태하여 아들을 낳으리니 그 이름을 예수라 하라 그가 큰 자가 되고 지극히 높으신 이의 아들이라 일컬어질 것이요 주 하나님께서 그 조상 다윗의 왕위를 그에게 주시리니 영원히 야곱의 집을 왕으로 다스리실 것이며 그 나라가 무궁하리라 마리아가 천사에게 말하되 나는 남자를 알지 못하니 어찌 이 일이 있으리이까 천사가 대답하여 이르되 성령이 네게 임하시고 지극히 높으신 이의 능력이 너를 덮으시리니 이러므로 나실 바 거룩한 이는 하나님의 아들이라 일컬어지리라 보라 네 친족 엘리사벳도 늙어서 아들을 배었느니라 본래 임신하지 못한다고 알려진 이가 이미 여섯 달이 되었나니 대저 하나님의 모든 말씀은 능하지 못하심이 없느니라 마리아가 이르되 주의 여종이오니 **말씀대로 내게 이루어지이다** 하매 천사가 떠나가니라

황당한 결혼(?)

성경에 자기 결혼과 관련하여 황당한 일을 겪은 네 사람이 나옵니다. 제 나름대로 순위를 매겨 보면 이러합니다.

4위는 보아스입니다. 보아스는 자다 깨 보니 장차 신부가 될 사람이 발치에 누워 있었습니다. 시어머니 나오미를 따라 베들레헴으로 온 모압 여인 룻은 시어머니의 말에 순종하여 보아스가 누워 있는 곡식단 더미 끝으로 조용히 가서 이불을 들고 거기에 누웠습니다. 밤중에 몸을 뒤척이던 보아스는 느낌이 이상해서 깨어 보니 곁에 룻이 있었습니다. 룻은 보아스와 결혼하여 다윗의 증조모와 예수님의 조상이 되었습니다.

3위는 아담입니다. 아담은 잠들기 전에는 미혼이었는데, 깨고 나니 유부남이 되었습니다. 하나님이 창조하신 천지만물은 하나님이 보시기에 모두 좋았습니다. 그런데 유일하게 아담이 혼자 사는 것이 좋지 않아 보였습니다. 그래서 하나님이 아담을 잠들게 하시고 그의 갈빗대 하나를 취하셔서 하와를 창조하시고는 아담에게로 데리고 오셨습니다. 그래서 아담은 하와와 합하여 한 몸을 이루었고, 그들은 인류의 첫 부부가 되었습니다.

2위는 야곱입니다. 야곱은 자고 일어나니 자신이 결혼하려고 했던 사람이 아닌 다른 사람과 결혼한 사실을 알았습니다. 야곱은 아버지 이삭과 쌍둥이 형 에서를 속이고, 외삼촌 라반의 집에 오게 되었습니다. 외삼촌에게는 레아와 라헬 두 딸이 있었는데, 레아보다 라헬이 훨씬 더 예뻤습니다. 당시에 남자는 결혼하기 위해서 지참금

이 있어야 했는데, 야곱은 지참금 대신 7년 동안 무보수로 일을 하겠다고 했습니다. 야곱은 라헬과 결혼하기 위해 7년 동안 노예처럼 일했지만, 그를 사랑하는 마음이 깊어서 7년을 며칠처럼 여겼습니다. 마침내 7년이 지나 결혼해서 첫날밤을 지내고 아침에 일어나 보니, 자신이 결혼한 사람은 라헬이 아니라 언니 레아였습니다. 야곱은 라헬을 완전한 아내로 얻기 위해 또 7년을 일해야 했습니다.

1위는 (마리아의 남편) 요셉입니다. 요셉은 자신과 정(약)혼한 마리아가 자신과 상관없이 임신했음을 꿈속에서 만난 천사를 통해 알게 되었습니다. 요셉은 자다가 아버지가 된 것이었습니다.

처녀가 아기를 가져도 할 말 있다(!)

마리아의 임신 소식은 요셉을 당황하게 했지만, 그보다 훨씬 더 당황한 사람은 마리아 자신이었습니다. 사가랴의 가정을 방문한 가브리엘 천사는 갈릴리 벽촌 나사렛에 사는 마리아도 찾아왔습니다. 가브리엘 천사는 마리아에게 심상치 않은 문안 인사를 한 후에 "네가 잉태하여 아들을 낳을 것이니 너는 그의 이름을 예수라고 하여라"라고 들려주었습니다. 그리고 이어 "지극히 높은 분의 아들이자 다윗의 왕위를 가진 그분은 영원토록 야곱의 집을 다스릴 것이고, 그분의 나라는 무궁할 것이라"라고 하셨습니다.

마리아는 당시에 살고 있던 수많은 여인들 중에 하나님의 은총을 입었습니다. 그러나 그가 하나님께 아무리 특별한 은혜를 얻었다고 할지라도, 처녀가 아이를 낳는 일은 당사자에게 수긍하기 어려운 충격이었습니다. 그래서 마리아는 가브리엘 천사에게 말했습니다. 오늘 본문 34절이 이렇게 증거합니다.

> 마리아가 천사에게 말하되 나는 남자를 알지 못하니 어찌 이 일이 있으리이까

제사장 사가랴의 아내이자 마리아의 친척인 엘리사벳도 아이를 낳을 수 없는 상황에서 아들을 낳게 된다는 믿기 어려운 말씀을 들었습니다. 그녀(엘리사벳)는 사람들로부터 아기도 낳지 못하는 석녀(石女)라고 수군거림의 대상도 되었을 것이고, 출산할 수 있는 나이도 이미 오래전에 지난 상태였습니다. 하지만 구약성경에 자신과 같은 처지에 있다가 자식을 낳은 사람이 없는 것은 아니었습니다. 한나는 자식을 낳지 못해서 브닌나에게 수모를 많이 당했지만 마침내 사무엘을 낳았고, 사라는 90세에 이삭을 출산하기도 했습니다. 하지만 마리아의 경우는 완전히 달랐습니다. 엘리사벳의 경우가 희박하지만 가능성이 있는 기적이라고 한다면 마리아의 경우는 인간으로는 가능성이 없는 기적이었습니다. 그래서 마리아는 "나는 남자를 알지 못하는데 어떻게 이런 일이 있겠습니까?"라고 반문했습니다. '남자를 알지 못한다'고 하는 것은 남자와 한 번도 동침하지 않았다는 의미입니다.

사사기 11장에는 사사 '입다'의 이야기가 나옵니다. 그가 암몬 자손과 싸우러 갈 때 이렇게 서원했습니다. "하나님이 암몬 자손을 내 손에 넘겨주신다면 내가 암몬 자손을 이기고 무사히 돌아올 때에,

누구든지 내 집 문에서 가장 먼저 나를 맞으러 나오는 그는 주의 것이 될 것입니다. 내가 그를 번제물로 드리겠습니다"라고 했습니다.

하나님이 함께하심으로 입다는 그 전쟁에서 대승을 거두고 돌아왔습니다. 그런데 그를 처음 맞았던 것은 짐승이나 집에서 일하는 종이 아니라 그의 무남독녀였습니다. 그 딸은 아버지의 서원 이야기를 듣고서 '산으로 가서 친구들과 실컷 울도록 두 달의 말미를 달라'고 했습니다. 두 달 후에 딸은 돌아와서 처녀로 죽었습니다. 그것을 사사기 11장 39절 상반절은 이렇게 증거합니다.

두 달 만에 그의 아버지에게로 돌아온지라 그는 자기가 서원한 대로 딸에게 행하니 딸이 남자를 알지 못하였더라

입다가 살던 곳은 '금남(禁男)의 마을'이 아니었습니다. 그리고 입다 자신도 남자였습니다. 그럼에도 불구하고 그 딸이 '남자를 알지 못하였다'고 함은 남자와 한 번도 동침하지 않았다는 의미입니다. 아담과 하와가 살았던 에덴동산은 인간이 살아가는 데 완벽한 환경이었습니다. 그러나 그들이 하나님이 금하신 선악을 알게 하는 나무의 열매를 따서 먹은 후, 그들은 실낙원을 하고 말았습니다. 그 후에 그들은 자녀를 얻고 이 땅에서 살게 되었습니다. 그들의 삶을 창세기 4장 1절은 이렇게 증거합니다.

아담이 그의 아내 하와와 동침하매 하와가 임신하여 가인을 낳고 이르되 내가 여호와로 말미암아 득남하였다 하니라

'동침하다'는 단어와 입다의 딸이 '남자를 알지 못하였다'에서 '알다'는 동일한 단어입니다. "나는 남자를 알지 못하는데, 어떻게 이런 일이?"라는 마리아의 반문은 지극히 정상적인 것이었습니다. 만약 그가 정혼 기간 중에 임신했다는 사실이 사람들에게 알려지면, 당시의 율법에 따라서 그는 돌에 맞아 죽거나 요셉에게 이혼을 당했을 것입니다.

마리아의 반문에 대한 가브리엘 천사의 답변을 35절이 이렇게 증거합니다.

천사가 대답하여 이르되 성령이 네게 임하시고 지극히 높으신 이의 능력이 너를 덮으시리니 이러므로 나실 바 거룩한 이는 하나님의 아들이라 일컬어지리라

마리아가 "나는 남자를 알지 못하니 어찌 이 일이 있으리이까?"라고 한 질문은 자신이 잉태하게 될 아기의 기원에 관한 물음이었습니다. "나는 남자와 여자가 동침하지 않고서는 임신할 방법이 없다고 생각하는데 그 외 방법이 또 있다는 말입니까?"의 의미입니다. 유대인의 지도자였던 니고데모가 밤중에 예수님을 찾아와 질문했을 때, 예수님은 거듭나야만 하나님의 나라를 볼 수 있다고 말씀해 주셨습니다. 그 말에 대해 니고데모는 "사람이 늙은 뒤에 어떻게 태어날 수 있습니까? 어머니 뱃속으로 들어갔다가 다시 태어날 수 있습니까?"라고 반문했습니다. 그때 예수님이 이렇게 답하셨습니다. 요한복음 3장 5절입니다.

예수께서 대답하시되 진실로 진실로 네게 이르노니 사람이 물과 성령으로 나지 아니하면 하나님의 나라에 들어갈 수 없느니라

'거듭남'은 하나님의 역사이지 인간이 만들어 낼 수 있는 일은 아니라는 의미입니다. 마리아의 질문에 대한 가브리엘 천사의 대답도 동일합니다. "성령이 네게 임하시고 지극히 높으신 이의 능력이 너를 덮으신다"는 말씀은 오직 전지전능하신 하나님의 개입하심으로 말미암아 마리아가 남자 없이 하나님의 아들을 잉태하게 된다는 의미입니다.

성령님이 임하시고 지극히 높으신 분의 능력에 덮인 바가 되면, 우리의 이성이 무시되지 않으면서도 인간의 생각을 뛰어넘는 역사가 일어나게 됩니다. 왜냐하면 하나님은 무에서 유를 창조하시는 분이기 때문입니다. 성경에 나오는 하나님의 여러 사람들은 지극히 높으신 분의 능력에 덮임을 체험한 사람들입니다. 자기 목숨을 부지하기 위해 자기 아내를 여동생이라고 속이는 치사한 인간 아브라함이 어떻게 믿음의 조상이 될 수 있었겠습니까? 하나님의 능력에 덮인 바가 되었기 때문입니다. 인간의 수명이 70, 길어야 80이라고 노래했던 노인 모세가 어떻게 80세부터 40년 동안 200만 명이 넘는 이스라엘 자손들을 이끄는 지도자가 될 수 있었겠습니까? 하나님의 능력이 그를 덮어 주셨기 때문입니다. 미천한 목동에 불과했던 다윗이 어떻게 3미터에 가까운 장수와 싸워서 이길 수 있었으며, 자기 신하의 아내를 빼앗고 살인교사를 서슴지 않았던 그가 어떻게 성군(聖君)이 될 수 있었겠습니까? 하나님의 능력이 그를 덮어 주셨기 때문입

니다. 또 3년 동안이나 주님을 따라다녔으면서도 주님의 말을 제대로 이해하지 못했던 무식한 갈릴리 어부 출신의 제자들이 어떻게 그렇게 변화되어 주님의 신실한 사도들이 될 수 있었겠습니까? 예수를 믿는 사람이라면 옥에 가두고, 죽이는 일도 눈 깜짝하지 않던 악질 사울이 어떻게 그렇게 싫어했던 주님을 위해 전 생애를 던질 수 있었겠습니까? 대답은 한 가지입니다. 지극히 높으신 이의 능력이 그들을 덮어 주셨기 때문입니다. 우리같이 형편없는 인간들이 어떻게 하나님의 자녀가 되며, 먼저 가시는 하나님의 은총을 누릴 수 있게 되었습니까? 대답은 동일합니다. 지극히 높으신 이의 능력이 우리를 덮어 주셨기 때문입니다.

가브리엘 천사의 말에 대한 마리아의 최후 답변을 38절이 이렇게 증거합니다.

마리아가 이르되 주의 여종이오니 말씀대로 내게 이루어지이다 하매 천사가 떠나가니라

마리아는 자신을 '여종'이라고 고백합니다. '여종'을 헬라어로 '둘레'(δούλη)라고 합니다. 사도 바울이 로마에 있는 그리스도인들과 빌립보에 있는 그리스도인들에게 편지를 보내며 자신을 '예수 그리스도의 종'이라고 고백합니다. '종'이라는 헬라어 단어 '둘로스'(δοῦλος)는 '노예'라는 뜻입니다. 그것의 여성형이 '둘레'입니다.

우리 교회에서는 정기적으로 '새가족 환영회'를 합니다. 함께 식사도 하고, 양화진외국인선교사묘원도 소개하고, 우리 100주년기

넘교회에 대해서도 상세히 소개합니다. 그리고 교역자 부부가 나와서 소개하고, 새가족이 되신 교우님들도 스스로 소개를 합니다. 지난주에는 새가족 환영회가 있었습니다. 한 성도님이 우리 교회 교역자들의 모습에서 감동을 많이 받았노라고 말하면서 교역자들을 지칭해서 '주의 종님들'이라고 하셨습니다. 그렇게 좋게 표현해 주셔서 감사했습니다. 그런데 '종'이라는 단어는 '님'이라는 단어와 어울리는 말이 아닙니다. '종'이라는 단어와 어울리는 말은 따로 있습니다. 마리아가 지금 그렇게 고백하고 있습니다. 종의 가장 큰 특징은 '자기 계획이나 자기 생각이 있을 수 없고, 자기 주인에게 소속되어 있다는 것'입니다. 종이 주인에게 자기의 계획을 말하거나, 주인의 말을 거부한다면 그는 더 이상 그 주인의 종이 아닐 것입니다.

Let It Be

또한 마리아는 "말씀대로 내게 이루어지이다"라고 고백하고 있습니다. 얼마 전, 1년 동안 교회를 위해서 수고하고 헌신한 봉사자들을 위한 '봉사자 격려의 밤'이 있었습니다. 그날 교역자들이 개그 프로그램 중의 한 코너인 '렛잇비'를 개사해서 노래를 불렀습니다. 그 중에 하나가 이러합니다.

우리 관리 팀은 항상 남들보다 먼저
주일을 준비하며 청소를 하죠

주님의 몸 된 교회를 깨끗이 쓸고 닦으며

아름다운 교회를 만들어 가요

다음 날 주일에 나와 뿌듯한 마음으로

제가 청소한 예배실에 들어가 봤죠

도루묵 도루묵 도루묵 도루묵

청소 끝난 다음 누가 어질러 놨네, 우—

아시는 바와 같이 본래 〈렛잇비〉는 영국의 록 밴드 비틀즈가 부른 노래입니다. 그 노래의 1절 가사가 이러합니다.

내가 인생의 힘든 때를 보내고 있을 때에

(When I find myself in times of trouble)

어머니, 마리아는 내게 다가와

(Mother Mary comes to me)

지혜의 말씀을 하셨죠, 렛잇비

(Speaking words of wisdom, let it be)

내 인생에 어두움이 가득할 때

(And in my hour of darkness)

어머니는 바로 내 앞에 서서

(She is standing right in front of me)

지혜의 말씀을 하셨죠, 렛잇비

(Speaking words of wisdom, let it be)

렛잇비 렛잇비
(Let it be, let it be)

렛잇비 렛잇비
(Let it be, let it be)

지혜의 말씀을 속삭이길, 렛잇비
(Whisper words of wisdom, let it be)

이 노래를 만든 폴 메카트니의 어머니는 그가 14세 때 유방암으로 세상을 떠났는데, 그 어머니의 이름이 '마리아'였습니다. 후에 폴 메카트니는 비틀즈의 멤버로 명성과 부를 얻었지만, 어머니에 대한 그리움이 마음 한구석에 늘 자리 잡고 있었습니다. 그러다가 삶에 짓눌리고 지쳐 있을 때 꿈속에서 어머니를 만나고 나서 이 노래를 만들게 되었다고 합니다. 이 노래 가사에 나오는 'Mother Mary'는 폴 메카트니의 어머니라고 하는데, 그의 어머니와 예수님의 모친 마리아를 모두 염두에 둔 '중의적 의미'로 여겨집니다.

'Let It Be'는 '순리에 맡기다', '그대로 두게 하다'의 의미로 해석할 수 있습니다. 그런데 인생의 모든 문제를 렛잇비 하기만 하면 저절로 해결될 수 있겠습니까? 인생이 꼬일 때로 꼬여서 어떻게 풀어야 할지 알 수 없을 때, 인생이 깊은 계곡 속에 빠져 있는 것 같고 어떻게 벗어날지 알 수 없을 때, 인생길이 칠흑같이 깊은 터널 속을 걷는 것 같아 언제쯤 터널이 끝날지 알 수 없을 때에 렛잇비 하면(순리에 맡겨 두면) 저절로 해결이 되겠습니까? 또 쾌락의 늪에서 허우적대던 삶에서 벗어나기 위해서 또 세속적 가치관에 빠져 성공이라는 목표만 붙잡기 위해 아무렇지도 않게 불의를 행하던 삶이 잘못임을 깨닫고 새로운 삶을 살기 위해 렛잇비 하면(그냥 그대로 내버려 두면) 새 삶이 살아지겠습니까? 아닙니다. 그럴 리가 없습니다.

하지만 지극히 높으신 하나님의 아들을 잉태하게 된다는 엄청난 말을 들은 'Mother Mary'는 렛잇비, "그대로 두지 뭐, 순리대로 맡기지 뭐"라고만 말하지 않았습니다. 마리아가 말한 "말씀대로 내게 이루어지이다"를 ESV성경은 이렇게 말합니다. "하나님의 말씀에 나를 놓아두겠습니다. 하나님의 말씀이라는 순리에 나를 맡기겠습니다"(Let it be to me according to your word). 이전과는 전혀 다른, 새로운 삶을 살게 되는 첩경은 하나님의 말씀에 나를 '렛잇비' 하는 것입니다. 마리아는 지극히 높으신 이의 아들, 하나님의 아들을 낳게 된다는 하나님의 말씀에 자신을 '렛잇비' 했습니다. 그 마리아를 통해 영원 전부터 말씀으로 존재하시는 분이 육신이 되어서 이 땅에 오셨습니다. 그분이 바로 우리를 우리 죄에서 건져 주신 구세주, 예수 그리스도이십니다.

오늘 우리는 주님의 성탄을 축하하는 예배를 드리고 있습니다. 주님의 성탄을 진정으로 축하할 수 있는 사람은 하나님의 말씀에 자신을 '렛잇비' 하는 사람입니다. 그래서 하나님의 말씀에 자신을 '렛잇비' 하는 사람에겐 매일매일이 성탄절이 됩니다. "주의 여종이오니 말씀대로 내게 이루어지이다."

하나님 아버지!

영원 전부터 말씀이신 주께서 우리를 구원하시기 위해서 2000년 전

오늘 이 땅에 오심을 축하하는 예배를 드리게 하심을 감사합니다. 마리아는 이전에도 없었고 이후에도 없을 지극히 높으신 분의 아들, 하나님의 아들을 잉태하게 된다는 말씀을 듣고서, "말씀대로 내게 이루어지이다"라고 고백하였습니다. 그리고 그 고백으로 그는 예수 그리스도를 이 땅에 오시게 하는 통로가 되었습니다. 우리의 인생을 돌아보건대, 우리는 우리를 하나님의 말씀에 '렛잇비' 하기보다 세속적 가치관에 '렛잇비' 하고, 내 욕망과 야망에 '렛잇비' 할 때가 참 많았습니다. 그래서 우리의 나이를 가리키는 숫자만큼이나 성탄절을 맞이했을지라도, 성탄절은 그저 1년에 한 번 맞는 교회의 절기에 불과했습니다.

하나님 아버지! 오늘 이후로 우리의 삶과 가치관을 하나님의 말씀에 '렛잇비' 하게 해주옵소서. 그리하여 우리의 매일매일이 성탄절이 되게 하시고, 삶의 순간순간마다 성탄의 평화와 소망을 먹고 마시게 하여 주옵소서. 예수님의 이름으로 기도드립니다. 아멘.

16.

내 주의 어머니가

누가복음 1장 39-45절
이때에 마리아가 일어나 빨리 산골로 가서 유대 한 동네에 이르러 사가
랴의 집에 들어가 엘리사벳에게 문안하니 엘리사벳이 마리아가 문안함
을 들으매 아이가 복중에서 뛰노는지라 엘리사벳이 성령의 충만함을
받아 큰 소리로 불러 이르되 여자 중에 네가 복이 있으며 네 태중의 아
이도 복이 있도다 **내 주의 어머니가** 내게 나아오니 이 어찌 된 일인가
보라 네 문안하는 소리가 내 귀에 들릴 때에 아이가 내 복중에서 기쁨
으로 뛰놀았도다 주께서 하신 말씀이 반드시 이루어지리라고 믿은 그
여자에게 복이 있도다

먼저 가시는 하나님

올해 우리 교회 표어가 신명기 1장 30절 말씀을 토대로 한 "먼
저 가시는 하나님"이었습니다.

출애굽한 이스라엘 자손들이 가데스 바네아에 이르렀을 때, 모
세는 열두 명의 정탐꾼을 가나안 땅에 보내어 그곳의 정세와 지형을
조사하게 했습니다. 가데스 바네아 너머가 가나안이었기 때문에 하
나님이 약속하신 땅이 어떠한 곳인지 확인하기 위함이었습니다. 그

들은 40일 만에 돌아왔습니다. 그들이 본 가나안은 정말 '젖과 꿀이 흐르는 땅'이었습니다. 그들은 그 증거로 막대기를 꿰어 두 사람이 둘러메야 할 정도로 큰 포도송이와 석류와 무화과를 가지고 와 보여 주었습니다.

하지만 모든 정탐꾼들이 동일한 결론을 보고하지는 않았습니다. 정탐꾼들 중 열 명은 장대한 족속인 가나안 땅 사람들에 비해 우리는 '메뚜기'에 불과하다고 했고, 여호수아와 갈렙 두 명만 그들이 장대한 족속이라고 해도 그들은 우리의 '먹이'에 불과하다고 보고했습니다. 열 명의 정탐꾼의 보고를 선택한 이스라엘 자손들은 밤새도록 통곡하고, 모세와 아론을 원망했습니다. 그로 인해서 그들은 가나안 땅으로 들어가지도 못하고, 애굽으로 돌아가지도 못한 채 결국 40년 동안 광야에서 방황하다가 죽고 말았습니다.

그러나 그 40년 동안 그들의 자녀들인 출애굽의 1.5세대와 2세대가 성인이 되어 가나안 동쪽 모압평지에 이르렀습니다. 그리고 그들은 마침내 가나안 땅으로 들어갈 수 있었습니다. 왜냐하면 지난 40년 동안 자신들을 안고 가 주시는 하나님, 장막 칠 곳을 찾으시는 하나님, 밤에는 불기둥으로 낮에는 구름기둥으로 가야 할 길을 일러 주신 하나님을 경험했기 때문입니다. 그래서 이스라엘 자손들은 자신들을 인도해 주신 분이 '먼저 가시는 하나님'이신 것을 인정하지 않을 수 없었습니다.

이스라엘 자손을 인도하신 하나님이 우리가 믿는 하나님과 동일하신 분이기에 우리의 인생도 동일하게 인도함을 받습니다. 그래서 우리도 하나님을, '우리를 위해 준비하시는 여호와이레의 하나님', '우리를 지금까지 도우신 에벤에셀의 하나님'이라고 고백합니다.

구약과 신약의 만남

오늘 본문이 속해 있는 누가복음 1장에도 '먼저 가시는 하나님'
에 대한 이야기로 가득합니다.

예수님이 이 땅에 오실 당시에 이스라엘 백성은 헬라제국과 로
마제국의 연이은 압제로 많은 시달림을 당했고, 헤롯 대왕의 학정으
로 한숨이 점점 더 깊어지던 때였습니다. 게다가 말라기 이후로 더
이상 선지자가 나타나지 않았기 때문에 영적인 황폐함도 극심하였
습니다. 그래서 하나님에 대한 기대가 희미한 상태에 있었습니다.

그런 때에도 하나님은 먼저 가시는 분이었습니다. 하나님은 예
수 그리스도를 이 땅에 보내시기 전에 요한으로 하여금 주의 길을 준
비하게 하셨습니다. 그 요한이 태어나게 하기 위해서 하나님 앞에서
경건하게 살았던 제사장 사가랴와 엘리사벳 부부에게 가브리엘 천
사를 보내셨습니다. 사가랴 부부는 모두 나이가 많았을 뿐 아니라,
엘리사벳은 불임의 여성이었습니다. 그들은 단 한 번도 "하나님! 우
리에게 아들을 주셔서 주님이 오시는 길을 준비하게 해주십시오"라
고 기도한 적이 없었습니다. 그들은 하나님이 주님을 보내실 때가 되
었음을 알지도 못했습니다. 그러나 하나님은 먼저 가시는 분이었습
니다.

또한 하나님은 가브리엘 천사가 갈릴리의 벽촌 나사렛에 사는

마리아와 그의 정(약)혼자 요셉을 찾아가게 하셔서, 마리아가 성령으로 지극히 높으신 하나님의 아들을 잉태하였음을 알게 하셨습니다. 하지만 마리아와 요셉 부부도 "하나님, 우리 부부가 메시아를 잉태하게 해주십시오"라고 기도한 적이 없었습니다. 유한한 존재인 인간이 영원하신 하나님을 잉태하는 일을 생각하지 못하는 것은, 목욕탕이 바닷물을 전부 담을 수 없는 것과 같은 이치입니다. 하지만 영원하신 하나님은 유한한 인간 속으로 먼저 들어가셨습니다.

오늘 본문은 먼저 가시는 하나님을 경험한 두 여인, 마리아와 엘리사벳이 만나는 모습을 전해 줍니다. 39절이 이렇게 증거합니다.

이때에 마리아가 일어나 빨리 산골로 가서 유대 한 동네에 이르러

마침내 예수님의 이야기와 요한의 이야기가 하나로 합쳐지게 됩니다. 마리아는 엘리사벳이 사는 동네로 향했습니다. 엘리사벳이 사는 곳을 성경은 '산골'(hill country), '유대 한 동네'(a city of Judah)라고만 전하고 있습니다. 당시 대부분의 제사장들은 예루살렘 시내나 예루살렘 근교에서 살았습니다. 그런데 제사장 사가랴는 나이가 많아서 밀려났는지는 알 수 없지만 산골에서 살았습니다. 사가랴와 엘리사벳이 살았던 곳의 지명이 나오지 않는 걸로 보아 예루살렘 근교나 헤브론과 같은 곳은 아니었던 걸로 여겨집니다. 여러 학자들은 헤브론 남쪽에 위치한 유타로 추정합니다. 그곳은 마리아가 살던 나사렛과는 약 150킬로미터나 떨어진 곳입니다. 그 거리는 지금도 임신부가 이동하기 쉽지 않은 곳입니다. 임신부는 처음 3개월 동안은 유산의

가능성이 높기에 굉장히 조심해야 합니다. 가난한 목수의 아내인 마리아에게 나귀나 낙타와 같은 교통수단이 있을 리가 만무했습니다. 마리아는 최소한 4, 5일은 걸어서 도착했을 것입니다.

우리가 39절에서 주목해야 하는 단어는 '빨리'입니다. 헬라어로 '스푸데'(σπουδή)인데, '서둘러서'의 의미도 있지만, '간절히', '열심히'의 뜻도 있습니다. 고린도후서 7장 11절이 이렇게 증거합니다.

> 보라 하나님의 뜻대로 하게 된 이 근심이 너희로 얼마나 간절하게 하며 얼마나 변증하게 하며 얼마나 분하게 하며 얼마나 두렵게 하며 얼마나 사모하게 하며 얼마나 열심 있게 하며 얼마나 벌하게 하였는가 너희가 그 일에 대하여 일체 너희 자신의 깨끗함을 나타내었느니라

사도 바울은 고린도교회 사람들에게 하나님의 뜻대로 하는 근심에는 간절함과 변호함, 두려움, 사모함 등이 있다고 말합니다. 이 말씀에서 '간절하게 하며'가 바로 '스푸데'입니다. 또 로마서 12장 11절은 이렇게 증거합니다.

> 부지런하여 게으르지 말고 열심을 품고 주를 섬기라

여기서 '부지런하다'가 '스푸데'입니다. 초등학교 시절에 '소풍 가는 날이 빨리 왔으면 좋겠다'고 생각하며 기다렸던 기억이 있습니다. 또 꿈에 그리던 이상형과의 첫 데이트를 기다리고 있다면 그날이 '빨리' 왔으면 좋겠다고 생각할 것이고, 오랫동안 기다리던 자녀의

출산을 앞두고 있다면 역시 그날이 '빨리' 왔으면 좋겠다고 생각할 것입니다. 이 모든 '빨리'는 '서둘러서'의 의미도 있지만, '간절히'의 의미가 더 큽니다.

　도대체 마리아는 무엇 때문에 엘리사벳이 사는 곳으로 서둘러서, 간절하게 가보고 싶었겠습니까? 마리아가 나이가 어려 철이 없었기 때문이거나, 성격이 급해서 천천히 가는 것은 자신에게 맞지 않았기 때문이었겠습니까? 아니면 자신이 남자를 통하지 않고 임신하였음을 나사렛 사람들에게 숨기기 위해서였겠습니까? 만약 그랬다면 엘리사벳의 집을 방문하고서 3개월이 지난 후에 다시 나사렛으로 돌아오지 않았을 것입니다. 3개월이 지나면 배가 점점 많이 불러오게 될 텐데, 그때는 감추기가 더 힘들게 됩니다. 마리아는 자신에게 행하신 하나님의 역사가 가브리엘 천사의 말처럼, 자신의 친척 엘리사벳에게도 동일하게 역사한 것인지 확인해 보고 싶었던 것입니다.

　그리스도인만이 누릴 수 있는 큰 복 중에 하나는 주일이 '빨리' 왔으면 하고 기다려지는 것입니다. 또 주일에 예배당에 와서 첫 입술을 주님을 향해 여는 것도 그리스도인만 누릴 수 있는 기쁨입니다. 오늘 예배당에 오셔서 자리에 앉아 고개를 숙이고 무슨 기도를 드리셨습니까? 지난 주일에 받았던 말씀을 기억하며 기도할 수 있습니다. "하나님! 에베소에 남겨졌던 아굴라와 브리스길라 부부가 거기서 아볼로를 만나고, 그에게 성경을 더 깊이 가르쳐 줌으로써 그가 고린도 교회에서 신실하게 사역할 수 있었던 것처럼, 저도 하나님의 인도하심에 순종하여 누군가에게 하나님의 통로가 되게 해주십시오", 또 성탄예배를 드릴 때 받았던 말씀을 기억하며, "하나님, 제가 세속적 가치관이나 욕망에 저 자신을 '렛잇비' 하지 않고, 하나님의 말씀에 저 자신을 '렛잇비' 하게 해주십시오"라고 기도할 수 있습니다. 또 지난 일주일의 삶이 힘들고 고통스러웠다면, "하나님! 지난 주간은 너무 힘들고 좌절도 컸습니다. 오늘 예배를 통해서 하나님의 은총을 덧입게 해주십시오"라고 기도드릴 수 있습니다. 혹 이번 주간에 중요한 일이나 결정을 앞두고 있다면 "하나님! 이번 주에는 특별히 하나님의 인도하심이 필요합니다. 바른 것과 그른 것을 분별할 줄 알게 하시고, 바른 것을 선택하는 용기를 주십시오. 또 영원한 것과 그렇지 않은 것을 분별하게 하시고 영원한 것을 선택하는 지혜를 주십시오"라고 기도할 수 있습니다. 혹 무엇을 기도해야 할지 모르신다면, "자비로우신 하나님, 죄인인 저를 불쌍히 여겨 주십시오"라고 반복해서 읊조릴 수도 있습니다. 하나님을 향한 '빨리', '간절히'는 우리와 동행하시는 하나님을 깨닫게 해주는 통로입니다.

나사렛에서 유대의 산골에 있는 엘리사벳의 집에 이른 마리아는 문안 인사를 했습니다. 그때 엘리사벳에게는 평소와 전혀 다른 느낌이 있었습니다. 41절 상반절이 이렇게 증거합니다.

엘리사벳이 마리아가 문안함을 들으매 아이가 복중에서 뛰노는지라

태아는 대체로 4, 5개월이 되면 움직이기 시작합니다. 이미 엘리사벳은 6개월이 되었습니다. 그렇기 때문에 엘리사벳의 뱃속 태아의 움직임을 자연적인 현상으로 생각할 수 있습니다. 그런데 그것이

자연적인 현상이었다면, 성경이 '출산과 육아에 관한 책'이 아닌 한 누가가 그 사실을 기록하였을 리 만무합니다. 그래서 44절에서 다시 강조합니다.

> 보라 네 문안하는 소리가 내 귀에 들릴 때에 아이가 내 복 중에서 기쁨으로 뛰놀았도다

41절과 44절 모두 "문안하는 소리"가 들릴 때에 아이가 뛰놀았다고 강조합니다. 누가복음 1장 15절은 요한에 대해 이렇게 예언하고 있습니다.

> 이는 그가 주 앞에 큰 자가 되며 포도주나 독한 술을 마시지 아니하며 모태로부터 성령의 충만함을 받아

마리아가 찾아와 엘리사벳에게 문안하는 소리를 듣고 아이가 뛰놀았다 함은 곧 15절 말씀의 성취를 의미합니다. 그러니까 이 말씀은 단순히 두 임신부의 만남만이 아니라, 성령님의 역사하심으로 말미암은 요한과 예수님의 만남을 의미합니다.

요한에게는 주님의 길을 예비하고, 사람들에게 그 주님을 소개하는 사명이 있었습니다. 요한은 후에 스스로를 "광야에서 외치는 자의 소리"라고 했습니다. 지금 그 소리의 실체가 되시는 분을 만나고 있습니다. 다시 말씀드리면, 구약과 신약이 만나는 순간입니다. 요한이 구약의 마지막 문을 닫는 사람으로, 예수님이 신약의 문을 여

는 분으로 나서고 있습니다. 이 장면이 바로 구약과 신약의 분기점이 됩니다. 이 만남은 유대의 어느 산속에서 이루어지고 있지만 이 만남보다 더 극적인 것이 없고, 이 만남보다 귀중한 만남이 없습니다. 겉보기에는 무명의 여인들의 만남입니다. 지극히 평범한 제사장의 아내와 목수의 아내의 만남입니다. 그러나 이 만남은 인류 역사에 BC와 AD의 분기점을 이룹니다.

태아 요한이 복 중에서 성령충만함을 입어 뛰어놀 때에 엘리사벳도 함께 성령충만하여 이렇게 외쳤습니다. 41절 하반절부터 42절이 이렇게 증거합니다.

엘리사벳이 성령의 충만함을 받아 큰 소리로 불러 이르되 여자 중에 네가 복이 있으며 네 태중의 아이도 복이 있도다

'큰 소리로 불렀다'고 하는 말씀의 원 의미는 '있는 힘을 다해서 소리를 지르다'의 뜻입니다. 예수님이 요한복음 12장 44, 45절에서 이렇게 말씀하셨습니다.

예수께서 외쳐 이르시되 나를 믿는 자는 나를 믿는 것이 아니요 나를 보내신 이를 믿는 것이며 나를 보는 자는 나를 보내신 이를 보는 것이니라

이때는 예수님이 십자가에 달리시는 사건을 얼마 남겨 놓지 않은 때입니다. 3년 동안 아버지 하나님에 대해서, 영생에 대해서, 자

신이 하나님께로부터 온 독생자임을 수없이 강조했지만 제대로 알아듣는 사람들이 거의 없었습니다. 심지어 3년 동안 함께했던 제자들마저 알지 못하고 있었으니 다른 사람들이야 말할 필요가 있겠습니까? 그래서 예수님이 안타까운 마음으로 있는 힘을 다해 자신을 믿는 것이 하나님을 믿는 것이라고 호소하셨던 것입니다.

사도행전 7장을 보면 스데반의 설교가 나옵니다. 구약의 핵심을 전하는 설교였지만 그 설교를 들은 유대인들이 이를 갈았습니다. 유대인들 자신은 하나님이 성전에만 계시는 분이라고 생각하고 있었기에 절기 때마다 성전으로 가서 제사를 드렸고, 자신들은 율법을 철저하게 준수하는 사람들이라고 자부하고 있었습니다. 그런데 스데반은 하나님은 어디에나 계시는 분이며, 유대인들이 율법의 진의를 몰랐기 때문에 그들이 그렇게 기다리고 있던 메시아를 십자가에 못 박았다고 증거했기 때문입니다. 그 이후에 일어난 일을 사도행전 7장 57-60절은 이렇게 증거합니다.

그들이 큰 소리를 지르며 귀를 막고 일제히 그에게 달려들어 성 밖으로 내치고 돌로 칠새 증인들이 옷을 벗어 사울이라 하는 청년의 발 앞에 두니라 그들이 돌로 스데반을 치니 스데반이 부르짖어 이르되 주 예수여 내 영혼을 받으시옵소서 하고 무릎을 꿇고 크게 불러 이르되 주여 이 죄를 그들에게 돌리지 마옵소서 이 말을 하고 자니라

자신들을 지지해 주지 않는 설교에 화가 난 유대인들은 있는 힘을 다해 소리를 지르며 자신들의 귀를 막고 스데반에게 돌을 던졌습

니다. 격한 분노에서 나오는 소리였으니 얼마나 크게 소리 질렀겠습니까? 예수님의 외치심, 유대인들의 큰 소리 지름, 엘리사벳의 외침이 모두 같은 단어에서 나온 말입니다. 임신부는 태아를 잘 보호하기 위해 소리를 지르지 않아야 합니다. 그럼에도 엘리사벳이 소리를 지른 것은 성령께서 능력으로 덧입혀 주심을 감격하였기 때문입니다. 엘리사벳이 도대체 무슨 소리를 그렇게 열심히 질렀습니까? 42절을 다시 살펴보겠습니다.

> 큰 소리로 불러 이르되 여자 중에 네가 복이 있으며 네 태중의 아이도 복이 있도다

이 표현은 히브리어적 표현으로 최상급을 의미합니다. 즉 마리아 당신이 세상에 있는 모든 여인들 가운데서 가장 복 되고, 당신 뱃속에 있는 아이는 이 세상에 있는 아이들 가운데서 가장 복이 있는 사람이라는 말씀입니다. 엘리사벳은 마리아에게 최고의 찬사를 돌리고 있는데, 그 이유를 43절이 이렇게 증거합니다.

> 내 주의 어머니가 내게 나아오니 이 어찌 된 일인가

엘리사벳과 마리아는 연령적으로나 신분적으로 많은 차이가 있습니다. 엘리사벳은 출산 적령기를 오래전에 지나 나이가 많았습니다. 하지만 마리아는 당시의 관습대로라면 이제 갓 출산할 수 있는 연령에 접어든 소녀였습니다. 또 엘리사벳은 제사장의 아내였지만,

마리아는 천하디천한 직업 중에 하나인 목수의 약혼녀였습니다. 두 사람은 친척이었는데, 엘리사벳에게 마리아는 딸뻘 정도이거나 손녀뻘 정도였을 수 있습니다. 하지만 엘리사벳은 마리아를 나이나 신분, 친척 관계로 보지 않았습니다. 만약 그러했다면 "하나님! 제가 재보다 못난 것이 뭐 있다고 제게 더 큰 은총을 내려 주시지 않으십니까?"라고 항의나 원망을 했을 것입니다. 더구나 자신의 아이가 마리아의 아이보다 6개월이나 먼저 태어남에도 불구하고, 그의 신발 끈을 매기에도 부족한 사람이 된다는 것을 받아들이기 힘들었을 것입니다. 부모들이 자신의 못남은 힘들지만 그래도 받아들입니다. 하지만 자기 자녀가 다른 집의 자녀보다 못함은 인정하지 못하고, 받아들이는 것을 거부하는 경우가 많습니다. 하지만 엘리사벳에게는 그런 질투심이 없습니다.

엘리사벳은 마리아를 "내 주의 어머니"로 고백하고 있습니다. 마리아의 뱃속에 있는 아기가 바로 그렇게 오랫동안, 수백 년 동안이나 기다려 오던 하나님이 약속하신 바로 그 메시아, 인류의 구세주이심을 믿었기 때문입니다. 두 사람의 이 감격적인 만남은 모두 '먼저 가시는 하나님의 역사'로 인함입니다.

오늘은 올해 마지막으로 맞는 송년주일입니다. 올 1년이 어떠하셨습니까? 또 지나온 생애는 어떠하셨습니까? 때로는 삶이 고달프고 감당하기 힘들고 이해가 되지 않는 일도 있었을 수 있습니다. 또 하나님의 뜻에 순종하고 그리스도인답게 살고자 몸부림쳤음에도 오해를 받고 손해를 당하셨을 수도 있습니다. 그러나 가만히 생각해 보십시오. 그리고 잠잠히 되새겨 보십시오. 우리의 인생 곳곳에서 특히 삶의 전환점에서 먼저 가시는 하나님이 우리를 인도해 주지 않으셨습니까? 길이 없는 광야와 같은 곳에서는 길을 만들어 주셨고, 넘을 수 없는 태산과 같은 상황에서는 터널을 뚫어 주셔서 통과하게 해주시지 않으셨습니까?

내년을 정말 새해로 맞이하기 원하십니까? 그러하시다면 우리보다 먼저 가시는 하나님을 신뢰하고, 하나님의 말씀에 우리를 얹으십시다. 그때에 먼저 가시는 하나님으로 인해서 우리의 새해는 눈부신 한 해가 될 것입니다.

하나님 아버지!

올해는 국제적으로 참 많은 일들이 일어났습니다. 서아프리카에서 시작된 에볼라 바이러스로 인해서 수천 명이 목숨을 잃었고, 아프가니스탄에서는 산사태로 한 마을이 통째로 매몰되었지만 복구 자체를 포기했고, 수백 명을 태운 말레이시아 여객기가 실종되기도 하고 격추를 당하기도 했습니다. 또 이슬람 무장조직의 만행과 러시아의 크림자치공화국 병합, 이스라엘의 가자지구 폭격 등 전쟁의 소식도 끊이지 않았습니다.

국내적으로도 많은 일들이 있었습니다. 무엇보다도 세월호 참사로 인해 총체적으로 부실한 대한민국의 민낯을 적나라하게 보았고, 그것이 우리의 실상이기에 우리 국민들은 깊은 좌절과 절망을 겪어야 했습니다. 그럼에도 우리가 소망을 잃지 않고 여기까지 올 수 있었던 것은 '먼저 가시는 하나님'으로 인해서임을 고백합니다. 이스라엘 자손들이 400년 동안 애굽에서 노예로 살았을지라도 하나님은 마침내 그들을 출애굽시키셔서 가나안 땅으로 인도해 주셨고, 이스라엘이 남과 북으로 쪼개어지고, 앗수르와 바벨론에 의해 망하게 되었을지라도 70년 후에 다시 회복시켜 주셨듯이, 이 나라가 만신창이가 된 것처럼 여겨질지라도 마침내 새롭게 하시는 하나님을 신뢰합니다.

암울하게 보이던 시대에도, 먼저 가시는 하나님이 평범한 마리아와 엘리사벳의 만남을 통해 새 역사를 펼치셨습니다. 작게 보이는 우리의 일상이 먼저 가시는 하나님으로 인해서 영원에 잇대어진 것이 되게 하시고, 우리보다 높은 곳에서 더 멀리 보시는 하나님이 우리의 올해를 아름답게 매듭짓게 하여 주옵소서. 또한 우리의 새해가 그리고 남은 생애가 우리보다 먼저 가시는 하나님으로 인해 매년 더욱 새로워지게 하여 주옵소서. 예수님의 이름으로 기도드립니다. 아멘.

17.

내 영혼이
주를 찬양하며 I

누가복음 1장 46-56절

마리아가 이르되 **내 영혼이 주를 찬양하며** 내 마음이 하나님 내 구주를 기뻐하였음은 그의 여종의 비천함을 돌보셨음이라 보라 이제 후로는 만세에 나를 복이 있다 일컬으리로다 능하신 이가 큰일을 내게 행하셨으니 그 이름이 거룩하시며 긍휼하심이 두려워하는 자에게 대대로 이르는도다 그의 팔로 힘을 보이사 마음의 생각이 교만한 자들을 흩으셨고 권세 있는 자를 그 위에서 내리치셨으며 비천한 자를 높이셨고 주리는 자를 좋은 것으로 배불리셨으며 부자는 빈 손으로 보내셨도다 그 종 이스라엘을 도우사 긍휼히 여기시고 기억하시되 우리 조상에게 말씀하신 것과 같이 아브라함과 그 자손에게 영원히 하시리로다 하니라 마리아가 석 달쯤 함께 있다가 집으로 돌아가니라

할렐루야

시편에 자주 나오는 '할렐루야'는 '여호와를 찬양하라' 또는 '주님을 찬양하라'는 뜻입니다. 할렐루야의 동사는 '할랄'(הלל)인데, 이 단어에는 몇 가지 뜻이 있습니다. 첫째, '빛내다'라는 뜻이 있습니다. '할렐루야'는 곧 "하나님을 빛내는 삶을 살겠습니다"라는 고백입니

다. 둘째, '자랑하다'의 뜻이 있습니다. "제가 저 자신이나 소유가 아니라 하나님만을 자랑하는 삶을 살겠습니다"라는 결단입니다. 셋째, '찬양하다'의 뜻이 있습니다. "하나님, 제가 그 무엇보다 하나님을 높이는 삶을 살겠습니다"라고 마음에 되새기는 것입니다. 마지막으로, '미치다'의 뜻이 있습니다. '미치다'는 '지배당하다'와 동의어입니다. 각종 약물에게 지배를 당하면 약물에 미친 상태이고, 세속적 가치관에 지배를 당하면 세상에 미친 것이며, 귀신에게 지배를 당하면 귀신에게 미친 것이 됩니다. 그래서 할렐루야는 "하나님만의 지배를 받겠습니다"라는 고백이자 결단입니다.

그래서 '할렐루야!'는 특정한 부흥사의 전유물이 아닙니다. 또한 '할렐루야! 아멘!'이 교회 안에서 통용되는 주문도 아닙니다. '할렐루야'는 우리 신앙의 고백과 결단입니다. 그런데 '할렐루야'에서 강조점은 '여호와' 또는 '주님'이라는 뜻인 '야'에 있습니다. 바른 신앙은 바른 대상이신 하나님을 섬기는 것이기 때문입니다. '할렐루야'가 아니라 '할렐루 바알'이나 '할렐루 이단의 교주', '할렐루 세속적 가치관'이 될 때 '할랄' 하면 할수록 더 큰 낭패를 겪게 되고, 허망함을 경험하게 됩니다.

하나님을 찬양하는 노래로 구성된 시편의 마지막인 150편 1, 6절은 이렇게 증거합니다.

> 할렐루야 그의 성소에서 하나님을 찬양하며 그의 권능의 궁창에서 그를 찬양할지어다

시편 1편이 시편을 '여는 문'이라면, 150편은 시편을 '닫는 문'입니다. 시편 146–150편까지 다섯 편을 '할렐루야 시편'이라고 합니다. 그 시편은 할렐루야로 시작하여, 할렐루야로 끝나기 때문입니다. 특히 시편 150편의 별명이 '창조주께 드리는 찬송'(Hymn to the Creator)입니다. 그래서 시편에 나오는 150편의 노래는 모두 창조주 하나님께 드려야 하는 찬송이라는 의미입니다. 우리는 하나님을 더 깊게, 또 더 넓게 알아갈수록 '할렐루 내 욕망'이나 '할렐루 세상' 하지 않고, '할렐루야' 할 수 있습니다.

마그니피카트

오늘 본문은 마리아의 '할렐루야'라고 할 수 있습니다. 46절이 이렇게 증거합니다.

마리아가 이르되 내 영혼이 주를 찬양하며

우리 성경에는 없지만, 헬라어성경은 46절이 '그리고'를 뜻하는 단어 '카이'(καί)로 시작됩니다. 그러니까 마리아가 부르는 이 노래는 앞의 이야기와 연결된다는 의미입니다. 마리아는 가브리엘 천사로부터 하나님의 아들이신 예수님을 낳게 된다는 말씀을 들었습니다.

마리아는 자신이 남자를 알지도 못하는데 어떻게 그런 일이 있을 수 있는지 반문했습니다. 가브리엘 천사는 성령님이 임하시고, 지극히 높으신 분의 능력에 덮인 바가 되면 가능하다고 말했습니다. 그리고 이미 지극히 높으신 분의 능력으로 인해서 임신하게 된 친척 엘리사벳의 이야기를 들려주었습니다.

그래서 마리아는 가장 조심해야 하는 임신 초기임에도 불구하고, 하나님의 역사하심을 확인하기 위해 자신이 사는 나사렛과 무려 150킬로미터나 떨어진 유대 산골에 살고 있던 엘리사벳을 만나러 갔습니다. 그곳에서 마리아는 친척 엘리사벳을 본 것이 아니라 하나님의 역사의 현장을 보았습니다. 엘리사벳 역시 친척 마리아를 본 것이 아니라, 그 속에 계시는 주님을 보았고 그 주님을 잉태하고 있는 그 여인이 세상에서 가장 복되다고 축복했습니다. 그것에 대한 응답이 마리아의 할렐루야, 마리아의 찬양입니다.

마리아의 노래는 "내 영혼이 주를 찬양하며"로 시작합니다. 46–55절에 있는 마리아가 부르는 노래를 '마그니피카트'(Magnificat), '마리아의 찬가'라고 합니다. 라틴어성경에 마리아의 노래가 '마그니피카트'라는 단어로 시작되기에 붙여진 이름입니다. 마리아는 이 노래를 통하여 하나님을 빛내며 하나님을 자랑하며 하나님을 높이며 하나님의 다스림을 받겠다고 고백하며 결단합니다.

마리아가 노래를 시작하는 부분을 ESV성경은 "내 영혼이 주님을 확대합니다"(My soul magnifies the Lord)라고 번역합니다. 좋은 신앙은 하나님을 점점 더 확대해 가는 것입니다. 내가 확대되면 하나님도 확대되리라는 생각은 바르지 않습니다. 그래서 믿음이 좋은 사람은 그 삶을 통해서 자신을 확대하려고 하지 않고, 하나님을 확대하려고 합니다. 더 정확하게는 무한대로 확대되어 지극히 높으신 분에게 나의 전부를 얹는 것입니다.

마리아의 노래는 이렇게 이어집니다. 47절이 이렇게 증거합니다.

내 마음이 하나님 내 구주를 기뻐하였음은

마리아는 자신을 찾아와 주시고 자신을 통해 메시아를 이 땅에 오게 하시는 하나님을 '구주'라고 고백하며, 그 하나님을 기뻐한다고 합니다. 신앙의 힘은 하나님을 기뻐하는 데서 옵니다.

이스라엘 백성들은 바벨론 포로생활 후에 돌아와 느헤미야의 지도하에 예루살렘 성벽을 재건했습니다. 그 후에 그들은 수문(Water Gate) 앞 광장에 모였습니다. 그 당시 제사장이었던 에스라가 새벽부터 정오까지 하나님의 말씀을 읽어 주고, 그 의미를 풀어 주었습니다. 장시간이었음에도 불구하고 백성들은 지겨워한 것이 아니라 그 말씀에 감격해서 모두 울었습니다. 그때 느헤미야가 백성들을 이런 말로 격려했습니다. 느헤미야 8장 10절 하반절이 이렇게 증거합니다.

이날은 우리 주의 성일이니 근심하지 말라 여호와로 인하여 기뻐하는 것이 너희의 힘이니라

한 사람의 사람됨은 그가 무엇을 기뻐하는지로 확인될 수 있습

니다. 정권(政權)을 쥐어야 기쁨을 누린다면 그는 정치인일 것입니다. 인기로 인해 기뻐함을 힘으로 삼는다면 그는 연예인일 것입니다. 술이나 마약으로 인해서 기뻐함을 힘으로 삼는다면 그는 알코올중독자이거나 마약중독자일 것입니다. 그리스도인은 하나님을 기뻐함을 자기 힘으로 삼는 사람입니다. 하나님을 찬양하며, 하나님을 기뻐한다고 고백한 마리아가 그 이유를 두 가지로 말하고 있는데, 그 첫 번째 이유를 이렇게 밝히고 있습니다. 48절이 이렇게 증거합니다.

> 그의 여종의 비천함을 돌보셨음이라 보라 이제 후로는 만세에 나를 복이 있다 일컬으리로다

마리아는 자신이 찬양하는 이유를 하나님이 자신의 비천함을 돌보셨기 때문이라고 고백합니다. 마리아가 살던 시대는 이스라엘 백성들이 헬라제국과 로마제국의 연이은 압제를 당하고 헤롯 대왕의 폭정이 판을 치던 때였습니다. 백성들의 정신이 황폐했음은 물론 먹을 것도 입을 것도 부족했습니다. 물론 그런 시절을 살았다고 하더라도, 마리아가 당대 귀족가문의 규수였거나 재력가의 딸이었다면 상황이 달랐을 것입니다. 그러나 그는 목수와 약혼한 보잘것없는 여인이었습니다. 만약 목수가 큰 목공소를 차려 놓고 나무로 물건을 만들어서 팔았으면 그렇게 가난한 집안이 아니었을 것입니다. 그러나 당시 목수들은 일정한 자기 일터를 소유하고 있는 사람들이 아니었습니다.

제가 어렸을 때 마을에서 이런 소리를 종종 들을 수 있었습니

다. "칼 갈아요", "우산 고쳐요". 조그만 연장통 하나 메고 이 마을 저 마을 다니면서 칼도 갈아 주고 우산도 고쳐 주는 사람들이 있었습니다. 당시 목수들이 그러했습니다. 이곳저곳을 돌아다니면서 떨어진 문짝도 고쳐 주고, 부러진 칼집도 만들어 주는 일을 했습니다. 이러한 일을 하는 사람과 약혼한 아내였으니, 그의 신분도 당시로 보면 천하기는 마찬가지였습니다. 그럼에도 하나님은 그를 그렇게 보지 않으시고 의미 있는 존재로 보아 주셨습니다.

비천하게 보이는 사람을 통해서 역사하심은 하나님이 일하시는 방법 중에 하나입니다. 우리 모두가 자신을 정직하게 돌아보면, 남들보다 우월함이 있기 때문에 지금 이 자리에서 예배를 드리게 되었노라고 고백할 수 없으실 겁니다. 겉으로 보기에 남들보다 우월해 보일 수 있을지라도 그 때문에 부르심을 받은 것이 아니라 속에 있는 비천하게 여겨짐, 수치스러움, 자격 없음 때문에 부르심을 받았음을 인정하지 않을 수 없습니다. 제가 목회자로 부르심을 받은 것도 "한 조의 비천함을 돌보셨음이라"는 이 고백 외에는 다르게 설명할 수가 없습니다. 고린도전서 1장 27-29절은 이렇게 증거합니다.

그러나 하나님께서 세상의 미련한 것들을 택하사 지혜 있는 자들을 부끄럽게 하려 하시고 세상의 약한 것들을 택하사 강한 것들을 부끄럽게 하려 하시며 하나님께서 세상의 천한 것들과 멸시받는 것들과 없는 것들을 택하사 있는 것들을 폐하려 하시나니 이는 아무 육체도 하나님 앞에서 자랑하지 못하게 하려 하심이라 우리가 하나님 앞에서 자랑할 수 없는 까닭은 하나님이 우리를 택하심이 우리의 지혜나 강함, 있음 때문이 아니라, 미련함, 약함, 천함, 멸시받음, 없음으로 인함이기 때문입니다. 하나님을 찬양하며 하나님을 기뻐한다고 고백한 마리아는 그 두 번째 이유를 이렇게 밝히고 있습니다. 49절 상반절이 이렇게 증거합니다.

> 능하신 이가 큰일을 내게 행하셨으니

마리아는 자신이 찬양하는 이유를 능하신 분이 큰일을 자신에게 행하셨기 때문이라고 고백합니다. '능하신 이'는 '막연히 능력이 많으신 분'을 의미하는 단어가 아니라 '전능하신 하나님'을 뜻하는 말입니다. 이 단어는 구약성경과 깊은 관련이 있습니다. 아브람이 99세가 되었을 때 하나님이 나타나셔서 이렇게 말씀하셨습니다. 창세기 17장 1절이 이렇게 증거합니다.

> 아브람이 구십구 세 때에 여호와께서 아브람에게 나타나서 그에게 이르시되 나는 전능한 하나님이라 너는 내 앞에서 행하여 완전하라

아브람은 75세 때 하나님께로부터 큰 민족을 이루고, 이름이 창대하게 되고, 복이 되리라는 말씀을 듣고서 순종하여 고향과 친척과 아버지의 집을 떠났습니다. 하지만 그 말씀을 받은 지 10년이 지나도록 아무것도 이루어진 것이 없자, 하갈에게서 이스마엘을 낳았습니다. 그때로부터 13년이 더 지나, 아브람이 99세가 되었을 때 하나

님은 그에게 나타나셔서 당신 스스로를 "나는 전능한 하나님이라"라고 말씀하셨습니다.

하나님은 아브람과 사래가 하나님을 제대로 믿지 못할 때에도 그들의 이름을 아브라함과 사라로 바꾸어 주시고, 그들의 나이가 이미 99세, 89세가 되어서 자녀를 출산할 수 있는 생물학적인 능력이 없을 때도 이삭을 주셨습니다. 그리고 그의 이름을 창대하게 하시고 복이 되게 하셨습니다. 그분이 바로 '전능한 하나님'이셨습니다.

또 속임과 속임당함으로 점철된 삶을 살았던 야곱이 얍복강가에서 하나님의 사자와 겨루다가 엉덩이뼈의 힘줄이 끊겼지만, 하나님과 겨루어서 이겼다는 의미의 '이스라엘'이라는 새로운 이름을 얻었습니다. 그리고 하나님은 벧엘에서 야곱에게 이렇게 말씀하셨습니다. 창세기 35장 10, 11절이 이렇게 증거합니다.

> 하나님이 그에게 이르시되 네 이름이 야곱이지마는 네 이름을 다시는 야곱이라 부르지 않겠고 이스라엘이 네 이름이 되리라 하시고 그가 그의 이름을 이스라엘이라 부르시고 하나님이 그에게 이르시되 나는 전능한 하나님이라 생육하며 번성하라 한 백성과 백성들의 총회가 네게서 나오고 왕들이 네 허리에서 나오리라

야곱을 만나 주신 분도 '전능한 하나님'이셨습니다. 그 전능한 하나님이 아브라함과 이삭에게 약속하셨던 그것을 야곱을 통해서도 이루어 가시겠다고 말씀하셨습니다. 이 사건 이후에 야곱은 비로소 사기꾼 같은 삶을 청산하고 하나님을 신뢰하는 견고한 신앙인으로

변화되었습니다.

하나님은 우리에게도 전능하신 분입니다. 아브라함과 야곱의 믿음이 처음부터 훌륭한 것은 아니었습니다. 전능하신 하나님이 그들을 그렇게 만들어 가셨습니다. 하나님은 그럴 능력이 충분히 있는 분이기 때문입니다. 그래서 우리에게도 소망이 있습니다. 우리가 비록 아브라함처럼 약속의 말씀을 받고도 여전히 온전히 순종하지 못한 상태에 있다 할지라도, 또 야곱처럼 내 생각대로 하는 삶이 최상이라 여기며 살아 지나온 삶이 비록 '험악한 세월'과 같았다 할지라도, 지금부터라도 오직 하나님만 붙들면 하나님은 우리의 인생을 새롭게 만들어 주시기에 충분하신 분입니다.

마리아는 그 전능한 하나님이 '큰일'을 자신에게 행하셨다고 고백하고 있습니다. 그 '큰일'은 두말할 필요도 없이 자신이 메시아를 잉태한 일입니다. 그러나 그것은 단순히 처녀가 남자를 통하지 않고 아이를 가졌음을 의미하는 것만은 아닙니다. 그것은 지금 말할 수 없는 고통 가운데 있는 이스라엘 백성들과 인류를 위한 하나님의 구원 역사가 시작되었다는 의미입니다. 그래서 큰일입니다.

모세는 자신의 생의 종착점을 앞두고, 하나님이 이스라엘 자손들에게 지난 40년 동안 역사하셨던 일에 대해 말하며 이렇게 고백합니다. 신명기 11장 7절입니다.

너희가 여호와께서 행하신 이 모든 큰일을 너희의 눈으로 보았느니라

여기서 말하는 '큰일'은 하나님이 애굽에서 노예살이 하던 이스

라엘 자손들을 출애굽하게 하셔서, 약속의 땅으로 인도하신 일을 의미합니다. 또한 신약성경에도 동일한 단어가 있습니다. 주께서 승천하신 후 오순절에, 마가의 다락방에서 기도하던 열두 사도를 비롯한 120명의 제자들에게 성령님이 임했습니다. 제자들은 나가서 복음을 전했습니다. 그런데 세계 각국에서 온 유대인들에게 자기가 사는 나라의 언어로 복음이 들렸습니다. 그때에 사람들이 보인 반응을 사도행전 2장 11절 하반절이 이렇게 증거합니다.

우리가 다 우리의 각 언어로 하나님의 큰일을 말함을 듣는도다

모세가 말하는 큰일도, 마리아가 노래하는 큰일도, 유대인들이 놀라며 말하는 큰일도 모두 하나님의 구원 역사를 말하고 있습니다. 그렇다면 우리에게 일어난 큰일은 무엇이겠습니까? 우리에게도 동일하게 '구원의 역사'입니다. 그 은총만 우리가 깊이 안다면, 비록 삶이 내 생각대로 펼쳐지지 않고 어렵고 힘들다 하더라도, 우리가 주님을 찬양할 수 있고, 주님을 기뻐할 수 있습니다.

지금 하나님을 찬양하고, 하나님을 기뻐하는 마리아의 모습을 머릿속에 그려 보십시오. 마리아에게 성령님이 임하고 계시고, 삼위일체이신 지극히 높으신 분의 능력이 마리아를 덮고 있습니다. 즉 하나님 안에 마리아가 있습니다. 그런데 그 마리아 안에 성부 하나님의 아들, 성자 하나님이신 예수님이 계십니다. 주님 안에 마리아가, 마리아 안에 주님이 계시는 것입니다.

요한복음 14장 16-21절이 이렇게 증거합니다.

내가 아버지께 구하겠으니 그가 또 다른 보혜사를 너희에게 주사 영원
토록 너희와 함께 있게 하리니 그는 진리의 영이라 세상은 능히 그를
받지 못하나니 이는 그를 보지도 못하고 알지도 못함이라 그러나 너희
는 그를 아나니 그는 너희와 함께 거하심이요 또 너희 속에 계시겠음이
라 내가 너희를 고아와 같이 버려두지 아니하고 너희에게로 오리라 조
금 있으면 세상은 다시 나를 보지 못할 것이로되 너희는 나를 보리니
이는 내가 살아 있고 너희도 살아 있겠음이라 그날에는 내가 아버지 안
에, 너희가 내 안에, 내가 너희 안에 있는 것을 너희가 알리라 나의 계
명을 지키는 자라야 나를 사랑하는 자니 나를 사랑하는 자는 내 아버지
께 사랑을 받을 것이요 나도 그를 사랑하여 그에게 나를 나타내리라

십자가에서의 죽으심을 목전에 두신 예수님은 제자들에게 당신
이 떠나고 난 후에 성령님이 오셔서 제자들과 함께 해주신다고 말씀
하셨습니다. 하나님의 영이자 예수님의 영이신 성령님이 함께하신
다는 말씀은 곧 주께서 끝까지 함께하시겠다는 말씀과 동일한 의미
였습니다. 이때까지만 해도 제자들은 예수님이 어떤 분인지 잘 알지
못했습니다. 여전히 예수님이 예루살렘에서 왕이 되시고 나면, 좋
은 자리를 차지해야겠다는 야망으로 가득 차 있었습니다. 그럼에도
주님은 제자들을 고아처럼 버려두지 않으셔서 성령님으로 함께하셨
고, 주님 안에 이미 그들을 품어 주셨습니다. 그것을 후에 알게 된 제
자들이 자기들 안에 주님을 품게 됨으로 그들을 자신의 인생을 새해,
새날로 가꾸어 갔을 뿐만 아니라 세상을 바꾸는 주님의 통로가 되었
습니다. 이 말씀을 처음 받은 제자들은 대부분 갈릴리 빈민 출신이라

입은 옷도 남루했고 학문 없는 범인(凡人)에 불과했지만, 제자들이 주님 안에 있고 주님이 제자들 안에 계셔 주셔서 그들은 세상을 새롭게 하는 주님의 손과 발이 되었습니다.

오늘은 '신년주일'입니다. 우리가 주님 안에 있지 않고 주님이 우리 안에 계시지 않으면, 올해는 묵은해의 연장일 뿐 새해가 될 수 없습니다. 우리가 주님 안에 있지 않으면, 올 한 해 동안 우리가 추구하고 성취하려는 모든 일은 우리 욕망의 산물일 뿐이요, 세속적 가치관이 보여 주는 무지개일 뿐입니다. 또한 주께서 말씀으로 우리 속에 계셔 주시지 않는다면, 우리의 1년은 칠흑같이 어두운 곳에서 아무런 조명 장비를 갖지 않은 채 길을 찾으려 함과 같고, 갓난아기가 부모의 양육을 받지 못하고 스스로 자라나야 함과 같습니다.

우리가 주님 안에 거하고 주님이 우리 안에 거하실 때에 우리 영혼 깊은 곳에서 "하나님, 하나님을 빛내고 자랑하고 높이고 하나님의 다스림을 받겠습니다"라는 찬양이 울려 나오게 될 것입니다. 그때의 우리 삶에 비록 아픔과 슬픔이 있어도 우리의 매일매일은 '새 날'이 되고, 우리의 올 한 해는 진정한 '새해'가 될 것입니다.

───────────────────────────────

하나님 아버지!

갈릴리의 벽촌 나사렛에 사는 마리아에게 성령님이 임하여 주시고, 지극히 높으신 분의 능력으로 덮어 주셔서 그를 하나님 안에 있게 하여 주옵소서. 또한 마리아로 하여금 성자 하나님이신 예수님을 잉태하게 하심으로 마리아 속에 주님이 계셔 주셨듯이, 우리도 주님 안에 있고 주님이 우리 안에 계시는 인생이 되게 하여 주옵소서.

때때로 우리의 인생이 비천하게 여겨질지라도 하나님이 우리를 돌보심으로 인해 우리 마음 깊은 곳에서 할렐루야, 하나님을 찬양하는 가락이 울려 나오게 하여 주옵소서. 또한 삶의 자리가 척박하게 여겨지고, 삶에 고달픔이 있을지라도 우리에게 '큰일'을 행하시는 하나님을 기뻐하게 하여 주옵소서.

올 한 해 동안 우리의 삶에 어떤 일이 펼쳐지든 간에 그것 때문에 일희일비하거나 우리의 신앙이 흔들리지 않게 하시고, 우리가 주님 안에 주님이 우리 안에 있음으로 인해 우리의 매일매일이 새날이 되고 365날이 모여 진정한 새해를 이루게 하여 주옵소서. 예수님의 이름으로 기도드립니다. 아멘.

18.

내 영혼이
주를 찬양하며 Ⅱ

누가복음 1장 46-56절

마리아가 이르되 **내 영혼이 주를 찬양하며** 내 마음이 하나님 내 구주
를 기뻐하였음은 그의 여종의 비천함을 돌보셨음이라 보라 이제 후로
는 만세에 나를 복이 있다 일컬으리로다 능하신 이가 큰일을 내게 행하
셨으니 그 이름이 거룩하시며 긍휼하심이 두려워하는 자에게 대대로
이르는도다 그의 팔로 힘을 보이사 마음의 생각이 교만한 자들을 흩
으셨고 권세 있는 자를 그 위에서 내리치셨으며 비천한 자를 높이셨고
주리는 자를 좋은 것으로 배불리셨으며 부자는 빈 손으로 보내셨도다
그 종 이스라엘을 도우사 긍휼히 여기시고 기억하시되 우리 조상에게
말씀하신 것과 같이 아브라함과 그 자손에게 영원히 하시리로다 하니
라 마리아가 석 달쯤 함께 있다가 집으로 돌아가니라

찬양의 방법과 내용

'하나님을 찬양하다'는 의미는 하나님을 빛내며 자랑하며 노래
하며 하나님의 다스림을 받겠다는 고백을 뜻한다고 말씀드렸습니다.
우리가 하나님을 찬양할 때 방법적으로는 하나님을 높여서 찬양할 수
도 있고, 나를 낮추어서 찬양할 수도 있습니다. 연말이 되면 각 방송

사에서 주최하는 연예대상, 연기대상 등의 시상식이 열립니다. 대상 수상자가 발표되면 사람들은 일어서서 그 사람에게 박수를 쳐 주며, 1년 동안 예능이나 연기에 관해서는 자기보다 높았음을 인정합니다. 그것이 그를 찬양하는 것입니다. 나를 낮추어서 상대를 높이는 좋은 예는 '절을 하는 것'입니다. 상대보다 내가 높은 위치에서 절을 한다면 그것은 어울리지 않습니다. 내가 낮은 곳에서 절을 하면 할수록 상대를 더 높이게 됩니다. 만약 상대를 바닥에 앉혀 놓고 내가 탁자 위에서 절을 한다고 하면, 그것은 오히려 상대에게 모욕을 주는 것이 됩니다.

또한 하나님을 찬양할 때에 구체적으로는 '하나님의 무엇'을 찬양하는 것이겠습니까? 단지 "하나님을 찬양합니다"라고 반복해서 노래하거나 외치면 되겠습니까? 하나님을 찬양하는 내용은 하나님의 역사하심을 말과 삶으로 노래하고 하나님의 성품, 즉 하나님의 하나님 되심을 말과 삶으로 고백하는 것입니다.

"하나님, 세속이라는 진창에 빠져 영원이 무엇인지 알지도 못한 저를 건져 주셔서 감사합니다. 인생의 고비마다 가야 할 길을 인도해 주셨고, 때로는 저를 생명싸개 속에 감추어 보호해 주셔서 감사합니다. 제가 욕망의 길로 달려가려 하거나 불의를 행하려 할 때 '그것은 아니야'라고 막아 주셔서 감사합니다"라고 고백한다면 이것은 하나님의 역사하심, 행하심을 노래하는 것입니다.

또한 "하나님! 제가 그렇게 세상을 저주하고, 하나님을 욕하며 하나님께 나아오지 않으려고 발버둥 쳤음에도 저를 포기하지 않으시고 이렇게 인도하심을 보면 하나님은 정말 자비로우신 분이시고, 오래 참으시는 분입니다"라고 한다면 이것은 하나님의 성품, 하나님의 하나님 되심을 노래하는 것입니다.

물론 이 두 가지가 나뉘어 있지 않고 동시에 일어납니다. 하나님이 우리 인생을 위해 행하신 역사를 인식하게 될 때, 우리는 하나님의 사랑을 만나게 되고, 우리가 하나님의 깊은 사랑을 직면하는 순간에 우리를 위하여 행하신 수많은 일들을 기억하게 됩니다.

마리아의 찬가

오늘 본문은 마그니피카트, '마리아의 찬가'입니다. 마리아는 자신이 하나님을 찬양하고, 하나님을 기뻐하는 이유를 48절부터 49절 상반절에서 이렇게 고백합니다.

그의 여종의 비천함을 돌보셨음이라 보라 이제 후로는 만세에 나를 복이 있다 일컬으리로다 능하신 이가 큰일을 내게 행하셨으니

마리아는 하나님이 자신의 비천함을 돌보시고, 자신에게 큰일을 행하셨음을 노래하고 있습니다. 즉 마리아는 자신에게 행하신 '하나님의 역사'를 노래합니다. 마리아의 노래는 다음과 같이 이어집니다. 49절 하반절부터 50절이 이렇게 증거합니다.

그 이름이 거룩하시며 긍휼하심이 두려워하는 자에게 대대로 이르는도다

마리아는 '하나님의 성품, 하나님의 하나님 되심'을 노래합니다. 그중에서도 하나님의 거룩하심과 긍휼하심을 노래하고 있습니다. 마리아가 하나님이 행하신 일을 찬양함에 그치지 않고, 하나님의 성품까지 찬양하는 이것은 우리의 신앙생활에도 아주 중요합니다. 신앙이 성숙해지고 깊어진다고 함은 곧 하나님이 어떤 분인지를 더 깊게 더 넓게 알아가는 것이기 때문입니다. 우리의 신앙생활이 하나님이 우리에게 행하신 일, 우리에게 주신 것에만 초점을 맞추기가 쉽습니다. 그렇게 되면 우리의 신앙이 성숙해지지 않습니다. 우리에게 일어난 일과 주어진 것보다 우리에게 그것을 주신 분이 누구인지가 훨씬 더 중요합니다. 그 하나님을 알아갈수록 하나님을 찬양할 수 있고, 하나님께 우리의 전부를 얹을 수 있기 때문입니다.

오늘 본문 46-50절을 다시 살펴보겠습니다.

마리아가 이르되 내 영혼이 주를 찬양하며 내 마음이 하나님 내 구주를 기뻐하였음은 그의 여종의 비천함을 돌보셨음이라 보라 이제 후로는 만세에 나를 복이 있다 일컬으리로다 능하신 이가 큰일을 내게 행하셨으니 그 이름이 거룩하시며 긍휼하심이 두려워하는 자에게 대대로 이르는도다

이 다섯 절에서 가장 많이 등장하는 단어가 '나' 또는 '내'라는 1인칭 단수 대명사입니다. 신앙의 출발은 나와 하나님과의 관계입니다. 나와 하나님과의 관계로 시작된 신앙이 나와 공동체와 하나님과의 관계로 확대되어 가고, 나와 사회 그리고 인류와 하나님과의 관계로 승

화되어 갑니다.

마리아의 노래는 한나의 노래와 깊은 관련이 있습니다. 한나는 아기를 갖지 못하는 여인이었습니다. 남편 엘가나의 다른 아내 브닌나는 아기를 낳은 걸로 보아, 불임의 원인은 자신에게 있는 게 틀림없다고 생각했을 것입니다. 그러했던 한나가 마침내 하나님이 돌보아 주셔서 아기를 갖게 되었습니다. 한나가 사무엘을 낳고서 부른 찬양의 기도를 사무엘상 2장 1절은 이렇게 증거합니다.

한나가 기도하여 이르되 내 마음이 여호와로 말미암아 즐거워하며 내 뿔이 여호와로 말미암아 높아졌으며 내 입이 내 원수들을 향하여 크게 열렸으니 이는 내가 주의 구원으로 말미암아 기뻐함이니이다

한나도 1인칭으로 고백합니다. 마리아의 노래와 한나의 노래는 내용과 분위기가 서로 비슷합니다. 이는 마리아가 한나의 신앙고백 노래를 수용하여 자기의 말로 고백한 것입니다.

다윗이 원수들의 손아귀에서와 사울 왕의 추격에서 벗어나게 되었을 때 하나님을 향해 이렇게 노래했습니다. 사무엘하 22장 2, 3절이 이렇게 증거합니다.

이르되 여호와는 나의 반석이시요 나의 요새시요 나를 위하여 나를 건지시는 자시요 내가 피할 나의 반석의 하나님이시요 나의 방패시요 나의 구원의 뿔이시요 나의 높은 망대시요 그에게 피할 나의 피난처시요 나의 구원자시라 나를 폭력에서 구원하셨도다

다윗도 하나님을 전부 1인칭으로 고백하고 있습니다. 이 두 절 속에 '나' 또는 '내'라는 말이 무려 열두 번이나 나옵니다. 사울 왕은 자기 부하이자 사위인 다윗을 잡겠다고 3,000명의 군인을 선별해서 데리고 다녔습니다. 지금도 3,000명의 군인은 적은 숫자가 아닙니다. 하물며 3,000년 전에 3,000명은 얼마나 많은 수의 군사였겠습니까? 다윗은 사울 왕의 추격을 피하기 위해 적국이었던 블레셋에 속한 가드 왕 아기스에게 갔습니다. 그런데 거기도 안전하지 않음을 알고서 미친 사람처럼 행동하며 성문 문짝에 아무렇게나 글자를 끄적거리기도 하고, 수염에 침을 질질 흘리며 도망을 나오기도 했습니다. 그런 위기들 속에서 건짐받았던 다윗이 어떻게 하나님을 1인칭으로 고백하지 않을 수 있었겠습니까? 그래서 다윗은 자신을 온전히 하나님께 맡겨 "내가 여호와의 집에 영원히 살리로다"라고 고백했습니다.

사도 바울도 하나님에 대해 이렇게 고백합니다. 빌립보서 1장 3, 4절이 이렇게 증거합니다.

> 내가 너희를 생각할 때마다 나의 하나님께 감사하며 간구할 때마다 너희 무리를 위하여 기쁨으로 항상 간구함은

바울에게도 하나님은 1인칭이었습니다. 사도 바울에게 빌립보 교회는 특별했습니다. 사도 바울이 실라 등과 함께 2차 전도여행 중일 때, 성령님은 그가 소아시아에서 말씀을 전하지 못하게 하셨습니다. 그래서 비두니아로 가려고 했는데 그것도 막으셨습니다. 그

런 중에 마게도냐 사람이 "건너와서 도와주십시오"라고 말하는 환상을 보고서, 그것을 하나님의 인도하심으로 확신하고 빌립보로 향했습니다. 그러나 바울 일행을 기다리고 있는 사람은 아무도 없었습니다. 귀신이 들려 점을 치는 여종을 고쳐 주었는데, 그다음에는 심한 매질과 투옥이 기다리고 있었습니다. 그럼에도 바울과 실라는 감옥에서 기도와 찬송을 올려 드렸습니다. 그것이 계기가 되어서 간수와 가족들이 세례를 받게 되었고, 빌립보교회가 시작되었습니다. 그 모든 일이 참 신비한 하나님의 역사였습니다. 그래서 후에 바울이 로마의 감옥에서 빌립보교회를 생각하며 편지를 쓸 때 '나의 하나님'께 감사한다고 합니다.

또한 사도 바울은 예수 그리스도에 대해서도 이렇게 고백합니다. 빌립보서 3장 7절부터 8절 상반절이 이렇게 증거합니다.

> 그러나 무엇이든지 내게 유익하던 것을 내가 그리스도를 위하여 다 해로 여길뿐더러 또한 모든 것을 해로 여김은 내 주 그리스도 예수를 아는 지식이 가장 고상하기 때문이라

바울의 예수 그리스도에 대한 고백도 1인칭입니다. '내 주 그리스도 예수를 아는 지식이 가장 고상하다'는 고백은 사도 바울만이 아니라 그리스도 예수께 붙잡힌 바 된 사람들의 공통적인 고백일 것입니다. 사도 베드로에게 예수 그리스도가 누구신지를 물으면 이렇게 고백할 것입니다. "예수 그리스도는 제게 참 고상하신 분입니다. 저는 한평생 물고기 잡는 일로 잔뼈가 굵은 어부라 어부로 생을 마칠

수밖에 없었는데, 주님이 저를 찾아오셔서 사람을 낚는 어부가 되게 해주셨습니다"라고 말할 것입니다. 또한 마태나 삭개오에게 예수 그리스도가 누구신지를 물으면 역시 이렇게 고백할 것입니다. "예수 그리스도는 제게 참 고상하신 분입니다. 저는 세리로 살면서 한평생 사람들을 착취하며, 돈의 노예로 살 수 밖에 없었는데 주님으로 인해서 인생이 새로워지고, 영원한 생명을 얻게 되었습니다"라고 말할 것입니다.

그리스도를 만나기 이전에 바울은 스스로의 삶을 고상하다고 여기며 살았습니다. 자신은 정통 유대인이었고, 다소에서 태어나고 자랐을지라도 히브리말을 구사할 줄 알았고, 율법을 철저하게 지키는 바리새인이었습니다. 게다가 당대의 석학이었던 가말리엘의 문하생이었습니다. 그런 것들이 자신을 고상하게 만들어 준다고 굳게 믿고 있었습니다. 나사렛 예수는 천박함과 하찮음 그 자체라고 여겼습니다. 그래서 그를 추종하는 사람은 모두 투옥되어도 마땅하다고 여겨 다메섹까지 그리스도인들을 잡으러 가다가 부활하신 주님을 만났습니다. 아니 주님이 자신을 만나 주시고, 사도로 삼아 주셨습니다. 그래서 사도 바울에게 '나사렛 예수'는 '내 주 그리스도 예수'가 되었습니다.

우리에게도 신앙고백은 참 중요합니다. '하나님이 나에게 어떤 분이신지?', '예수 그리스도는 나와 어떤 관계가 있는지'를 자문하고 자답하는 것입니다. 우리는 매 주일 예배시간마다 사도신경으로 우리 교회 공동체의 신앙을 고백합니다. "전능하사 천지를 만드신 하나님 아버지를 내가 믿사오며"로 시작됩니다. 영어로는 "I believe"로 시작됩니다. 즉 우리 각자 각자의 신앙고백 위에 우리 교회 공동체의 신앙이 세워지는 것입니다.

우리는 사도신경으로 신앙고백을 할 때 모두 눈을 감고서 합니다. 아마 우리가 눈을 감는 이유는 외우고 있는 사도신경을 고백할 때, 틀리지 않기 위해서일 것입니다. 그러나 사실 사도신경은 눈을 감고서 하기보다 눈을 뜨고 하는 것이 더 옳을 것입니다. 만약 누군가가 나에게 "당신은 삼위일체 하나님에 대해서 무엇을 믿습니까?"라고 질문할 때에, 우리가 두 눈을 질끈 감고서 "나는 전지전능하신 하나님이 천지를 창조하심을 믿습니다. 또 그 아들 예수님이 처녀의 몸에서 나시고, 나를 위해서 죽으시고 부활하셨음을 믿습니다. 성령님도 하나님이심을 믿습니다"라고 말한다면, 오히려 상대방이 의아하게 생각할 것입니다. 그 질문을 한 사람의 눈을 쳐다보면서 "저는 전지전능하신 하나님이 천지만물을 창조하신 분임을 믿습니다. 또 제 죄를 속죄하기 위해서 그 아들이신 예수께서 십자가에서 죽으셨음도 믿습니다. 그리고 하나님이신 성령님이 지금 저와 함께하셔서, 저를 진리로 인도하고 계심을 믿습니다"라고 또박또박 천천히 말해야 할 것입니다.

저는 사도신경과 함께 도마가 예수님을 향해 한 고백을 제 신앙고백으로 여기고 있습니다. 예수님이 십자가에 달려 돌아가신 후, 이미 부활하셨음에도 불구하고 제자들은 두려워서 문을 걸어 잠그고 있었습니다. 주님이 제 삼일에 부활하신다고 여러 번 말씀하셨지만 제자들은 까맣게 잊고 있었습니다. 그 두려움의 현장에 주님이 나타나셔서 제자들을 위로해 주셨습니다. 그런데 어떻게 된 연유였는지 도마는 그곳에 없었습니다. 후에 여러 제자들이 주님을 보았다고 했지만 도마는 믿지 않았습니다. 오히려 그 손의 못자국과 옆구리에 손을 넣어 보지 않고는 믿지 않는다고 반발했습니다. 그로부터 8일이 지난 후 다시 주님이 나타나셨습니다. 그리고 도마에게 못자국과 창자국을 보여 주셨습니다. 그때 도마가 이른 말을 요한복음 20장 28절이 이렇게 증거합니다.

도마가 대답하여 이르되 나의 주님이시요 나의 하나님이시니이다

우리말 표현으로는 서술문으로 되어 있지만, 헬라어성경에는 '감탄문'으로 되어 있습니다. 좀 더 정확하게 번역하면 이렇습니다. "아! 나의 주님! 아! 나의 하나님!"

예수 그리스도께서 '나의 주님'이시라는 의미는 저는 주님의 종이라는 뜻입니다. 종에게는 반드시 자신의 값을 지불하고 사 주신 주인이 있습니다. 예수 그리스도께서는 영원한 생명의 핏값으로 저를 사 주신 분이라는 의미입니다. 또한 종은 자기 뜻이나 자기 계획이 아니라 주인의 뜻과 계획을 따라서 사는 존재입니다. 저 역시 아직 갈 길이 멀지만, 제 뜻이나 계획이 아니라 주님의 뜻과 계획에 순종하는 삶을 살기를 소망하는 것입니다. 또한 예수 그리스도께서 '나의 하나님'이라는 의미는 '하나님'은 '창조자'란 의미이기에 주님은 저의 창조자가 되신다는 고백입니다. 어떤 제품이든 그것을 만든 사람이 그 제품에 대해서 가장 잘 알듯이 주님이 저를 만드신 분이기 때문에 저를 가장 잘 아시고, 또 가장 좋은 길로 인도해 주심을 믿습니다.

찬송가 310장 '아 하나님의 은혜로'

　　30여 년 전에는 교단별로 사용하는 찬송가가 서로 달랐습니다. 그래서 연합집회 순서지를 보면 '개편찬송가 ○○○장', '새찬송가 ○○○장', '합동찬송가 ○○○장'이라 쓰여 있곤 했습니다. 그러다가 1983년에 '통일찬송가'가 발간되어서 마침내 한국 교회는 한 개의 찬송가를 사용하게 되었습니다.

　　찬송가 310장은 '아 하나님의 은혜로'입니다. 1절 가사가 이러합니다.

> 아 하나님의 은혜로 이 쓸데없는 자
> 왜 구속하여 주는지 난 알 수 없도다
> 내가 믿고 또 의지함은 내 모든 형편 아시는 주님
> 늘 보호해 주실 것을 나는 확실히 아네

　　찬송가 310장은 4절로 구성되어 있습니다. 그런데 본래 이 찬송은 5절로 구성되어 있었습니다. 통일찬송가를 만들면서 4절을 빼고 5절을 4절로 만들었고, 지금 사용하는 찬송가로 다시 개편할 때에도 여전히 4절로만 되어 있습니다. 본래 있었던 4절이 이러합니다.

> 이 초로(草露) 인생 살 동안 내 갈 길 편할지
> (I know not what of good or ill, May be reserved for me)

혹 환난 고통당할지 난 알 수 없도다

(Of weary ways or golden days, before His face I see.)

하나님께 마음 깊은 곳에서 나오는 찬양을 드릴 수 있는 사람은 하나님의 역사하심에, 또 하나님의 하나님 되심에 자신의 인생 전체를 올려 드리는 사람입니다.

혹시 어릴 때 부모님과 함께 동물원이나 놀이공원에 갔다가 길을 잃어 본 적이 있습니까? 아이가 부모와 함께 사람들이 많은 놀이공원에 갔다가 그 부모를 잃으면 물론 길을 잃은 그 아이도 엄마 아빠를 열심히 찾겠지만, 부모는 그것과 비교할 수 없을 정도로 더 열심히 아이를 찾습니다. 혹 길을 잃은 아이는 파출소에서 경찰 아저씨가 주는 밥도 먹고 과자도 먹고 놀고 있을 수 있지만, 부모는 식음을 전폐하다시피 하며 아이를 찾습니다.

누가복음 15장에 보면 '집을 나간 둘째 아들 비유'가 나옵니다. 둘째는 돈이 다 떨어지고 자신을 도울 사람이 아무도 없다는 사실을 알았을 때, 비로소 아버지를 기억했지만, 아버지는 아들이 떠나는 날부터 돌아오는 날까지 자식 걱정을 하며 기다리고 있었습니다.

하나님은 언제나 우리를 위해 충분히 역사하시는 분이고, 우리의 하나님이 되어 주시는 분입니다. 그것을 우리의 생의 순간순간마다는 깨닫지 못해도, 우리의 지나온 생애를 돌아보면 하나님이 우리를 참 많이 찾으러 다니셨고, 또 우리를 위해 많은 애를 태우셨음을 인정하게 됩니다. 그래서 우리의 한 해 인생길이 고속도로와 같아도 하나님께 우리를 맡길 수 있고, 혹 우리의 인생이 길이 보이지 않는

숲속이나 길이 없는 광야와 같을지라도 우리를 하나님께 얹을 수 있습니다. 왜냐하면 하나님은 우리에게 충분히 역사하시는 분이고, 우리에게 하나님이 되시기 때문입니다. 그것이 깊이 깨달아질수록 마리아가 불렀던 찬양처럼 우리 마음 깊은 곳에서도 찬양이 울려 퍼지게 될 것입니다.

하나님 아버지!

"여종의 비천함을 돌보시고, 큰일을 행하셨다"고 노래하는 마리아의 고백이 바로 우리의 고백입니다. 하나님은 우리의 비천함도 돌보셨고, 우리를 위해서도 큰일을 행하셨습니다. 또한 "그 이름이 거룩하시며, 긍휼하심이 대대에 이르는도다"라고 노래하는 마리아의 고백도 우리의 고백입니다. 하나님은 우리에게도 언제나 거룩한 분이고, 긍휼을 베푸시는 분입니다. 하나님께 우리를 온전히 얹어 드리는 그리스도인이 되게 하여 주옵소서. 마리아에게 한나에게 다윗에게 사도 바울에게 모두 '내 구주', '내 하나님'이 되어 주셔서 그들이 하나님의 역사하심과 하나님의 하나님 되심을 보여 주는 통로가 되었듯이, 우리에게도 1인칭의 하나님 '내 구주', '내 하나님'이 되셔서, 우리가 이 세상에서 하나님을 나타내는 하나님의 손과 발이 되게 하여 주옵소서.

올 한 해 동안, 또 우리의 남은 인생길이 어떻게 펼쳐지든지, 우리 인생 전부를 하나님께 얹어서 우리의 인생이 하나님을 찬양하는 악보가 되게 하시고, 우리의 몸이 하나님을 연주하는 악기가 되게 하여 주옵소서. 예수님의 이름으로 기도드립니다. 아멘.

19.

내 영혼이
주를 찬양하며 Ⅲ

누가복음 1장 46-56절

마리아가 이르되 **내 영혼이 주를 찬양하며** 내 마음이 하나님 내 구주
를 기뻐하였음은 그의 여종의 비천함을 돌보셨음이라 보라 이제 후로
는 만세에 나를 복이 있다 일컬으리로다 능하신 이가 큰일을 내게 행하
셨으니 그 이름이 거룩하시며 긍휼하심이 두려워하는 자에게 대대로
이르는도다 그의 팔로 힘을 보이사 마음의 생각이 교만한 자들을 흩
으셨고 권세 있는 자를 그 위에서 내리치셨으며 비천한 자를 높이셨고
주리는 자를 좋은 것으로 배불리셨으며 부자는 빈 손으로 보내셨도다
그 종 이스라엘을 도우사 긍휼히 여기시고 기억하시되 우리 조상에게
말씀하신 것과 같이 아브라함과 그 자손에게 영원히 하시리로다 하니
라 마리아가 석 달쯤 함께 있다가 집으로 돌아가니라

소설 〈연어〉

작가 안도현 선생의 작품 중에 '연어'라는 어른들을 위한 동화
같은 소설이 있습니다. 이 작품은 연어가 모천회귀성(母川回歸性) 어
류, 즉 연어는 자기가 태어난 물로 돌아가는 물고기라는 것을 동기로
쓴 글입니다.

연어는 알에서 부화되어 이듬해 봄 자기가 태어난 강을 떠나 알래스카까지 헤엄쳐 갑니다. 그리고 수년이 지나 떠났던 길을 다시 거슬러 강으로 돌아와 산란하고 죽습니다. 일반 연어의 색깔은 등이 검푸르고 배는 은백색이지만, 소설 속의 주인공 연어는 온몸이 은빛 비늘로 가득합니다. 이 은빛연어가 다른 연어들과 함께 자기들이 태어난 강으로 돌아가는 과정에서 '눈맑은연어'와 사랑을 나누고 '초록강'을 거슬러 올라가며 성장해 간다는 내용이 소설의 줄거리입니다.

초록강을 거슬러 올라가면서 은빛연어는 초록강으로부터 알지 못했던 아버지 연어에 대해서 듣게 되었습니다.

"네 아버지는 쉬운 길을 가지 않는 연어였어."

'쉬운 길'은 연어들이 쉽게 상류로 올라갈 수 있도록 인간이 만들어 놓은 길이었습니다. 연어들이 강 상류로 가기 위해서는 폭포를 뛰어넘어야 합니다. 그런데 그것을 포기하고 편한 길만 좋아하면 점점 도태되어 결국은 인간들에게 길들여지고 먼 훗날 폭포를 뛰어넘을 수 있는 연어는 한 마리도 남지 않게 된다는 것이 은빛연어 아버지의 생각이었습니다. 그러나 결국 폭포를 뛰어넘는 과정에서 희생자가 계속 생겨나자 아버지는 지도자의 자리를 내놓았다고 들려주었습니다.

은빛연어 일행이 폭포에 다다랐을 때 똑같은 상황이 전개되었습니다. 거친 폭포 물살로 인해서 연어들이 쉽게 폭포를 타고 올라갈 수 없었습니다. 그 폭포를 올라가야만 산란할 수 있는데, 그 폭포를 뛰어넘는 과정은 연어들에게 아주 힘든 일이었습니다. 어떻게 하면 폭포를 타고 올라갈 수 있는지 여러 연어들이 회의를 열었습니다. 여러 의견들이 있었지만, 과학자인 **빼빼** 마른 연어가 인간이 만들어 놓은 길을 발견하고 죽었기 때문에 그 길로 가자는 의견에 다른 연어들의 마음이 흔들리고 있었습니다. 그때 은빛연어는 "인간들이 만들어 놓은 쉬운 길은 연어의 길이 아니야"라며, 폭포를 타고 올라가자고 호소했습니다.

다른 연어들이 "우리는 쉬운 길을 통해서라도 폭포를 올라가서 알을 낳고 종족을 보존하겠다"라고 하자, 은빛연어는 "우리에게 중요한 것은 단지 알을 낳는 일이 아니라 건강하고 좋은 알을 낳는 것"이라고 역설하며 "우리가 쉬운 길을 선택하면 우리 새끼들도 쉬운 길로 가려고 하게 되고 그러다 보면 그것에 더 익숙해질 거야"라고 말했습니다. 계속해서 말하기를 "그러나 만약 고통을 감수해서라도 폭포를 타고 올라가서 알을 낳는다면 환희는 더욱 커질 거야"라고 호소했습니다. 그 말에 감동받은 연어들은 마침내 폭포를 타고 올라가 건강한 알들을 산란하게 됩니다. 은빛연어가 그렇게 호소할 수 있던 원동력은 그 마음속에 아버지가 살아 있었기 때문이었습니다.

성경은 하나님이 어떤 분인지에 대해 가장 많이 말씀합니다. 성경에는 우리 인간이 그렇게 형편없음에도 끝까지 사랑하시며, 독생자를 십자가에 못 박으시기까지 인간을 포기하지 않는 하나님의 거룩한 집념이 나타나 있습니다. 은빛연어가 아버지 연어가 어떤 존재인지를 알았을 때 더욱 연어다울 수 있었듯이, 우리가 하나님이 어떤 분인지를 알면 알수록 하나님의 은총을 누리며 하나님의 자녀다운 삶을 살아갈 수 있습니다.

역설의 은총

마리아는 하나님이 자신의 비천함을 돌보아 주시고, 자신에게 큰일을 행하셨기에 하나님을 찬양하고 하나님을 기뻐한다고 고백합니다. 마리아는 그 감격의 찬양을 개인적인 체험에서 시작했지만 그것으로 끝내지 않고, 이스라엘 공동체로 확대시키고 있습니다. 즉 마리아는 하나님이 자신에게만 비천함을 돌보시고 큰일을 행하신 것이 아니라, 지금까지 자기 민족에게도 동일하게 행하셨다고 고백합니다. 51절 상반절이 이렇게 증거합니다.

그의 팔로 힘을 보이사

이 표현은 출애굽을 연상하게 합니다. 성경에서 '하나님의 손'이나 '하나님의 팔'은 대부분 '하나님의 능력'을 상징합니다. 모세가 가나안 땅을 목전에 두고 있는 이스라엘 자손들에게 출애굽을 행하신 하나님의 역사를 설교하면서 이렇게 말했습니다. 신명기 26장 8, 9절이 이렇게 증거합니다.

여호와께서 강한 손과 편 팔과 큰 위엄과 이적과 기사로 우리를 애굽에서 인도하여 내시고 이곳으로 인도하사 이 땅 곧 젖과 꿀이 흐르는 땅을 주셨나이다

모세는 하나님이 우리 이스라엘 자손들을 '강한 손'과 '편 팔'로

인도해 내셨다고 고백합니다. 이 이후에도 이스라엘 자손들은 출애굽을 떠올릴 때마다 하나님의 '강한 손'과 '편 팔'로 그 일을 이루셨다고 고백합니다. 또한 마리아는 '그 힘'을 보이셨다고 노래합니다. 여기에서 말하는 힘은 '다스리는 힘'을 의미합니다. 한 나라의 대통령에게는 그 나라를 다스릴 수 있는 힘이 있듯이, 하나님께는 천지만물을 다스리시는 힘이 있습니다.

하나님이 팔의 힘으로 무슨 일을 하셨는지를 51절 하반절부터 53절이 이렇게 증거합니다.

> 마음의 생각이 교만한 자들을 흩으셨고 권세 있는 자를 그 위에서 내리치셨으며 비천한 자를 높이셨고 주리는 자를 좋은 것으로 배불리셨으며 부자는 빈 손으로 보내셨도다

마리아는 '역설의 은총을 베푸시는 하나님'을 노래합니다. '교만한 자', '권세 있는 자', '부자'는 모두 하나님이 필요 없다고 여기는 사람들입니다. '교만하다' 함은 '다른 사람 위에서 뽐냄'을 의미합니다. 즉 하나님을 신뢰하지 않고 자기 자신을 신뢰함을 가리킵니다. 자신이 지금 누리는 모든 것은 자신이 다른 사람들보다 우월했기에 자신이 이루어 냈다고 생각합니다. 그래서 하나님은 그들을 흩으셨다고 하십니다.

우리가 지금 누리는 것들 중에서 하나님이 주시지 않은 것은 하나도 없습니다. 우리가 가지고 있고 누리는 모든 것을 내가 이루었다고 생각하고 심지어 신앙마저도 내가 이루었다는 생각이 교만입니

다. 다른 사람들 앞에서 말로 하는 표현이 아니라, 마음 깊은 곳에서 "내게 있는 모든 것이 하나님으로부터 왔습니다"라고 고백하는 것이 겸손입니다.

하나님이 '권세 있는 자'는 그 위에서 내리치셨다고 하십니다. 하나님이 권세 자체를 싫어하시는 게 아닙니다. 하나님이 권세를 싫어하신다면 다윗을 왕으로 세우시고 그를 사용하지 않으셨을 겁니다. 또 로마서 13장 1절은 이렇게 증거합니다.

> 각 사람은 위에 있는 권세들에게 복종하라 권세는 하나님으로부터 나지 않음이 없나니 모든 권세는 다 하나님께서 정하신 바라

사도 바울이 로마서를 쓸 때 로마의 황제는 네로였습니다. 구약 성경에서 가장 악한 왕으로 아합을 떠올리듯이, 로마시대에 그리스도인들을 극심하게 박해했던 로마 황제로는 네로가 연상됩니다. 그래서 그는 폭군의 전형과도 같은 인물입니다. 그럼에도 불구하고 위에 앉아 있는 권세자들에게 복종하라고 합니다. 아무리 악하게 보이는 통치자라 할지라도 하나님이 그것을 모르시지 않기 때문입니다. 오늘 본문은 하나님이 권세 있는 자를 내리치셨다고 하시는데, 그것은 그 권세 때문이 아니라 그 권세가 하나님께로부터 온 줄 알지 못하고 자기 것인양 남용하는 사람이었기 때문입니다.

부자의 경우도 동일합니다. 하나님이 부자 자체를 싫어하신 일은 없습니다. 아브라함은 아주 부자였습니다. 가나안 북부지방의 네 왕이 가나안 남부지방의 다섯 왕을 징벌하기 위해 전쟁을 일으켰을

때, 소돔에 살고 있던 아브라함의 조카 롯도 포로로 잡혀 가고 재산까지 노략질을 당했습니다. 그때 아브라함은 자기 집에서 키우고 훈련한 사람 318명을 거느리고 가서, 롯을 비롯하여 사로잡혀 간 부녀자들과 사람들은 물론 모든 재산까지 되찾아 왔습니다. 318명이나 되는 군인을 먹이고 입혀 키우고 훈련하는 일은 아무나 할 수 없습니다. 상당한 재력을 갖추어야 가능합니다.

또한 욥은 양이 7,000마리, 낙타가 3,000마리, 겨릿소가 500쌍, 암나귀 500마리를 가진 부자였습니다. 솔로몬 왕 때는 돈으로 사용되는 은이 얼마나 많았던지 예루살렘에서는 은이 돌같이 흔했습니다. 하나님이 부자를 싫어하셨다면 이들을 비롯한 부자들은 모두 성경에서 빠져야 됩니다. 디모데전서 6장 10절은 이렇게 증거합니다.

> 돈을 사랑함이 일만 악의 뿌리가 되나니 이것을 탐내는 자들은 미혹을 받아 믿음에서 떠나 많은 근심으로써 자기를 찔렀도다

'돈을 사랑함'이 일만 악의 뿌리가 된다고 하는데, 돈을 사랑한다는 말씀은 무슨 의미입니까? 돈을 사랑함은 돈 자체뿐만 아니라, 돈이 해줄 수 있는 목적을 생각하고 사랑하는 마음입니다. 돈이 해줄 수 있고 살 수 있는 것이 참 많지만, 정말 중요한 인격적이고 영적이고 영원에 대해서는 해줄 수도 살 수도 없습니다. 그리스도인들은 돈이 가진 힘과 그로 인해 얻을 수 있는 목적이 아니라, 하나님이 해주시는 일들, 하나님이 독생자의 피로 사서 주신 영원한 것을 사모하는 사람들입니다. 자신의 인생이 다른 사람의 인생보다 우월하다고 여

겨 다른 사람을 정죄하는 사람들, 자기 인생의 주인을 자신으로 삼는 사람들, 하나님 없이도 인생을 충분히 즐기며 살 수 있다고 여기며 영생에는 관심이 없는 사람들이 바로 마음의 생각이 교만한 자요, 권세 있는 자요, 부자입니다.

반면에 하나님이 높여 주시는 '비천한 자'와 좋은 것으로 배불리시는 '주리는 자'는 '하나님을 바라볼 수밖에 없는 사람'들입니다. 성경에서 비천한 자와 주리는 자의 대표적인 사람은 고아와 과부와 객(이방인)입니다. 하나님은 그런 사람들을 위해서 특별히 말씀하셨습니다. 신명기 24장 19절은 이렇게 증거합니다. 새번역입니다.

> 당신들이 밭에서 곡식을 거둘 때에, 곡식 한 묶음을 잊어버리고 왔거든, 그것을 가지러 되돌아가지 마십시오. 그것은 외국 사람과 고아와 과부에게 돌아갈 몫입니다. 그래야만 주 당신들의 하나님이 당신들이 하는 모든 일에 복을 내려 주실 것입니다.

이스라엘 자손들이 농사를 지어 추수를 하다가 혹시 밭에 한 묶음의 곡식을 두고 왔거든 가지러 가지 못하게 하셨습니다. 그뿐만 아니라 추수 중에 밭에 떨어진 곡식도 줍지 못하게 하셨고, 아예 밭의 한 모퉁이를 베지 못하게 하셨습니다. 가난한 사람들은 그 남겨진 곡식을 주워 먹고 살았습니다. 그러니까 비천한 사람들, 굶주리는 사람들은 하나님의 보호 아래에서만 살 수 있었던 것입니다.

마리아의 노래는 이렇게 끝이 맺어집니다. 54, 55절은 이렇게 증거합니다.

그 종 이스라엘을 도우사 긍휼히 여기시고 기억하시되 우리 조상에게 말씀하신 것과 같이 아브라함과 그 자손에게 영원히 하시리로다 하니라

이스라엘 백성을 '종'이라고 표현하고 있습니다. 여기서 말하는 '종'의 문자적인 의미는 '노예'가 아니라 '어린아이'입니다. 어린아이의 큰 특징 중의 하나는 다른 사람의 도움을 받지 않으면 스스로 생존함이 불가능하다는 것입니다. 앞에 나온 '비천한 자'와 '주리는 자'와 같은 개념입니다.

마리아는 하나님이 긍휼을 베풀어 주시는데, 한두 번 또는 일정한 기간에만이 아니라 영원히 베풀어 주신다고 노래합니다. 하나님이 아브라함과 그 후손에게 영원히 긍휼을 베푸신다고 말씀하시는데, 아브라함이 입은 긍휼에 대해서 히브리서 6장 13-15절은 이렇게 증거합니다.

하나님이 아브라함에게 약속하실 때에 가리켜 맹세할 자가 자기보다 더 큰 이가 없으므로 자기를 가리켜 맹세하여 이르시되 내가 반드시 너에게 복 주고 복 주며 너를 번성하게 하고 번성하게 하리라 하셨더니 그가 이같이 오래 참아 약속을 받았느니라

아브라함이 하나님이 맹세까지 하시며 주시겠다고 약속하신 복을 받을 수 있었던 것은 그가 오래 참았기 때문이라고 하십니다. 그런데 정말 아브라함이 오래 참았습니까? 아닙니다. 사실은 하나님이 아브라함에 대해 오래 참아 주시고, 긍휼을 베풀어 주셨습니다.

하나님이 아브라함을 부르시고 말씀하시기를, "내가 네게 보여 주는 땅으로 가면 큰 민족을 이루고, 네 이름이 창대하게 하겠다. 너는 복이 될 것이다"라고 하셨습니다. 하지만 아브라함이 하나님께 온전히 순종하는 자리, 독자 이삭을 바치는 자리까지 이르는 데까지는 40년 이상이 지난 후였습니다. 그동안에 아브라함은 자신의 생명을 부지하기 위해 아내를 누이라고 두 번씩이나 속였고, 하나님의 약속을 기다리지 못하고 하갈에게서 이스마엘을 낳아 키우는 재미에 빠져 살기도 했습니다. 하나님이 그에게 긍휼을 베풀지 않으셨다면 믿음의 조상 아브라함은 없었을 것입니다.

아브라함뿐만 아니라 모든 하나님의 사람들도 동일합니다. 다윗이 밧세바 사건을 일으켰을 때, 하나님이 "어떻게 네가 내 앞에서 이렇게 행할 수 있단 말이냐"라고 말씀하시며 그를 긍휼히 여겨 주시지 않았다면 임금 다윗은 존재했을지라도, 하나님의 사람 다윗은 존재하지 않았을 것입니다. 베드로가 주님을 세 번 부인할 때에도 주님은 오래 참으셨고, 사울이 살기등등하여 다메섹으로 그리스도인들을 잡으러 갈 때에도 주님은 오래 참아 주셨습니다. 그래서 그들은 주님의 사도가 되었고, 그리스도인의 사표(師表)가 되었습니다.

마리아가 노래하는 엘리사벳의 집 안을 머릿속에 그려 보십시오. 그 속에는 엘리사벳과 마리아 단 두 사람만이 있습니다. 그저 평범하게 보이는 두 임신부입니다. 하지만 그 두 사람은 우리의 한계를 초월해서 역사하시는 하나님을 아주 또렷하게 보여 줍니다.

엘리사벳은 한평생 아기를 갖기 원했지만 임신하지 못했습니다. 그 일을 위해서 참 오랫동안 기도했지만 이루어지지 않았습니다. 그래서 절망으로 한으로 남아 있었습니다. 더군다나 그녀는 이제 아이를 가질 수 없는 나이가 되었습니다. 그런 상황에서 하나님의 긍휼하심이 임했습니다. 마침내 그녀는 임신하게 되었고, 그 아이가 주님이 오시는 길을 준비하는 사람이 된다는 약속을 들었습니다. 엘리사벳은 평생 기도했던 제목을 넘어서 응답받음으로써 하나님의 긍휼을 경험했습니다.

반면에 마리아는 아기를 갖기 위해 기도한 적이 없었습니다. 사실은 이제 막 가임기에 들어선 10대 중후반의 소녀였습니다. 요셉과 정혼은 했지만 아직은 결혼할 때를 기다려야 했습니다. 마리아는 아이를 갖지 못해 한으로 여기며 살지도 않았고, 자식이 없는 절망을 경험하지도 않았습니다. 마리아는 기대도 기도도 하지 않았음에도 생각을 넘어서 역사하시는 하나님이 긍휼을 베풀어 주심으로 예수 그리스도가 이 땅에 오시는 통로가 되었습니다.

때로 하나님은 엘리사벳의 경우처럼, 우리가 오랫동안 기도해 온 인생 최고의 기도 제목, "하나님, 이 기도 제목만은 꼭 이루어 주십시오"라고 눈물을 뿌린 처절한 기도에 응답하심으로 우리에게 긍휼을 베풀어 주시는 분입니다. 또 때로 하나님은 마리아의 경우처럼 우리가 한 번도 기도하지 않았고, 그것이 내게 있어야 하는지 알지도 못했던 부분들에 대해 전혀 다른 하나님의 방법으로 준비해 주심으로, 우리에게 긍휼을 베풀어 주시는 분입니다.

성도님들께 하나님은 지금까지 어떤 분이셨습니까? 엘리사벳의 하나님 같은 분이었습니까? 마리아의 하나님 같은 분이었습니까? 사실 이러한 질문은 우문에 불과합니다. 때로는 하나님이 엘리사벳의 하나님 같은 분으로, 또 때로는 마리아의 하나님 같은 분으로 우리에게 다가오시는 분이기 때문입니다. 우리의 한계를 초월하여 역사하시는 하나님을 사도 바울은 이렇게 찬양합니다. 에베소서 3장 20, 21절이 이렇게 증거합니다.

> 우리 가운데서 역사하시는 능력대로 우리가 구하거나 생각하는 모든 것에 더 넘치도록 능히 하실 이에게 교회 안에서와 그리스도 예수 안에서 영광이 대대로 영원무궁하기를 원하노라 아멘

하나님은 능력이 많으신 분입니다. 어느 정도로 능력이 많으신가 하면, 우리가 구하는 것이나 우리가 생각하는 것보다 훨씬 더 많은 능력을 갖고 계십니다. 그리고 그 하나님의 능력은 우리 안에서 역사하고 계신다고 합니다. 하나님은 우리가 사정사정해야 조금씩 주는 심술쟁이 스크루지 영감 같은 분이 아닙니다. 형편없고, 허물투성이인 우리를 영원히 살리기 위해서 독생자를 보내 주신 분인데 무엇을 더 아끼시겠습니까? 찬송가 304장의 가사처럼 "하나님 크신 사랑은 측량 다 못하네"가 바른 고백입니다. 사도 바울이 하나님을 "우리가 구하거나 생각하는 모든 것에 더 넘치도록 능히 하실 이"라고 자신 있게 말할 수 있는 이유는 자기 자신이 그 샘플이기 때문입니다.

누군가가 사도 바울에게 "당신은 나사렛 예수라면 이를 갈았고, 그리스도인이라면 잡아 투옥시켜야 마땅하다고 여겨서 다메섹까지 가지 않았습니까? 그런 당신이 어떻게 그리스도의 사도가 되

었습니까?"라고 물으면 사도 바울은 이렇게 대답할 것입니다. "내가 구하는 것이나 생각하는 것에 더 넘치도록 능히 하시는 분 때문입니다."

우리가 다른 사람에게서 "당신이 어떻게 그리스도인이 되었고, 이 자리에서 예배를 드리는 자가 될 수 있었습니까?"라고 질문을 받는다면 우리도 동일하게 답변할 것입니다. "우리가 구하는 것이나 생각하는 것에 더 넘치도록 능히 하시는 분 때문입니다."

연어에게는 연어의 삶과 길이 있듯이, 그리스도인에게는 그리스도인의 삶과 길이 있습니다. 은빛연어가 연어다울 수 있었던 근원은 그 마음에 아버지가 있음으로 인함이듯이, 우리가 가장 하나님의 자녀다울 수 있는 때는 우리가 하나님 안에 있고, 우리 안에 우리를 창조하신 하나님 아버지를 모실 때입니다. 우리의 구함이나 생각보다 더 넘치도록 능히 하시는 분인 하나님을 더 깊이, 더 넓게 알아 갈수록 우리의 삶에는 하나님을 빛내고 자랑하고 높이고 하나님의 다스림을 받는 찬양이 가득할 것입니다.

하나님 아버지!
우리의 인생이 마음이 교만한 자들의 자리에 앉지 아니하고, 더 큰 권세를 얻기 위해서 동분서주하는 길에 서지 아니하며, 하나님이 없이도 내 능력만으로도 충분히 잘 살아 낼 수 있다는 부자의 꾀를 따르지 않게 하여 주옵소서. 비록 비천한 자리에 있을지라도 오직 하나님만을 바라봄으로 우리를 높여 주심을 경험하게 하시고, 비록 주리

는 상태에 있을지라도 오직 하나님만을 신뢰함으로 좋은 것으로 배불리시는 은총을 누리게 하여 주옵소서. 또한 아브라함이, 다윗 왕이, 사도 베드로가, 사도 바울이 덧입었던 하나님의 긍휼을 우리도 동일하게 누리게 하여 주옵소서.

하나님 아버지, 우리의 지난 삶을 돌아보건데, 우리가 하나님께 예배드리는 자리에서 하나님께 머리를 숙일 수 있게 된 지금은 우리의 구함이나 생각보다 더 넘치도록 역사하신 하나님으로 인함임을 고백합니다. 이 시간 이후로 하나님을 우리의 한계 속에 가두는 우를 범하지 않게 하시고, 우리의 기도와 생각 밖에서 역사하시는 하나님으로 인해서 매일매일을 설레임 속에서 하나님을 입술과 삶으로 찬양하며 사는 하나님의 자녀들이 되게 하여 주옵소서. 예수님의 이름으로 기도드립니다. 아멘.

20.

그 이름을
요한이라

> **누가복음 1장 57-66절**
>
> 엘리사벳이 해산할 기한이 차서 아들을 낳으니 이웃과 친족이 주께서
> 그를 크게 긍휼히 여기심을 듣고 함께 즐거워하더라
> 팔 일이 되매 아이를 할례하러 와서 그 아버지의 이름을 따라 사가랴
> 라 하고자 하더니 그 어머니가 대답하여 이르되 아니라 요한이라 할 것
> 이라 하매 그들이 이르되 네 친족 중에 이 이름으로 이름한 이가 없다
> 하고 그의 아버지께 몸짓하여 무엇으로 이름을 지으려 하는가 물으니
> 그가 서판을 달라 하여 **그 이름을 요한이라** 쓰매 다 놀랍게 여기더라
> 이에 그 입이 곧 열리고 혀가 풀리며 말을 하여 하나님을 찬송하니 그
> 근처에 사는 자가 다 두려워하고 이 모든 말이 온 유대 산골에 두루 퍼
> 지매 듣는 사람이 다 이 말을 마음에 두며 이르되 이 아이가 장차 어
> 찌 될까 하니 이는 주의 손이 그와 함께하심이러라

이삭의 생애

하나님은 하나님 스스로를 "나는 전능한 하나님이라", "나는
스스로 있는 자이니라"라고 하셨습니다. 이것은 하나님은 우주보다
도 크신 분, 영원 전부터 영원 후까지 존재하시는 분이라는 의미입니

다. 즉 하나님은 인간과 완전히 다르신 분이라는 의미입니다. 그런데 또 하나님은 스스로를 "나는 아브라함의 하나님, 이삭의 하나님, 야곱의 하나님이니라"라고도 하셨습니다. 하나님이 그렇게 크신 분이실지라도 연약하고 허물투성이인 우리의 인생에 관심을 갖고 계신 분이며, 우리를 인도하시는 분이라는 의미입니다. 아브라함과 이삭과 야곱의 인생은 하나님이 우리 인간을 어떻게 돌보시고, 어떻게 인도하시는지를 보여 주는 샘플과도 같습니다.

이 세 사람 가운데서 가장 오래 산 사람은 이삭입니다. 아브라함은 175세를 살았고, 이삭은 180세를 그리고 야곱은 147세를 살았습니다. 우리는 이 세 사람의 생애 중에서 아브라함과 야곱에 대해서는 많이 익숙해 있습니다. 그런데 이삭의 생애는 그렇지 못합니다. 이삭의 생애 중에서 가장 먼저 기억나는 장소로 '모리아 산'을 떠올리실 것입니다. 그런데 그것은 이삭에게 관련된 이야기라기보다 아브라함의 순종과 믿음을 말할 때 언급되는 장면입니다. 창세기에 아브라함에 관한 내용은 12장인 하나님께 부르심을 받는 모습부터 25장인 세상을 떠날 때까지 14개의 장이 할애되어 있습니다. 야곱은 할아버지와 아버지의 생애에 비하면 30년이나 짧게 살았지만, 그에 관한 내용은 25장의 그가 태어나는 장면부터 49장의 세상을 떠나는 장면까지 사이에 16개의 장이 할애되어 있습니다. 그런데 세 사람 중에서 가장 오래 살았던 이삭에 관한 내용은 21장인 그가 태어나는 장면부터 35장인 그가 세상을 떠나는 장면까지 사이에 단지 여섯 장만이 할애되어 있습니다. 그러나 그것마저도 많은 부분이 다른 사람의 이야기에 끼여 있습니다.

아브라함의 이야기 속에는 아브라함의 여러 모습을 보여 줍니다. 아브라함에게는 하나님의 부르심을 받았을 때 고향과 친척과 아버지의 집이 있는 갈대아 우르 지방을 떠나는 믿음도 있었고, 당연히 자신이 먼저 선택해야 함에도 불구하고 조카 롯에게 먼저 선택하라고 양보하는 미덕도 있었습니다. 게다가 롯이 가나안 사람들의 전쟁에 휘말려 포로가 되어 끌려갔을 때에도 아브라함은 자기 집에서 키우고 훈련한 318명을 데리고 가서 롯을 구해 오는 용기도 있었습니다. 그리고 아브라함은 가는 곳마다 예배를 드렸고, 소돔을 위해서 드렸던 처절한 기도는 우리의 심금을 울립니다. 무엇보다도 "독자 이삭을 바치라"라는 하나님의 명령에도 순종하기를 주저하지 않았던 그런 하나님의 사람이었습니다.

또한 야곱도 동일합니다. 야곱은 욕심이 많았고 사실 사기꾼 같은 기질도 있었지만, 하나님이 주시는 복을 사모하는 마음은 그 누구보다도 간절하였습니다. 사랑하는 여인 라헬과 결혼하기 위해 7년을 노예처럼 일하면서도 그 기간을 며칠처럼 여길 정도의 열정이 있었고, 얍복강가에서 천사와 씨름하면서 엉덩이뼈가 부러져도 하나님을 있는 힘을 다해 붙들기도 했습니다. 그리고 벧엘에서 제단을 쌓고 자기 집안에 있는 이방 신상들을 버리는 결단을 실행한 후에 그는 신실한 하나님의 사람의 길을 걸었습니다.

그런데 이삭에게는 눈에 띌 만한 일이 없습니다. 가장 눈에 띈 일이라면 우물을 파는 사건입니다. 이삭의 재산이 많아지자 블레셋 사람들이 시기하여 이삭이 사용하는 우물을 메워 버렸습니다. 그것은 고대 전쟁의 전술이었습니다. 만약 우리 가정에 3개월 동안 수돗

물이 나오지 않는다고 가정하면 어떤 일이 벌어지겠습니까? 마침 생수를 사 놓아서 며칠 먹는다고 하더라도 세수도 못하고 머리도 감지 못해 외출이 어렵게 됩니다. 화장실에 가야 하는데 물을 내릴 수 없어서 악취가 진동할 수도 있습니다. 아마 한 달이 되기 전에 이미 그 집에서는 살 수가 없을 것입니다.

이삭은 어쩔 수 없이 그랄 지방으로 거주지를 옮기게 되었습니다. 거기에서 아버지가 팠던 우물을 기억하여 다시 팠습니다. 그랬더니 그랄 지방에서 목축을 하는 사람들이 몰려와서 그 우물은 자기네들 소유라고 우겼습니다. 마치 건물을 빌려서 예쁘게 리모델링을 하고, 가게를 꾸며서 장사를 시작했는데 손님들이 몰려오기 시작하니까 갑자기 주인이 나가라고 하는 형국이었습니다. 결국 거기서 또 옮겨서 다른 곳에서 우물을 다시 파고 난 후에야 더 이상 쫓겨나지 않게 되었습니다. 이삭의 인생은 참 수동적이었습니다.

그런데 이삭은 하나님의 뜻을 알고 나서는 그 뜻에 순종하는 사람이었습니다. 이삭은 40세에 결혼해서 20년 동안 자녀가 없었습니다. 아내인 리브가가 임신할 수 없었기 때문입니다. 그래서 이삭이 하나님께 간구하였더니 하나님이 그 간구를 들어 주셨습니다. 그런데 쌍둥이였습니다. 그 두 아기가 뱃속에서부터 싸웠습니다. 그 괴로움을 견디지 못한 리브가가 하나님께 나아가서 도대체 그 이유가 무엇인지 물었더니 하나님이 이렇게 답변하셨습니다. 창세기 25장 23절이 이렇게 증거합니다.

여호와께서 그에게 이르시되 두 국민이 네 태중에 있구나 두 민족이 네

복중에서부터 나누이리라 이 족속이 저 족속보다 강하겠고 큰 자가 어
린 자를 섬기리라 하셨더라

하나님은 형이 동생을 섬기게 된다고 하셨지만 이삭은 늘 형 에
서를 편애했습니다. 그 이유가 에서가 잡아다 주는 사냥한 고기 때
문이었습니다. 이삭은 그의 생애가 얼마 남지 않음을 알고 큰아들을
축복하기로 작정하여 자신이 좋아하는 별미를 만들어 오게 했습니
다. 에서가 사냥하러 간 사이 야곱은 털이 많은 에서로 변장하기 위
해 몸에 어린 염소의 가죽을 붙이고서, 리브가가 만든 별미를 가지
고 아버지에게 갔습니다. 이삭은 반신반의했지만 야곱을 축복해 주
었습니다.

그 후 에서가 사냥한 고기로 요리를 만들어 와서 축복해 달라고
했지만, 이삭은 "아까 이미 축복을 다 했다"라고 말했습니다. 에서가
축복을 받은 사람은 자신이 아니라 야곱이었다며 "내게 남겨줄 축복
은 없습니까?"라고 대성통곡하면서 세 번이나 조르지만 이삭은 야곱
에게 하나님이 내리신 복이 임하였음을 확인하고는 요지부동이었습
니다. 마지막으로 에서를 위해 축복하면서도 "네가 네 동생을 섬겨
야 할 것이라"고 하나님이 말씀하신 그대로 축복해 주었습니다.

이삭이 하나님의 뜻을 알아가는 데는 참 더디었지만, 하나님
의 뜻이 무엇인지를 알았을 때는 요동되지 아니하고 순종할 줄 아
는 사람이었습니다. 그래서 '믿음장'이라 불리는 히브리서 11장은
이삭에 대하여 이렇게 기록합니다. 히브리서 11장 20절이 이렇게
증거합니다.

믿음으로 이삭은 장차 있을 일에 대하여 야곱과 에서에게 축복하였으며

이삭의 전 생애는 바로 이 한 줄로 요약될 수 있습니다. 이 한 줄이 이삭을 '믿음의 선진'의 반열에 놓게 해줍니다. 우리의 삶이 밋밋할 수 있습니다. 높은 지위에 오르지 못할 수도 있고, 배움의 길이 넓거나 깊지 못할 수도 있고, 또 소유가 넉넉하지 않을 수도 있습니다. 하지만 하나님이 이 세상에 하나님의 계획과 뜻을 펼쳐가시는 데 우리의 삶과 신앙이 그 통로가 되어서 쓰임받는 일이 가장 중요합니다. 그 역할에는 크고 작음의 차별이 없습니다. 오직 우리의 순종만이 요구됩니다.

그 이름은 요한이라

오늘 본문은 주님이 오시는 길을 준비하는 인생을 살게 될 요한의 출생과 할례, 그 부모인 사가랴와 엘리사벳의 순종에 대해서 말씀하고 있습니다. 57, 58절이 이렇게 증거합니다.

엘리사벳이 해산할 기한이 차서 아들을 낳으니 이웃과 친족이 주께서 그를 크게 긍휼히 여기심을 듣고 함께 즐거워하더라

마리아가 약 3개월간 머물렀다가 돌아가고 난 뒤, 마침내 엘리사벳은 출산하게 되었습니다. 한평생 아기를 갖기 원했지만 이루

지 못한 여인, 이제는 나이가 들어 임신의 가능성도 거의 없던 여인의 출산은 하나님이 그녀를 긍휼히 여겨 주셨기 때문이라고밖에 사람들은 생각할 수 없었습니다. 그래서 함께 즐거워하였습니다. 또한 이 말씀은 사가랴가 성소에서 분향의 직무를 행할 때에 향단 우편에 서 있는 가브리엘 천사로부터 들었던 "네 아내 엘리사벳이 네게 아들을 낳아 주리니 너도 기뻐하고 즐거워할 것이요 많은 사람도 그의 태어남을 기뻐하리니"라는 말씀의 성취이기도 합니다.

계속해서 59절이 이렇게 증거합니다.

> 팔 일이 되매 아이를 할례하러 와서 그 아버지의 이름을 따라 사가랴라 하고자 하더니

아기가 태어난 지 8일째가 되었을 때, 할례를 베풀기 위해 친척들과 이웃사람들이 함께 몰려왔습니다. 할례는 유대인들에게 몹시 중요한 행사였습니다. 이스라엘 백성들은 비가 온 후 하늘에 떠 있는 무지개를 볼 때마다, 또 매주 안식일을 지킬 때마다, 그리고 할례를 행할 때마다 자신들이 하나님과 언약을 맺은 민족임을 상기합니다. 하나님과 이스라엘 백성들 사이에 언약이 있었다는 사실이 공간 속에 나타나는 것이 무지개라면, 시간 속에 나타나는 것이 안식일입니다. 또한 몸에 나타난 증거가 할례입니다. 유대인의 아들로 태어나면 제일 먼저 하나님과의 언약을 몸에 표시하는 일, 즉 할례를 경험합니다. 할례의식은 최소한 유대인 성인 열 명 이상이 함께 모여야만 가능했습니다. 이 열 명은 회당을 세울 때도 필요한 최소한의 인원이

었습니다.

사도 바울이 2차 전도여행을 다닐 때 빌립보에서 귀신 들려 점 치는 소녀를 고쳐 준 일이 있었습니다. 그 일은 바울 일행이 '기도하는 곳'으로 가다가 일어난 일이었습니다. 사도 바울은 각 도시를 다니며 전도할 때에 주로 회당을 찾아서 거기에 있는 이방인들에게 복음을 전했습니다. 그런데 빌립보에서는 회당을 찾지 않고, '기도하는 곳'을 찾았습니다. 회당을 세우기 위해서는 유대인 성인 남자가 열 명 이상이 있어야 하는데 빌립보에는 그렇지 못했던 것입니다.

할례는 아기가 출생한 지 정확하게 8일째가 되는 날 시행했습니다. 그날이 다른 절기와 겹친다 하더라도 일정을 바꾸지 않았습니다. 예를 들면 노동이 금지된 안식일과 겹치더라도 그대로 할례를 시행했습니다. 또한 유대인들에게 7월 10일은 '대속죄일'이었습니다. 그 날과 겹친다 할지라도 그대로 할례를 시행했습니다. 그만큼 할례를 중요하게 여겼습니다. 그런데 만약 아기가 아프거나 미숙아인 경우 또는 할례를 행하기에 의학적으로 문제가 있다고 판단되는 경우에는 할례를 연기했습니다. 일단 건강상의 문제로 날짜를 연기할 경우에는 안식일이나, 다른 절기에 행하는 것은 법으로 금지되었습니다. 연기된 할례는 평일에만 가능했습니다.

할례를 행하기 전날 밤, 가족들과 친지들 그리고 이웃들이 모여 음료와 다과를 나누며 축하 파티를 열었습니다. 그날 밤에 부모들은 밤새 성경을 공부하는 풍습이 있는데, 그것은 하나님과 언약을 맺을 아기를 사탄으로부터 보호하기 위함이었습니다. 이와 같이 밤새도록 말씀을 공부하며 아기를 지키는 밤을 '렐 시무림'(ליל שמרים, 지키는 밤)이라고 불렀습니다. 이 밤이 사탄이 아기를 공격할 수 있는 마지막 기회라고 생각했고, 오직 하나님의 말씀만 아기를 지켜 줄 수 있다고 생각했기 때문이었습니다. 딸을 낳았을 경우에는 할례를 베풀 수 없지만, 딸이 태어난 지 한 달 후에 아버지에게는 회당에서 예배를 드릴 때에 성경을 봉독할 수 있는 특권이 주어졌습니다. 그리고 예배 후에 회중은 여자 아기의 탄생을 축하하며 음식을 함께 나누었습니다. 그래서 우리는 사가랴와 엘리사벳의 아들이 태어난 지 8일이 되었을 때, 왜 친척들과 이웃들이 몰려왔는지 이해할 수 있습니다. 또한 아기에게 이름을 붙이는 것도 마을의 축제였습니다. 모압 여인 룻과 보아스 사이에 아들이 태어났을 때, 이웃 여인들이 그의 이름을 '오벳'이라고 지어 주었는데, 그가 바로 다윗의 할아버지였습니다.

친척들과 이웃들은 아기의 이름을 그 아버지의 이름을 따라서 '사가랴'라고 지으려고 했습니다. 이름을 짓는 풍습은 우리나라와 서양은 많이 다릅니다. 우리나라에서는 아버지와 아들이 같은 이름을 사용하는 경우가 거의 없습니다. 하지만 서양은 다릅니다. 영화 〈아이언 맨〉의 주연배우의 이름이 '로버트 다우니 주니어'(Robert Downey Jr.)인데, 그의 부친의 이름은 '로버트 다우니 시니어'(Robert Downey Sr.)입니다. 사실 두 사람의 이름이 모두 '로버트 다우니'인데 아들과 아버지를 구분하기 위해서 '주니어'와 '시니어'를 붙였습니다. 또 과거 프랑스가 최전성기를 구할 때의 왕이 '루이 14세'(Louis XIV)였습니다. 그것은 그 앞에 '루이'라는 이름의 왕이 이미 13명이 더 있었음을 의미합니다.

친척들과 이웃들은 사가랴와 엘리사벳도 아기의 이름을 '사가랴'라고 짓는 것에 흔쾌히 동의하리라 생각했습니다. 사가랴가 어떻게 얻은 아들인데 자신의 이름 물려주기를 아끼겠습니까? 그런데 엘리사벳의 생각은 달랐습니다. 60절이 이렇게 증거합니다.

> 그 어머니가 대답하여 이르되 아니라 요한이라 할 것이라 하매

엘리사벳은 아이의 이름이 '사가랴'가 아니라 '요한'이 될 것이라며 강하게 반대했습니다. 이스라엘 자손들은 아기의 이름을 주로 어머니가 지었습니다. 하나님의 사자가 이름을 미리 말해 주기는 했지만 아브라함에게 아들이 태어났을 때, 어머니 사라가 '이삭'이라고 이름을 지어 주었습니다. 또한 야곱의 처음 네 명의 아들인, 르우벤, 시므온, 레위, 유다는 모두 그들의 어머니 레아가 지었습니다.

엘리사벳이 아기의 이름은 요한이 될 것이라고 하자 사람들이 보인 반응을 61절이 이렇게 증거합니다.

> 그들이 이르되 네 친족 중에 이 이름으로 이름한 이가 없다 하고

당시에 각 가정은 가문에서 사용하는 이름들이 있었습니다. 우리나라로 하면 '항렬'에 해당합니다. 친척 중에서는 그런 이름을 가진 사람이 아무도 없는데 어떻게 그렇게 부를 수 있느냐고 사람들이 반문했습니다. 전통적으로 생각하면 친척들의 말이 옳지만, 엘리사벳은 물러서지 않았습니다. 친척들은 아기의 어머니가 뭔가 잘못 생각하고 있음에 틀림없다고 생각하고 아버지에게 물어보기로 했습니다. 그때까지도 사가랴는 말하지 못하고 있었습니다. 그래서 사람들

은 몸짓으로 사가랴에게 물었습니다. 그때 사가랴가 한 답변을 63절이 이렇게 증거합니다.

그가 서판을 달라 하여 그 이름을 요한이라 쓰매 다 놀랍게 여기더라

사가랴는 나무로 만든 판자 위에 단 네 단어를 썼습니다. '요아네스 에스틴 오노마 아우투'(Ἰωάννης ἐστὶν ὄνομα αὐτοῦ, 요한이 그의 이름이라). 사람들은 어머니뿐만 아니라 아버지마저도 아기의 이름을 '요한'이라고 단호하게 말하자 다 놀랐습니다. 사가랴와 엘리사벳이 전통을 뛰어넘어 아기의 이름을 요한이라고 단호하게 말할 수 있었던 이유를 누가복음 1장 13절이 이렇게 증거합니다.

천사가 그에게 이르되 사가랴여 무서워하지 말라 너의 간구함이 들린지라 네 아내 엘리사벳이 네게 아들을 낳아 주리니 그 이름을 요한이라 하라

요한이라는 이름은 가브리엘 천사가 알려 준 것이었습니다. 천사가 이름을 알려 줄 때에 사가랴는 아내 엘리사벳이 아들을 낳을 수 있음을 믿지 못했습니다. 아니 믿을 수가 없었습니다. 지금까지 그렇게 노력했고 그렇게 기도했어도 이루어지지 않았는데, 늙은이가 다 된 이 마당에 어떻게 그 일이 일어날 수 있느냐는 생각 때문이었습니다. 그래서 사가랴는 가브리엘 천사에게 이렇게 말했습니다. 누가복음 1장 18절이 이렇게 증거합니다.

사가랴가 천사에게 이르되 내가 이것을 어떻게 알리요 내가 늙고 아내
도 나이가 많으니이다

사가랴의 불신앙적인 반응에 가브리엘 천사는 이렇게 말했습니
다. 20절이 이렇게 증거합니다.

보라 이 일이 되는 날까지 네가 말 못하는 자가 되어 능히 말을 못하리
니 이는 네가 내 말을 믿지 아니함이거니와 때가 이르면 내 말이 이루
어지리라 하더라

사가랴는 불신앙에 대한 징계로 그의 말문이 닫히고 말았습니
다. 그 9개월 동안 사가랴는 얼마나 답답했겠습니까? 격한 마음으로
하나님께 반항할 수도 있었고, 하나님께 등을 돌려 좌절할 수도 있었
습니다. 그러나 사가랴는 그렇게 생각하지 않았습니다. 사가랴는 말
하지 못했던 그 9개월을 '징벌의 기간'으로 생각하지 않고 '은총의 기
간'으로 여겼습니다. 그래서 사가랴는 말을 할 수 없으니까 엘리사벳
에게 수도 없이 아기가 태어나면 '그 이름을 요한'이어야 한다고 글
로, 몸짓으로 표현하고 또 표현했을 것입니다.

요한의 이름의 뜻은 '주님은 은혜로우시다', '주님은 자비로우
시다'입니다. 사가랴는 아들 요한을 통해서 하나님이 얼마나 은혜로
우신 분인지, 하나님이 얼마나 자비를 많이 베풀어 주셨는지 9개월
동안 깊이 경험했던 것이었습니다. 이삭이 살아온 생애는 아주 밋밋
하고 소극적이었습니다. 그뿐만 아니라 그가 처음부터 훌륭한 신앙

의 사람은 아니었습니다. 그러나 하나님은 이삭의 인생을 인도하셔서 마침내 하나님께 순종하는 자리까지 이르게 하셨습니다. 사가랴도 처음부터 하나님의 역사하심을 믿고 순종했던 것이 아니었습니다. 하나님의 사자가 직접 말씀하심에도 믿지를 못했습니다. 그래서 9개월간 말문이 닫혔지만, 그 9개월이 그를 더욱 신실하게 만들었고 하나님의 뜻에 순종하는 자리까지 이르게 했습니다. 이삭의 하나님, 사가랴의 하나님이 우리가 믿는 하나님과 동일한 분입니다.

우리 중에 단 한 사람도 처음부터 신실한 그리스도인이었거나 하나님의 자녀다웠던 사람은 없습니다. 하나님의 말씀의 가치관과 세속적 가치관의 경계선을 왔다 갔다 하기도 하고, 하나님의 뜻과 나의 뜻 사이를 넘나들기도 합니다. 그러면서 우리는 더욱 더 성숙해 갑니다. 때로는 혹시 내 신앙이 성장과 성숙이 아니라 퇴보나 제자리걸음은 아닌가 생각될 때도 있습니다. 하지만 우리 삶과 신앙의 10년 전, 5년 전, 3년 전만 돌아보아도, 그때의 신앙이 얼마나 형편없었는지 삶이 얼마나 미숙했는지 알 수 있습니다. 그런 우리의 삶과 신앙이 조금씩 성숙해 올 수 있었고, 마음을 먹게 되어서 주님께 순종하는 자리까지 조금씩 나아갈 수 있게 되었습니다. 어떻게 그렇게 될 수 있었는지 그 이유를 아십니까? 그 답변을 시편 37편 23, 24절 시편기자의 고백으로 들려드립니다.

여호와께서 사람의 걸음을 정하시고 그의 길을 기뻐하시나니 그는 넘어지나 아주 엎드러지지 아니함은 여호와께서 그의 손으로 붙드심이로다 이삭의 하나님, 사가랴의 하나님, 우리의 하나님 아버지!

훌륭한 신앙인이 처음부터 존재하는 것이 아님을 다시 한 번 생각할 수 있게 해주셔서 감사합니다. 하나님은 이삭과 같이 그렇게 평범하고, 이기적이며, 소극적인 사람도 믿음의 조상으로 만드셨습니다. 그렇기에 비록 우리 각자의 삶이 아무것도 아닌 것처럼 느껴질지라도 소망을 가질 수 있음을 감사드립니다. 때때로 우리의 삶의 상황이 말하지 못하는 사가랴와 같이 느껴질지라도 그것은 하나님의 징계가 아니라 하나님의 은총임을 기억하게 하옵소서. 그리하여 우리의 신앙이 사가랴처럼 많은 사람 앞에서도 하나님의 뜻을 분명히 말할 수 있는 그런 자리까지 나아갈 수 있도록 인도하여 주옵소서. 예수님의 이름으로 기도드립니다. 아멘.

21.

이 아이가
장차 어찌 될까

누가복음 1장 57-66절

엘리사벳이 해산할 기한이 차서 아들을 낳으니 이웃과 친족이 주께서 그를 크게 긍휼히 여기심을 듣고 함께 즐거워하더라 팔 일이 되매 아이를 할례하러 와서 그 아버지의 이름을 따라 사가랴라 하고자 하더니 그 어머니가 대답하여 이르되 아니라 요한이라 할 것이라 하매 그들이 이르되 네 친족 중에 이 이름으로 이름한 이가 없다 하고 그의 아버지께 몸짓하여 무엇으로 이름을 지으려 하는가 물으니 그가 서판을 달라 하여 그 이름을 요한이라 쓰매 다 놀랍게 여기더라 이에 그 입이 곧 열리고 혀가 풀리며 말을 하여 하나님을 찬송하니 그 근처에 사는 자가 다 두려워하고 이 모든 말이 온 유대 산골에 두루 퍼지매 듣는 사람이 다 이 말을 마음에 두며 이르되 **이 아이가 장차 어찌 될까** 하니 이는 주의 손이 그와 함께하심이러라

아기의 이름은 '요한'

마침내 요한이 출생했습니다. 가브리엘 천사가 이미 알려 주었던 그대로 아기 요한의 출생은 사가랴와 엘리사벳뿐만 아니라, 친척들과 이웃들을 비롯한 많은 사람에게도 기쁨이 되었습니다. 아기가

태어난 지 8일째가 되었을 때, 아기의 할례와 작명을 위해 친척들과 이웃들이 함께 찾아왔습니다. 아기에게 할례를 행하기까지는 자연스럽게 진행된 걸로 여겨집니다. 그런데 그다음, 아기의 이름을 짓는 일에는 약간의 소동이 있었습니다.

친척들과 이웃들은 전통적으로 그래왔듯이 아기의 이름은 그 아버지의 이름을 따라서 '사가랴'라고 짓는 게 자연스럽고도 당연하다고 생각했습니다. 그런데 그 어머니 엘리사벳은 아기의 이름은 "요한이라 할 것"이라며 고개를 가로저었습니다. '요한'은 사가랴의 가문에는 있지도 않은 이름, 생각지도 못한 이름이었습니다. 엘리사벳이 틀림없이 뭔가를 잘못 생각하고 있다고 생각한 사람들이 취한 행동을 62절이 이렇게 증거합니다.

그의 아버지께 몸짓하여 무엇으로 이름을 지으려 하는가 물으니

이때까지도 사가랴는 말을 하지 못하고 있었습니다. 더 정확하게 말하면 사가랴는 말문이 닫혀 있을 뿐만 아니라, 귀까지 들리지 않았습니다. 만약 사가랴가 말문만 닫혀 있었다면, 사람들은 사가랴에게 몸짓으로 의사를 묻지 아니하고, 말로 물었을 것입니다. 사가랴는 농아(聾啞)로 9개월을 보냈던 것입니다.

그런데 사람들의 예상과 달리, 사가랴 역시 서판을 달라고 하여 그곳에 '요한이 그의 이름이라'고 적었습니다. 바로 그때 어떤 일이 있었는지 64절이 이렇게 증거합니다.

이에 그 입이 곧 열리고 혀가 풀리며 말을 하여 하나님을 찬송하니

사가랴가 가브리엘 천사가 일러 준 그대로, 아기의 이름을 '요한'이라고 짓자마자 9개월 동안 닫혔던 그의 입이 열리고 굳었던 혀가 풀려서 다시 말을 할 수 있게 되었습니다. 그리고 그의 입에서 나온 말은 '하나님을 찬송하는 것'이었습니다.

테너 배재철

얼마 전에 성악가 배재철 선생의 실화를 바탕으로 만든 〈더 테너-리리코 스핀토〉라는 영화를 보았습니다. '테너 리리코'는 서정적인 음색의 테너를, '테너 스핀토'는 강력하게 밀어붙이는 젊고 활기찬 목소리의 테너를 뜻하는 말입니다. 5, 6년 전에 배재철 선생의 이야기를 담은 《기적을 만드는 오페라 카수》라는 책을 먼저 읽었습니다.

배재철 선생은 유럽의 여러 콩쿠르에서 수상하고, 독일 자르브뤼켄 국립오페라극장의 주연 가수로서 활동하고 있었습니다. 그때까지만 해도 성악가로서 인생길이 탄탄대로처럼 보였습니다. 그런데 시즌 개막작인 〈돈 카를로〉를 앞두고 갑상샘암이라는 진단을 받았습니다. 2005년 10월이었습니다. 독일에서 성대와 횡격막의 신경을 잘라 내는 수술을 받아 더 이상 노래할 수 없게 되었고, 목소리도 잃게 되었습니다. 다행히 이듬해 4월, 일본 교토에서 성대복원수

술을 받았습니다. 수술 후, 수술대 위에 누워 있는 배 선생에게 수술을 행한 의사는 아는 노래 중에서 짧은 것 하나만 해보라고 했습니다. 그때 배 선생이 부른 노래는 찬송가 79장이었습니다.

주 하나님 지으신 모든 세계 내 마음속에 그리어 볼 때
하늘의 별 울려 퍼지는 뇌성 주님의 권능 우주에 찼네
주님의 높고 위대하심을 내 영혼이 찬양하네
주님의 높고 위대하심을 내 영혼이 찬양하네

현재 배 선생의 목소리는 거의 돌아와 일반 노래는 할 수 있지만, 고음을 제대로 낼 수 없어서 오페라는 할 수 없는 상태라고 합니다. 최고의 성악가로서 발돋움을 하려는 순간, 갑상샘암으로 수술받고 목소리를 잃어 더 이상 노래할 수 없게 되었을 때 얼마나 절망스러웠겠습니까? 또 "하나님 왜 하필이면 저입니까?" 하고 얼마나 탄식했겠습니까? 그뿐만 아니라 "이왕 좋은 목소리를 주셨으면 끝까지 지켜 주시지, 이런 방법으로 가져가십니까?"라며 얼마나 많이 울었겠습니까?

그러나 이분이 수술대 위에서도 찬송을 부를 수 있었던 것은 자신이 가졌던 좋은 목소리도 하나님의 은총이었고, 암 수술로 목소리를 잃어 더 이상 예전처럼 노래할 수 없게 된 상황도 하나님의 은총으로 여기고 있었기 때문입니다. 마치 사가랴가 그러했듯이 말입니다.

신앙의 연속성

64절을 다시 살펴보겠습니다.

이에 그 입이 곧 열리고 혀가 풀리며 말을 하여 하나님을 찬송하니

사가랴는 9개월 만에 입이 열려 다시 말을 할 수 있게 되자, 하나님을 찬양했습니다. 이것은 지난 9개월이 사가랴에게 징벌이나 분노, 원망의 기간이 아니라 은총을 경험하고 신앙이 견고해지는 기간이었음을 의미합니다.

그런데 사가랴의 입이 열려 다시 소통할 수 있게 된 일은 우리에게 또 다른 귀한 깨달음을 줍니다. 지난주에 우리는 이재철 목사님을 통해서 '방언'에 대해 하나님의 말씀을 들었습니다. 방언은 외적인 현상보다 내적인 은사로서의 의미가 훨씬 더 중요하고, 진정한 방언 은사자는 사람 관계의 폭이 더 넓어지고 깊이가 더 깊어져, 나와 다른 사람과도 통하는 소통의 사람임을 마음판에 각인했습니다. 그리고 '방언'의 헬라어는 '혀'와 '언어'를 동시에 의미하는 '글롯사'(γλῶσσα)임도 배웠습니다.

사가랴가 9개월 동안 그의 '혀'(글롯사)가 굳어져서 말을 할 수도, 들을 수도 없게 된 이유는 가브리엘 천사가 전하여 준 소식 즉, 엘리사벳이 아들을 낳게 되면 그 이름을 요한이라 하라고 한 말씀을 믿지 못했기 때문이었습니다. 즉 하나님의 말씀보다 자기 생각이 앞서 있었던 것입니다. 그러나 가브리엘 천사를 통해 하나님이 말씀하신 대

로 아들의 이름을 '요한'이라고 짓자, 다시 그의 '혀'가 풀어지면서 말을 할 수 있게 되었고, 소통이 가능하게 되었습니다.

하나님의 말씀보다 자신의 생각을 앞세우면 소통의 말문이 닫히게 됩니다. 자신의 생각만을 아무리 많이 말하게 된다 할지라도 그것은 무수한 독백이지, 소통은 아닙니다.

창세기 11장 1-9절은 이렇게 증거합니다.

온 땅의 언어가 하나요 말이 하나였더라 이에 그들이 동방으로 옮기다가 시날 평지를 만나 거기 거류하며 서로 말하되 자, 벽돌을 만들어 견고히 굽자 하고 이에 벽돌로 돌을 대신하며 역청으로 진흙을 대신하고 또 말하되 자, 성읍과 탑을 건설하여 그 탑 꼭대기를 하늘에 닿게 하여 우리 이름을 내고 온 지면에 흩어짐을 면하자 하였더니 여호와께서 사람들이 건설하는 그 성읍과 탑을 보려고 내려오셨더라 여호와께서 이르시되 이 무리가 한 족속이요 언어도 하나이므로 이같이 시작하였으니 이 후로는 그 하고자 하는 일을 막을 수 없으리로다 자, 우리가 내려가서 거기서 그들의 언어를 혼잡하게 하여 그들이 서로 알아듣지 못하게 하자 하시고 여호와께서 거기서 그들을 온 지면에 흩으셨으므로 그들이 그 도시를 건설하기를 그쳤더라 그러므로 그 이름을 바벨이라 하니 이는 여호와께서 거기서 온 땅의 언어를 혼잡하게 하셨음이니라 여호와께서 거기서 그들을 온 지면에 흩으셨더라

온 땅에 언어가 하나였고 말이 하나였기 때문에, 온 세상은 소통의 세상이었습니다. 그러나 인간들은 자신들의 욕망과 업적을 과

시하기를 원했고, 자신의 이름을 날리기를 원했습니다. 그것을 보신 하나님이 그들의 언어를 혼잡하게 하여 서로 알아듣지 못하게 하셨습니다. 가정에서든 일터에서든 친구 사이에서든 교회 공동체에서든 어디에서든지 자신의 이기심을 앞세우고, 자신의 업적과 성공을 자랑하고, 자기 이름을 앞세우려는 사람과는 대화가 되지 않고, 소통이 되지 않습니다.

사가랴가 자신의 생각이나 뜻이 아니라 하나님의 말씀에 순종했을 때 비로소 대화가 통하게 되었고, 오순절에 성령님이 임하신 후 예수님의 사도들과 제자들도 자신들의 일이 아니라 하나님의 일에 순종하게 되었을 때 그들은 진정한 소통의 사람, 참 방언 은사자가 되었습니다.

사가랴의 입이 열려 다시 말을 할 수 있게 된 것을 본 사람들의 반응을 65절부터 66절 상반절이 이렇게 증거합니다.

그 근처에 사는 자가 다 두려워하고 이 모든 말이 온 유대 산골에 두루 퍼지매 듣는 사람이 다 이 말을 마음에 두며

사가랴의 마을 사람들은 두려워했고, 사가랴의 가정에 일어난 일은 마치 잔잔한 호수에 던져진 돌과 같이 되어서 온 유대 산골에 일파만파로 퍼져 나갔습니다. 사람들은 마침내 다시 말을 할 수 있게 된 사가랴로부터 그가 성전에서 분향하는 직무를 행할 때 어떤 일이 있었는지, 가브리엘 천사가 어떤 말을 들려주었는지, 그가 왜 지난 9개월 동안 말을 할 수 없었는지를 상세히 들었을 것입니다. 그래

서 사람들은 사가랴의 아들 이름이 아버지의 이름이나 가문에서 사용하는 이름이 아니라 왜 요한인지도 각인하게 되었을 것입니다.

그래서 사람들은 자연스럽게 요한의 인생이 어떻게 펼쳐질까를 생각하게 되었습니다. 66절 하반절이 이렇게 증거합니다.

이르되 이 아이가 장차 어찌 될까 하니 이는 주의 손이 그와 함께하심이러라

사가랴가 가브리엘 천사로부터 들은 소식 중에서 사가랴의 아내 엘리사벳이 임신하여 아들을 낳게 되고, 그 아들의 출생을 많은 사람들이 기뻐하며, 그 아들의 이름이 '요한'이라고 했던 말씀이 모두 이루어졌습니다. 이제 남은 것은 1장 15-17절입니다.

이는 그가 주 앞에 큰 자가 되며 포도주나 독한 술을 마시지 아니하며 모태로부터 성령의 충만함을 받아 이스라엘 자손을 주 곧 그들의 하나님께로 많이 돌아오게 하겠음이라 그가 또 엘리야의 심령과 능력으로 주 앞에 먼저 와서 아버지의 마음을 자식에게, 거스르는 자를 의인의 슬기에 돌아오게 하고 주를 위하여 세운 백성을 준비하리라

요한은 이러한 역할을 하는 사람이 되도록 자라가게 될 것입니다.

신앙에는 연속성도 있고, 불연속성도 있습니다. 연속성이란 부모의 신앙이 자녀에게 고스란히 이어지는 경우이고, 불연속성은 부모

의 신앙이 자녀에게 이어지지 않거나, 부모는 신앙이 여리거나 없음에도 자녀는 신실한 경우입니다. 요한은 부모의 신앙을 잘 이어받은 연속선상에 있었습니다. 누가복음 1장 5, 6절이 이렇게 증거합니다.

> 유대 왕 헤롯 때에 아비야 반열에 제사장 한 사람이 있었으니 이름은 사가랴요 그의 아내는 아론의 자손이니 이름은 엘리사벳이라 이 두 사람이 하나님 앞에 의인이니 주의 모든 계명과 규례대로 흠이 없이 행하더라

사가랴가 살던 시대의 왕 헤롯은 자신의 권력을 유지하기 위해 부인과 자식을 처형시킬 정도로 잔인했습니다. 게다가 로마제국의 압제는 이스라엘 백성들을 더욱 고달프게 만들었습니다. 또한 400년 동안 선지자도 나타나지 않았습니다. 그렇게 정치적으로 경제적으로 영적으로 먹구름이 드리워진 시대였을지라도 요한의 부모는 경건하게 살았습니다. 그들은 시대의 어두움을 핑계 대며 어두운 삶을 살지 않고, 세상에 불의와 부정이 판을 친다고 거기에 편승하여 세속적 가치관을 따라서 살지 않았습니다. 사가랴와 엘리사벳의 신앙이 요한에게 지대한 영향을 끼쳤음은 자명합니다. 이와 같이 부모는 자녀에게 좋은 신앙의 배경이 되어 주어야 하고, 자녀는 부모의 신앙 배경 위에 서 있음을 정말 감사하며 살아야 할 것입니다.

성경의 인물들 가운데 사가랴와 엘리사벳 부부와 요한처럼 신앙의 연속선상에 있었던 사람들의 대표적인 경우는 아브라함과 이삭, 야곱, 요셉으로 이어지는 족장들의 경우와 아므람과 요게벳과

그 아들 모세, 한나와 그 아들 사무엘, 다윗과 그 아들 솔로몬, 디모데와 어머니 유니게, 외할머니 로이스 등이 있습니다. 그런데 성경에는 우리의 생각과는 달리 신앙의 불연속성도 적지 않다는 사실에 당황하게 됩니다. 믿음의 조상이라고 불리는 아브라함은 그 부모로부터 신앙을 물려받지 않았습니다. 아브라함이 어떤 상황에서 부르심을 받았는지를 이사야 51장 2절은 이렇게 증거합니다.

> 너희의 조상 아브라함과 너희를 낳은 사라를 생각하여 보라 아브라함이 혼자 있을 때에 내가 그를 부르고 그에게 복을 주어 창성하게 하였느니라

하나님은 아브라함이 혼자 있을 때에 부르셨다고 합니다.

한나의 신앙은 그 아들 사무엘 선지자에게 아름답게 이어졌습니다. 그런데 사무엘 선지자의 아들은 아버지의 신앙과 연속선상에 있지 못했습니다. 사무엘 선지자는 어린 시절에 엘리 제사장의 집과 성막에서 살았습니다. 아주 어린 나이였지만 하나님의 음성도 들었고, 엘리의 가정이 하나님의 뜻대로 살지 않다가 어떻게 몰락하는지도 똑똑히 보았습니다. 그런데 사무엘 선지자의 자녀에 대해서 사무엘상 8장 1-3절은 이렇게 증거합니다.

> 사무엘이 늙으매 그의 아들들을 이스라엘 사사로 삼으니 장자의 이름은 요엘이요 차자의 이름은 아비야라 그들이 브엘세바에서 사사가 되니라 그의 아들들이 자기 아버지의 행위를 따르지 아니하고 이익을 따라 뇌

엘리의 가정이 멸망하는 것을 직접 목격한 사무엘이 얼마나 아들들에게 신앙교육을 시켰겠습니까? 그럼에도 그 자녀는 아버지 사무엘과 같지 않았습니다.

또 신약에서도 마찬가지입니다. 신약성경 서신서의 태반을 기록하고, 신약교회의 대부분을 세운 사람이 사도 바울인데, 성경에 그의 부모에 관한 이야기는 거의 없습니다. 바울의 부모는 로마시민권자였고 바리새인이었기 때문에 바울이 로마시민으로, 바리새인으로 살아가는 데는 지대한 영향을 주었을 것입니다. 하지만 기독교 신앙교육은 그렇지 못했습니다. 오히려 다메섹으로 가다가 부활하신 주님을 만난 후, 그리스도인이 된 바울이 고향 다소로 가서 13년 동안 보낼 때에 부모님께 복음을 전했을 수도 있습니다. 하지만 성경은 아무것도 말하지 않습니다. 이와 같이 신앙에 연속성과 불연속성이 있다면 우리가 어떻게 해야 하겠습니까? 우리가 어떻게 해야 우리 가정이 신앙의 가문이 되고, 우리 가문의 신앙이 연속적으로 잘 이어질 수 있겠습니까? 그것은 우리 각자 각자를 하나님 앞에 바르게 세우는 수밖에 없습니다.

'이 아이가 장차 어찌 될까' 또는 '우리 아이가 앞으로 어떻게 될까?'는 자녀가 있는 가정의 공통적인 질문이자, 자녀가 부모보다 더 낫기를 바라는 소망입니다. '우리의 인생이 앞으로 어떻게 전개될까?'라는 질문은 청년들이 가장 답을 알고 싶어하는 질문 가운데 하나입니다.

자녀의 성적을 높이고 좋은 대학에 입학시키기 위해서는 세 가지의 조건, '할아버지의 경제력, 아빠의 무관심, 엄마의 정보력'이라고 우스갯소리를 합니다. 그러나 좋은 성적과 좋은 대학졸업장 자체가 나를, 내 자녀를 하나님의 사람으로 결코 만들어 주지 못합니다. 요한은 주님이 오시는 길을 준비하는 사명을 안고 태어났습니다. 그럼에도 그의 음식은 메뚜기와 석청(야생꿀)이었고, 그가 입었던 것은 낙타털 옷이었고, 요한의 집은 빈 들이었습니다. 좋은 성적과 좋은 대학졸업장의 목적이 단지 메뚜기나 석청보다 나은 자연산 음식들을 먹는 것, 낙타털 옷이 아니라 낙타가죽 옷을 입는 것, 빈 들이 아니라 빈 들에 세워진 대단지 아파트나 저택에 사는 것이라면, 그것은 오히려 나 자신과 내 자녀를 망치는 길입니다.

66절 하반절을 다시 살펴보겠습니다.

이르되 이 아이가 장차 어찌 될까 하니 이는 주의 손이 그와 함께하심이러라

요한이 주님이 오시는 길을 준비할 수 있었던 것은 '주님의 손이 그와 함께하셨기 때문'입니다. 주님의 손이 함께하지 않는 삶은 아무리 집을 세우려고 해도 세울 수가 없고, 새벽 일찍 일어나 밤늦게까지 수고하고 무엇을 쌓아도, 그것은 인생에 바람이 불고 비가 오면 무너져 버리는 사상누각에 불과합니다. 오직 주님이 함께해 주신 것만, 우리와 우리 자녀를 세워 줄 수 있습니다.

온 세상이 수단과 방법을 가리지 않고 더 좋은 성적, 더 나아 보

이는 학교, 더 화려하게 보이는 직장과 직업을 얻기 위해 동분서주할지라도, 그리스도인은 함께하시는 주님의 손으로 인해서 더 바르고, 더 영원한 것을 바라보고 나아가는 사람들입니다. 그런 우리의 모습은 세속적 가치관이 가득한 세상에 진리를 보여 주는 삶이 될 것이요, 더 많이 소유하고 더 높은 자리에 앉아야 큰소리칠 수 있다고 여겨지는 세상에 사람들의 생각을 뒤집는 섬김의 메아리가 될 것입니다. 그 길을 주님 안에서, 주님의 손과 더불어 걸어가 주시겠습니까?

하나님 아버지!

바벨탑을 세우던 사람들이 자신들의 업적을 과시하고 자신들의 이름을 내려고 했을 때, 그들의 언어가 나뉘어 소통이 불가하게 되었습니다. 하지만 사도들과 제자들이 자신들의 일이 아니라 하나님의 큰일을 말하고, 하나님의 이름을 높였을 때 그들은 표면적으로뿐만 아니라 내면적으로도 방언의 실천자가 되었습니다. 그뿐만 아니라 사가랴가 한때 천사를 통해서 들려진 하나님의 말씀을 믿지 못해서 말문이 닫혔을지라도, 그 기간 동안 하나님의 은총을 깊이 누림으로 다시 말문이 열렸을 때 하나님과, 사람들과 소통하는 사람이 되었습니다. 우리 모두도 자기의 이름이나 자신을 내세우다가 불통의 출발점이 되지 않게 하시고, 주님의 이름과 주님의 행하심을 내세움으로 소통의 연결고리가 되게 하여 주옵소서.

바라옵나니 우리의 신앙이 부모님과 자녀의 신앙을 잇는 연결고리가 되게 하여 주옵소서. 또한 우리와 우리 자녀들에게 주님의 손이 함께

해 주심으로, 한국 교회가 더욱 새로워지게 하시고, 한국 사회가 정화되게 하여 주옵소서. 우리에게는 그럴 능력이 없을지라도 우리와 함께하는 주님의 손이 가능하게 하여 주옵소서. 그리하여 우리 모두가 주님의 손이 함께하는 것을 누리는 이 시대에 주님의 길을 준비하는 요한들이 되게 하여 주옵소서. 예수님의 이름으로 기도드립니다. 아멘.

22.

돌보사
속량하시며

누가복음 1장 67-79절

그 부친 사가랴가 성령의 충만함을 받아 예언하여 이르되 찬송하리로
다 주 이스라엘의 하나님이여 그 백성을 **돌보사 속량하시며** 우리를 위
하여 구원의 뿔을 그 종 다윗의 집에 일으키셨으니 이것은 주께서 예
로부터 거룩한 선지자의 입으로 말씀하신 바와 같이 우리 원수에게서
와 우리를 미워하는 모든 자의 손에서 구원하시는 일이라 우리 조상을
긍휼히 여기시며 그 거룩한 언약을 기억하셨으니 곧 우리 조상 아브라
함에게 하신 맹세라 우리가 원수의 손에서 건지심을 받고 종신토록 주
의 앞에서 성결과 의로 두려움이 없이 섬기게 하리라 하셨도다 이 아
이여 네가 지극히 높으신 이의 선지자라 일컬음을 받고 주 앞에 앞서
가서 그 길을 준비하여 주의 백성에게 그 죄 사함으로 말미암는 구원
을 알게 하리니 이는 우리 하나님의 긍휼로 인함이라 이로써 돋는 해
가 위로부터 우리에게 임하여 어둠과 죽음의 그늘에 앉은 자에게 비치
고 우리 발을 평강의 길로 인도하시리로다 하니라

요셉의 유언

애굽의 총리가 된 요셉으로 인해서 야곱의 가족들은 애굽으로
이주하게 되었습니다. 그때 아버지 야곱이 바로 왕 앞에 서게 되었는

데, 바로 왕이 야곱에게 물었습니다.

"얼마나 수를 누리셨습니까?"

야곱은 이렇게 대답했습니다.

"이 세상을 떠돌아다닌 햇수가 백 년하고도 삼십 년입니다. 저의 조상들이 세상을 떠돌던 햇수에 비하면 제가 누린 햇수는 얼마 되지 않지만 험악한 세월을 보냈습니다."

'험악한 세월'은 야곱의 인생을 단적으로 표현해 줍니다. 그런데 야곱보다 인생의 전반부를 훨씬 더 험악하게 살았던 사람이 그의 아들 '요셉'입니다. 야곱의 열한 번째 아들로 태어난 요셉은 110년을 살았습니다. 그가 17세 때 형들의 계략으로 애굽으로 팔려갔으니, 애굽에서만 93년을 살았습니다. 요셉은 13년간 계속된 '종살이와 옥살이라는 깊은 터널'을 통과한 후에 30세에 애굽의 총리가 되어서, 39세에 꿈에도 그리던 가족들을 만날 수 있었습니다. 그로부터 17년 후인 요셉이 56세가 되었을 때 아버지 야곱이 세상을 떠났습니다. 그리고 54년이 더 지난 후에 요셉도 마지막 숨을 내어 쉬게 되었습니다.

아버지 야곱이 세상을 떠날 때를 기점으로 요셉의 인생을 나누면 전반부 56년은 '다사다난'이라는 말로 요약할 수 있습니다. 특히 그 전 39년은 '파란만장'이라고 해도 과언이 아닙니다. 창세기 37-50장까지 14개의 장 중에서 38장인 '유다와 다말의 이야기'를 제외하고는, 13개의 장이 모두 요셉에 관한 이야기입니다. 그중에서도 마지막 장인 50장의 5절을 제외하고서 모두가 요셉의 인생 전반부 56년간의 이야기입니다.

반면에 요셉의 인생 후반은 밋밋하고 평범하게 보입니다. 창세기 50장 22, 23절은 이렇게 증거합니다.

> 요셉이 그의 아버지의 가족과 함께 애굽에 거주하여 백십 세를 살며 에
> 브라임의 자손 삼대를 보았으며 므낫세의 아들 마길의 아들들도 요셉의
> 슬하에서 양육되었더라

요셉의 인생 후반 54년의 기록이 고작 아들 에브라임의 자손 3
대를 본 것과 아들 므낫세의 아들의 아들, 즉 증손자를 자기 슬하에
서 양육했다는 내용이 전부입니다. 이것은 별 내용이 아닌 걸로 보이
지만 요셉의 전반기 인생만큼이나 의미가 있습니다. 일상의 삶과 신
앙은 결코 괴리되어 있지 않습니다. 우리 신앙의 대부분은 롤러코스
터를 타는 것이 아니라 마을 길을 걷는 것과 같습니다.

요셉이 증손자까지 보았다는 기록은 단지 그 나이까지 살았다
는 의미이거나 대가족 4대가 함께 밥을 먹고 손자, 손녀들을 학교에
보내 주었다는 의미가 아닙니다. 야곱은 요셉의 두 아들, 므낫세와
에브라임을 양자로 삼았습니다. 그것은 애굽에서 태어난 그들을 언
약의 자손이 되게 해주었다는 의미입니다.

요셉이 손자 마길의 아들들을 양자 삼은 것도 동일합니다. 그들
역시 애굽 땅에서 태어나 가나안 땅을 한번 밟지도 못하고 보지도 못
했음에도 불구하고, 그 자녀들 또한 하나님의 언약의 자손이며 하나
님의 백성으로 양육했음을 의미합니다. 후에 마길의 자손들은 길르
앗을 차지하였습니다.

창세기는 요셉의 유언으로 막을 내리는데, 이 유언은 요셉의 인

생 전체에 비견될 만큼 중요합니다. 창세기 50장 24-26절은 이렇게 증거합니다.

> 요셉이 그의 형제들에게 이르되 나는 죽을 것이나 하나님이 당신들을 돌보시고 당신들을 이 땅에서 인도하여 내사 아브라함과 이삭과 야곱에게 맹세하신 땅에 이르게 하시리라 하고 요셉이 또 이스라엘 자손에게 맹세시켜 이르기를 하나님이 반드시 당신들을 돌보시리니 당신들은 여기서 내 해골을 메고 올라가겠다 하라 하였더라 요셉이 백십 세에 죽으매 그들이 그의 몸에 향 재료를 넣고 애굽에서 입관하였더라

요셉이 애굽의 총리였기 때문에 그로 인해서 이스라엘 자손들이 누린 혜택은 아주 많았을 것입니다. 그러나 요셉이 죽고 나면 더 이상 누리지 못하게 됨은 자명한 일이었습니다. 그에 대해서 형제들을 위시해서 많은 사람들은 두려움을 느꼈을 것입니다. 그런 이스라엘 자손들에게 요셉은 내가 너희를 돌보지 않고 '하나님이 돌보신다'고 두 번을 반복해서 말합니다. 특히 두 번째는 '하나님이 반드시 당신들을 돌보신다'고 말합니다. 그런데 '돌보다'에 해당하는 단어가 히브리어로 '파카드'(פקד)인데, 이는 '돌보다'의 뜻도 있지만 더 많은 경우에 '방문하다'의 뜻으로 사용됩니다. 요셉의 유언에 있는 '파카드'도 '돌보다'보다 '방문하다'에 더 초점이 있는 것으로 여겨집니다.

'돌봄'은 참 따뜻한 단어입니다. 그러나 돌봄은 사람을 보내어서 할 수도 있고, 돈이나 물건을 보내서 할 수도 있습니다. 그러나 '방문'은 직접 찾아가야 합니다. 병이나 사고로 병원 신세를 지고 있

을 때, 친구가 음식을 보내온다면 고마워할 것입니다. 그런데 그리 친하다고 생각지 않던 친구가 찾아와 손을 꼭 잡아 줄 때, 그 친구가 이전과 다르게 느껴질 것입니다. 하나님은 이스라엘 자손들에게 필요한 것을 보내기만 하시는 분이 아니라 직접 찾아가시는 분입니다. 요셉의 유언은 후에 이스라엘 자손들이 출애굽하는 데 연결고리가 되었습니다.

400년 후 이스라엘 자손들이 노예살이로 극심한 고통을 겪고 있을 때, 하나님이 모세를 찾아가셨습니다. 그래서 이스라엘 자손들은 마침내 출애굽하게 되었습니다.

'하나님의 찾아오심'은 우리를 우리 되게 한 출발이었고, 과정이었고, 결과입니다.

베네딕투스

가브리엘 천사가 일러 준 대로 태어난 아기의 이름을 요한이라 짓자마자 9개월 동안 막혔던 사가랴의 말문이 열렸습니다. 오늘 본문 67, 68절이 이렇게 증거합니다.

> 그 부친 사가랴가 성령의 충만함을 받아 예언하여 이르되 찬송하리로다 주 이스라엘의 하나님이여 그 백성을 돌보사 속량하시며

9개월 만에 사가랴의 입에서는 '예언의 찬송'이 터져 나왔습니

다. 제가 만약 사가랴였다면, 아들을 주신 일에 감사하거나 저의 믿음 없음을 꾸짖지 아니하시고 다시 말문을 열어 주심을 감사하는 노래를 불렀을 것입니다. 그러나 사가랴는 '예언의 찬송'을 했습니다. 이 찬송은 구약의 마지막 예언이자, 신약의 첫 예언이라 불립니다. 그런데 사가랴는 예언의 찬송을 올려 드리면서 미래의 일을 노래하지 않고, 과거의 일을 노래합니다.

지난 2주에 걸쳐서 이재철 목사님을 통해 예언이 무엇인지를 깊이 새겼습니다. 성경이 말하는 예언은 미래의 특정한 날짜에 특정한 일이 이루어지게 된다는 점쟁이식의 알아맞힘이 아니라, 주님의 영이신 성령님의 조명 속에서 주님의 말씀으로 과거를 해석하며, 현재를 분별하고, 미래를 예측하면서 자신과 타인의 삶을 말씀 위에 곧추 세워 주는 것이라고 했습니다.

사가랴의 예언의 찬송은 대부분이 시편과 선지서 인용입니다. 즉 하나님이 사가랴에게 다른 사람은 도무지 들어 보지 못한 그런 말씀을 주신 게 아니라 이미 구약에서 주신 그 말씀들을 다시 깨닫게 하심을 통해서 말씀하셨습니다. 혹 신비한 계시를 받거나 환상을 보았다는 사람들을 만나실지라도 그것이 하나님 말씀의 가치관 속에 있지 않다면 하나님께로부터 온 것이 아닙니다. 또한 성도님이 아무리 신비하게 여겨지는 꿈을 꾸실지라도 그것이 하나님의 말씀 속에 있지 않다면 '견몽_개꿈'으로 생각하시는 것이 바른 그리스도인의 자세입니다. 그렇기 때문에 우리 모두는 말씀에 없는 내용을 구하는 어리석은 자들이 되지 말아야 하며, 기록된 하나님의 말씀을 근거로 살아가는 그리스도인들이어야 합니다.

사가랴는 아브라함 때부터 당시까지 지난 2000년 동안 하나님이 이스라엘 백성들을 위해서 역사하시고 건져 주신 일들을 해석함으로, 비록 현재 로마제국의 압제와 헤롯 대왕의 학정이 있을지라도, 하나님이 메시아를 보내셔서 영원한 생명을 주실 것을 예언으로 노래하는 것입니다.

사가랴의 예언의 찬송은 이렇게 시작됩니다. 68절 상반절입니다.

찬송하리로다 주 이스라엘의 하나님이여

4세기 후반에 번역된 라틴어성경을 '불가타성경'(Vulgata/Vulgate)이라고 하는데, 본문의 '찬송하리로다'를 '베네딕투스'(Benedictus)라고 했습니다. 그래서 사가랴의 예언의 찬송 제목을 '베네딕투스'라고 합니다.

자녀가 대학입학 시험을 보고 난 후에 그 결과를 알기 위해서 학교로 갔다가 집으로 들어오는 모습을 보면 물어보지 않고, 그 표정만 봐도 붙었는지 떨어졌는지를 알 수 있습니다. 또 외국인 회사에 취직 시험을 보고 난 후에 그 결과를 알려 주는 편지를 받으면 끝까지 읽지 않고 첫머리만 읽어도 합격인지 불합격인지를 알 수 있습니다. "당신 같은 분이 우리 회사에 지원하게 된 것을 기쁘게 생각합니다……그런데……블라블라……" 이런 내용으로 시작하는 편지를 받으면 불합격입니다. 반면에 "축하합니다. 우리 회사가 세계 제일은 아니지만……" 이런 내용으로 시작하는 편지를 받으면 합격입니다.

또한 한 공동체에 속해 있는 남자가 여자에게 또는 여자가 남자에게 이성친구가 되어 주기를 요청하거나 프러포즈를 했을 때에도 상대방 대답의 첫머리만 들으면 금방 알 수 있습니다. 요청받은 여자가 남자에게 "너(오빠/선배)는 키도 크고 착하고 뿐만 아니라 성실해서……"로 답변이 시작하면 결론은 "오빠 동생으로 잘 지내자"이거나 "좋은 친구로 남으면 좋겠다"입니다. 또한 요청받은 남자가 여자에게도 "너(누나)는 참 귀엽고 지혜롭고 뿐만 아니라 성격도 좋아서……"로 답변을 시작하면, "당신은 내 타입이 아닙니다"의 의미입니다. 이성친구가 되어 주기를 요청하거나 청혼했을 때 "진짜요? 내가 먼저 고백하려고 했어요"라는 반응이 나오면 교제를 시작하자는 말입니다. 상대의 요청에 나도 많이 원했을수록 '감탄사'가 먼저 나오게 됩니다.

사가랴의 노래는 '찬송하리로다'라고 감탄사로 시작합니다. 사가랴는 지난 9개월 동안 말문이 닫혀 말하지 못했을 뿐만 아니라, 듣지도 못하는 상태에 있었습니다. 표면적으로 보면 답답하기 그지없는 생활 같습니다. 하지만 그의 속은 하나님이 베풀어 주시는 은총으로 가득하였습니다. 오늘 본문 68-75절까지 8절이 우리말 성경으로는 네 문장이지만, 헬라어성경으로는 단 한 문장으로 되어 있습니다. 사가랴는 자기 민족에게 구원의 역사를 굽이굽이 펼쳐 오신 하나님의 거대한 은혜의 폭포 속에 잠겨 있는 듯한 느낌을 받습니다.

68절을 다시 살펴보겠습니다.

찬송하리로다 주 이스라엘의 하나님이여 그 백성을 돌보사 속량하시며 사가랴는 하나님이 이스라엘 백성을 돌보시고 속량해 주심을 찬양합니다. '돌보다'에 해당하는 헬라어 단어가 '에피스켑토마이'(ἐπισκέπτομαι)인데, 이것이 바로 요셉이 유언으로 남긴 '파카드'와 같은 의미인 '방문하다'입니다.

우리의 구원은 '하나님의 돌보심, 하나님의 방문'으로 시작되었습니다. 인간이 먼저 신을 찾아가야 하고, 스스로의 노력과 능력으로 열반의 경지에 이르러야 하는 것은 불교와 같은 자력종교이지만, 하나님이 먼저 인간을 찾아와 주시고, 스스로의 능력으로는 결코 구원에 이를 수 없는 인간에게 영원한 생명을 주시는 것이 타력종교인 기독교입니다. '하나님의 돌보심'은 인간이 더 이상 아무것도 할 수 없는 상황에 있을 때, 전적인 하나님의 개입을 뜻하는 말입니다.

누가복음 7장에는 한 장례식의 이야기가 나옵니다. 예수님이 제자들과 또 많은 사람들과 함께 '나인'이란 성으로 가시다가 어떤 장례 행렬과 마주치게 되었습니다. 어떤 죽음이든지 죽음은 이 땅에서 인간과 인간을 영원히 단절하게 하기에 많은 슬픔을 자아냅니다. 그런데 그 행렬은 어떤 과부의 외아들 장례식이었습니다. 과부는 아기를 가질 수 있는 소망이 더 이상 없는 사람입니다. 남편이 세상을 떠난 후, 그 여인은 아들 뒷바라지를 소망으로 살았을 것입니다. 그런데 그 아들마저 세상을 먼저 떠나게 되었습니다. 얼마나 좌절이 크고 절망스러웠겠습니까? 그 여인은 이제 아무것도 할 수 없습니다. 그때 주님이 그 외아들을 살려 주셨습니다. 그 사건을 보고 사람들이 이렇게 말했습니다. 누가복음 7장 16절이 이렇게 증거합니다.

모든 사람이 두려워하며 하나님께 영광을 돌려 이르되 큰 선지자가
우리 가운데 일어나셨다 하고 또 하나님께서 자기 백성을 돌보셨다
하더라

하나님이 자기 백성을 돌보셨다고 합니다. 이것 외에는 설명이
되지 않는 것입니다. 죽은 아들에게 이 어머니나 다른 사람들은 해줄
수 있는 것이 없었지만 하나님의 절대적인 역사하심, 하나님의 방문
이 이 청년을 살려 내었다고 고백하고 있습니다.

우리 그리스도인들은 하나님이 우리를 돌보셨음을, 찾아오셨
음을 아는 사람들입니다. 혹시 그런 기억이 없다고 여겨지거나, 그
기억이 희미하게 느껴지시는 분은 지금까지의 인생에 대해 아주 친
한 친구와 대화를 나누듯이 하나님께 기도해 보시거나 글을 써 보시
기를 권합니다. 그러면 셀 수도 없이 우리를 찾아와 주신 하나님을
발견하는 은총을 누리시게 될 것입니다.

사가랴는 하나님이 이스라엘 백성들을 돌보셨을 뿐만 아니라
속량하셨다고 찬송합니다. 지난 수요성경공부는 찬양 회복을 위한
송정미와 함께하는 '찬양 리바이벌'로 드려졌습니다. 찬양 중간중
간에 자막으로 성경구절을 띄어 줍니다. 그 말씀 중에 이사야 43장
1-3절이 있었습니다.

야곱아 너를 창조하신 여호와께서 지금 말씀하시느니라 이스라엘아 너
를 지으신 이가 말씀하시느니라 너는 두려워하지 말라 내가 너를 구속
하였고 내가 너를 지명하여 불렀나니 너는 내 것이라 네가 물 가운데로

지날 때에 내가 너와 함께할 것이라 강을 건널 때에 물이 너를 침몰하지 못할 것이며 네가 불 가운데로 지날 때에 타지도 아니할 것이요 불꽃이 너를 사르지도 못하리니 대저 나는 여호와 네 하나님이요 이스라엘의 거룩한 이요 네 구원자임이라 내가 애굽을 너의 속량물로, 구스와 스바를 너를 대신하여 주었노라

하나님이 당신의 백성으로 삼으신 이스라엘 자손들이 물 가운데로 지나갈 때에 침몰당하지 않도록 함께하셨고, 불 가운데로 통과할 때에도 타지 아니하도록 함께하셨다고 합니다. 그뿐만 아니라 그들을 구원하기 위해 이스라엘보다 훨씬 큰 나라인 애굽을 몸값으로 주는 것도 주저하지 않으셨고, 이스라엘과 구스와 스바를 맞바꾸셨다고 말씀합니다.

오늘은 우리를 구원하기 위해서 십자가의 고난을 당하신 주님의 고난을 묵상하고 주님의 부활을 기리며, 어긋난 길을 가거나 엉뚱한 것을 붙잡고 있는 우리의 삶을 다시 교정하는 참회의 절기인 사순절 셋째 주일입니다.

우리의 지나온 삶이 야곱의 고백처럼 참 험악한 세월이었을지라도, 또 요셉의 종살이, 옥살이처럼 파란만장하게 여겨질지라도, 더 나아가 외아들을 잃은 나인성 과부처럼 이제는 더 이상 소망이 없다고 여겨질지라도, 또 어쩌면 요셉의 인생 후반처럼 밋밋하고 평범하였을지라도 우리가 오늘 이 예배의 자리에 나올 수 있게 되고, 우리가 영생에 잇대어진 삶을 살 수 있게 된 것은 하나님이 우리를 생의 순간순간마다 방문하셔서 우리 인생의 문을 두드려 주셨기 때문

이 아닙니까?

그뿐만 아니라 하나님이 이스라엘을 구원하기 위해서 이스라엘과 비교할 수 없을 정도로 큰 나라인 애굽을 내어 주시기도 하시고, 구스-스바와 맞바꾸시는 일도 서슴지 않으셨듯이, 하나님은 우리를 구원하기 위해서 영원히 크신 분인 독생자 예수 그리스도를 보내 주셔서 우리의 죄를 씻음과 맞바꾸시는 일도 서슴지 않으셨습니다.

이 참회의 절기에 하나님이 우리 인생에 수도 없이 심방을 오셔서 족한 은혜를 베풀어 주셨지만, 하나님의 은총보다 세상의 영화에 더 목말라했던 것을 회개하십시다. 또한 하나님이 도저히 값으로 매길 수 없는 영원한 생명을 값없이 베풀어 주셨지만, 그것을 세상의 것들보다 가치 없게 여겼음을 참회하십시다.

우리 그리스도인들이 하나님의 방문하심과 하나님의 속량하심을 존귀하게 여기면 여길수록 온갖 탐욕적 가치관이 가득하고, 이념, 계층, 세대 갈등으로 가득한 이 사회가 우리를 통해서 점점 맑아지게 될 것입니다. 그때에 우리 속에서도 사가랴처럼 하나님을 찬송하는 예언의 노래가 가득하게 되며, 우리는 눈부신 부활의 수혜자가 될 것입니다.

하나님 아버지!

우리 인생이 야곱처럼 험악한 세월로 여겨질 때가 있었습니다. 요셉의 종살이, 옥살이처럼 파란만장하게 느껴질 때도 있었습니다. 때로는 외아들을 잃은 나인성 과부처럼 짙은 절망의 먹구름 아래서 소망이 없이 살 때도 있었습니다. 또한 밋밋하기 그지없는 인생을 사는 것 같아 인생이 아무런 가치가 없다고 생각할 때도 있었습니다. 그러할지라도 우리를 예배드리는 지금의 모습이 되게 하신 분이 하나님이심을 고백합니다. 감사합니다.

하지만 되돌아보면 하나님은 우리를 사랑하셔서 찾아오셨지만 우리는 하나님의 방문을 외면하거나 귀찮게 여길 때도 많았습니다. 하나님의 돌보심을 받기보다 사람의 돌봄과 세상의 돌봄 받기를 더 목말라했을 때가 적지 않았습니다. 그래서 주님의 이름은 땅에 떨어졌고, 주님의 몸 된 교회는 걱정거리가 되었습니다. 참회의 절기인 사순절 셋째 주일을 맞아 우리의 허물과 죄를 참회합니다. 용서하여 주옵소서.

하나님이 우리의 죄를 속량하시기 위해 애굽이나 구스, 스바와 비교될 수 없는 예수 그리스도를 십자가에 제물로 삼으셨음을 잊지 않게 하여 주옵소서. 그리하여 주님의 찾아오심과 속량함의 은총을 입은 우리를 통해서 험악한 세월을 살아가는 사람이 진리를 만나게 하시고, 파란만장한 바다를 항해하는 사람이 그 바다를 잔잔하게 하시는 주님을 만나게 하시며, 우울함과 절망에 사로잡혀 있는 사람 위에서 비치는 생명의 빛을 보게 하여 주옵소서. 예수님의 이름으로 기도드립니다. 아멘.

23.

종신토록
주의 앞에서

누가복음 1장 67-79절

그 부친 사가랴가 성령의 충만함을 받아 예언하여 이르되 찬송하리로
다 주 이스라엘의 하나님이여 그 백성을 돌보사 속량하시며 우리를 위
하여 구원의 뿔을 그 종 다윗의 집에 일으키셨으니 이것은 주께서 예
로부터 거룩한 선지자의 입으로 말씀하신 바와 같이 우리 원수에게서
와 우리를 미워하는 모든 자의 손에서 구원하시는 일이라 우리 조상을
긍휼히 여기시며 그 거룩한 언약을 기억하셨으니 곧 우리 조상 아브라
함에게 하신 맹세라 우리가 원수의 손에서 건지심을 받고 **종신토록 주
의 앞에서** 성결과 의로 두려움이 없이 섬기게 하리라 하셨도다 이 아
이여 네가 지극히 높으신 이의 선지자라 일컬음을 받고 주 앞에 앞서
가서 그 길을 준비하여 주의 백성에게 그 죄 사함으로 말미암는 구원
을 알게 하리니 이는 우리 하나님의 긍휼로 인함이라 이로써 돋는 해
가 위로부터 우리에게 임하여 어둠과 죽음의 그늘에 앉은 자에게 비치
고 우리 발을 평강의 길로 인도하시리로다 하니라

솔로몬과 아버지 다윗

다윗의 아들 솔로몬이 이스라엘의 3대 왕으로 등극하고 난 뒤,
성전을 짓는 도중에 기브온에서 일천번제를 드렸습니다. 번제는 헌

신의 제사로, 제물을 남김없이 다 태워서 드리는 제사입니다. 솔로몬이 이 번제를 드릴 때 1,000마리의 짐승을 제물로 드렸기 때문에 일천번제입니다. 일천번제를 드린 그날 밤에 하나님이 솔로몬의 꿈에 나타나셔서 말씀하셨습니다. "내가 네게 무엇을 줄꼬 너는 구하라."

솔로몬이 일천번제를 드린 이유는 단지 그가 이스라엘의 최고 권력자인 왕이었기 때문이거나, 막대한 재물을 소유한 부자여서가 아니었습니다. 하나님을 향하는 그의 진심 때문이었습니다. 그 마음을 아시는 하나님이 그의 꿈에 나타나셔서 무엇이든지 구하라고 말씀하셨습니다. 그때 솔로몬이 구한 것을 열왕기상 3장 7절 하반절부터 9절이 이렇게 증거합니다.

> 종은 작은 아이라 출입할 줄을 알지 못하고 주께서 택하신 백성 가운데 있나이다 그들은 큰 백성이라 수효가 많아서 셀 수도 없고 기록할 수도 없사오니 누가 주의 이 많은 백성을 재판할 수 있사오리이까 듣는 마음을 종에게 주사 주의 백성을 재판하여 선악을 분별하게 하옵소서

사람들이 정동진에서 해돋이를 보며 기원하는 내용이나 여러 사찰 기와에 쓰인 기원, 예루살렘에 있는 통곡의 벽 돌벽 틈새에 끼워진 기도 제목들은 크게 다르지 않을 것입니다. 기원의 절대 다수는 세 부류 안에 포함됩니다. 첫째는 건강, 둘째는 대학 합격, 취업, 승진, 사업 확장 등으로 표현되는 성공, 셋째는 사람과의 관계, 특히 가족의 화목입니다. 이것은 곧 이 제목들이 세상살이에 꼭 필요하다는 의미일 것입니다.

그러나 솔로몬이 간구한 소원은 세상살이를 위한 필요가 아니라 바른 분별력이었습니다. 솔로몬은 자신이 어린아이와 같은 존재이기에 어떻게 처신해야 하는지를 잘 알지 못하고 있고, 게다가 백성들은 기록할 수 없을 정도로 숫자가 많아 재판을 제대로 할 수 없으니, 옳고 그름을 바르게 결정할 수 있는 분별력을 구했습니다. 그 기도를 들으신 하나님의 답변을 열왕기상 3장 10-13절이 이렇게 증거합니다.

솔로몬이 이것을 구하매 그 말씀이 주의 마음에 든지라 이에 하나님이 그에게 이르시되 네가 이것을 구하도다 자기를 위하여 장수하기를 구하지 아니하며 부도 구하지 아니하며 자기 원수의 생명을 멸하기도 구하지 아니하고 오직 송사를 듣고 분별하는 지혜를 구하였으니 내가 네 말대로 하여 네게 지혜롭고 총명한 마음을 주노니 네 앞에도 너와 같은 자가 없었거니와 네 뒤에도 너와 같은 자가 일어남이 없으리라 내가 또 네가 구하지 아니한 부귀와 영광도 네게 주노니 네 평생에 왕들 중에 너와 같은 자가 없을 것이라

솔로몬의 기도는 하나님의 마음에 꼭 들었습니다. 솔로몬은 대부분의 사람들이 구하는 무병장수를 구하지도 아니하였고, 부귀영화를 요청하지도 아니하였고, 자신의 편안함을 위해 눈엣가시와 같은 사람이 제거되기를 바라지도 않았습니다. 이 기도를 기뻐하신 하나님은 솔로몬이 바르게 재판할 수 있도록 지혜와 총명을 주겠다고 하셨습니다. 솔로몬 전에도 더 지혜로운 왕이 없었고, 솔로몬 후에

도 더 지혜로운 왕이 없을 것이라고 하셨습니다. 그뿐만 아니라 솔로몬이 구하지 아니한 부귀와 영광도 보너스로 주겠다고 하셨습니다.

그런데 주목할 점은 하나님이 보시기에 합당한 이 기도를 솔로몬이 드릴 수 있었던 원동력은 무엇이었나 하는 것입니다. 하나님이 솔로몬의 꿈에 나타나셔서 "무엇을 줄까?"라고 물으셨을 때 솔로몬의 기억 속에 필름처럼 남아 있던 장면은 아버지 다윗의 모습이었습니다. 솔로몬은 결정적인 순간에 아버지의 삶과 신앙을 떠올렸던 것입니다. 열왕기상 3장 6절이 이렇게 증거합니다.

> 솔로몬이 이르되 주의 종 내 아버지 다윗이 성실과 공의와 정직한 마음으로 주와 함께 주 앞에서 행하므로 주께서 그에게 큰 은혜를 베푸셨고 주께서 또 그를 위하여 이 큰 은혜를 항상 주사 오늘과 같이 그의 자리에 앉을 아들을 그에게 주셨나이다

아들 솔로몬이 보기에 아버지 다윗이 하나님과 동행하며, 동주(同住)하는 세 가지 태도가 있었습니다. 성실, 공의, 정직한 마음이었습니다.

첫째 '성실'은 '열심히 사는 태도'를 뜻한다기보다 '진리를 따르는 삶'을 뜻하는 말입니다. 시편 31편 5절은 이렇게 증거합니다.

> 내가 나의 영을 주의 손에 부탁하나이다 진리의 하나님 여호와여 나를 속량하셨나이다

'진리'와 '성실'이 같은 단어입니다. 사울 왕과 여러 대적자들로부터 늘 쫓기는 인생을 살았던 다윗이 자신이 기댈 수 있는 분, 자신을 살려 주실 수 있는 분이 하나님밖에 없음을 고백하는 말입니다. 이 고백은 예수님이 십자가 위에서 하신 일곱 마디 중 마지막으로 말씀하실 때 인용하신 구절입니다. 그러니까 인간으로 오신 예수님이 하신 최후의 말씀입니다. 다윗은 자신을 속량해 주시는 하나님을 '진리의 하나님'이라고 고백합니다. 하나님은 언약하신 것을 반드시 지키시는 분이라는 의미입니다. 아버지 다윗이 '성실'했다는 아들 솔로몬의 고백은 아버지가 진리의 말씀을 따라서 살았고, 하나님이 말씀하신대로 행하신 분이었다고 말하고 있습니다.

둘째, '공의'는 '반듯한 삶'만이 아니라 '하나님과의 바른 관계'를 의미합니다. 성경에서 하나님과의 관계가 바른 것을 '공의롭다'고 하고, 하나님과의 관계가 바르지 못함을 '불의하다'고 표현합니다. 이스라엘의 왕들 가운데 악한 왕의 전형은 아합입니다. 다른 왕들의 악함을 평가할 때에 '아합의 집과 같이 행하였다'고 표현할 정도입니다.

윤리적인 기준으로 볼 때 아합이 행한 가장 악한 짓은 나봇을 죽이고 그 포도원을 빼앗은 일입니다. 그러나 그 행위를 하기까지는 이세벨 왕비의 역할이 지대했습니다. 오히려 아합은 그것을 빼앗고서 마음 아파했습니다. 그래서 열왕기상 21장 29절은 이렇게 증거합니다.

아합이 내 앞에서 겸비함을 네가 보느냐 그가 내 앞에서 겸비하므로 내가 재앙을 저의 시대에는 내리지 아니하고 그 아들의 시대에야 그의 집에 재앙을 내리리라 하셨더라 아합은 왕으로서는 역량이 굉장히 뛰어났습니다. 그가 이룩해 놓은 정치적·경제적 업적이 아주 컸습니다. 그래서 엘리야 선지자가 갈멜산 산상에서 바알 선지자 450명과 대결할 때, 하나님과 바알 중에서 너희가 섬길 분을 택하라는 촉구에도 이스라엘 백성들이 머뭇머뭇했던 이유는 아합이 이룬 정치적, 경제적 업적이 너무 컸기 때문입니다. 그럼에도 불구하고 그가 그렇게 악한 평가를 받을 수밖에 없었던 것은 하나님과의 관계가 아주 엉망진창이었기 때문입니다. 아합은 왕의 자리에 오른 후 가장 먼저 정략적인 목적을 갖고 이방의 우상을 수입하였습니다. 하나님은 그것을 역겨워하셨습니다. 그래서 그는 가장 악한 왕의 전형이 되었습니다. 아들 솔로몬이 보기에 아버지 다윗은 공의 즉, 하나님과 바른 관계를 맺기 위해 몸부림치던 분이었던 것입니다.

셋째, 정직한 마음입니다. 성경에서 말하는 '정직'은 좌우로 흐트러짐이 없이 하나님을 향해 곧은길을 가는 것입니다. 다윗의 생애에 최악, 최대의 범죄는 밧세바 사건입니다. 그러나 다윗은 깊은 참회를 하였고 그 이후에 하나님을 바라보고 곧은길을 걸었습니다. 솔로몬은 밧세바 사건 이후에 태어났습니다. 그래서 솔로몬은 아버지 다윗이 곧은길을 걷는 것만 보았던 것입니다. 오래전에 이재철 목사님이 이런 말씀을 하신 걸 들은 적이 있습니다. "하나님을 바르게 알기 전에 바르지 못한 삶을 많이 살았는데, 그 삶을 청산하고 네 아들이 태어났기 때문에 그 추한 삶을 아이들에게 보여 주지 않아서 정말 감사드리고 있습니다."

목사님의 큰아들이 어렸을 적에 이 목사님께 "아빠! 아빠도 술 먹고, 담배 피우고…… 그렇게 해본 적 있으세요?"라고 물었다고 합니다. 이 목사님은 아들에게 "응, 네가 태어나기 전에 아빠는 술도 많이 먹고, 담배도 많이 피우고 했단다"라고 답하셨습니다. 그 말을 들은 아들이 이렇게 말했습니다. "아빠, 믿을 수가 없어요."

만약 솔로몬이 어렸을 적 다윗에게 "아바마마, 아바마마께서도 하나님께 죄를 짓고, 잘못 산 적이 있으세요?"라고 물었다면 다윗은 이렇게 대답했을 것입니다. "응, 아버지는 네가 태어나기 전에 하나님께 큰 죄를 지었단다." 그때 솔로몬은 이렇게 답했을 것입니다. "아바마마, 믿을 수가 없습니다."

열왕기상 3장 6절은 아들의 입으로 아버지를 고백하는 말씀이기에 더욱 우리에게 강하게 와닿습니다. 최근에 자녀의 아버지에 대한 고백이 선거의 당락을 결정하기도 하고, 아버지가 쌓았던 명예를 재평가하게 만드는 여러 건을 듣습니다. 다윗은 진실로 성실과 공의, 정직한 마음으로 하나님과 함께 하나님 앞에서 살았던 것입니다.

성결과 의로 두려움 없이

오늘 본문도 하나님의 방문하심과 속량하심의 은총을 입은 우리가 하나님 앞에서 살아야 함을 강조하고 있습니다.

9개월 만에 다시 말문이 열린 사가랴의 입에서 예언이 찬송으로 터져 나왔습니다. 오늘 본문 67, 68절이 이렇게 증거합니다.

그 부친 사가랴가 성령의 충만함을 받아 예언하여 이르되 찬송하리로다
주 이스라엘의 하나님이여 그 백성을 돌보사 속량하시며

사가랴는 9개월 동안 그 누구와도 대화를 나눌 수 없었으므로 말씀을 통해 하나님과 깊은 대화를 나누었고, 그것이 마침내 찬송으로 터져 나왔습니다. 사가랴는 아브라함 때부터 당시까지 2000년 동안 하나님은 이스라엘 백성들을 찾아와 주셨고, 애굽이나 구스와 스바를 내어 주고서라도 팔려 간 이스라엘 자손들을 되찾아 오셨음을 노래합니다. 지난 2000년 동안 역사하신 하나님이 지금은 어떻게 역사하시는지를 사가랴는 이렇게 노래합니다. 69절입니다.

우리를 위하여 구원의 뿔을 그 종 다윗의 집에 일으키셨으니

'구원의 뿔'이라는 개념은 다소 생소합니다. 소에게 가장 강한 부분은 뿔이기 때문에 싸울 때에 뿔을 사용합니다. 소와 소의 싸움이나, 소와 투우사의 싸움에서 소는 뿔로 상대를 받으려고 하지 발로 상대를 할퀴거나, 물어뜯으려고 하는 경우는 없습니다. 사자는 '백수의 제왕'이라고 불립니다. 그러나 사자의 사냥 성공률은 20퍼센트 정도에 불과하다고 합니다. 그리고 사자가 아프리카 들소와 일대일로 싸워서는 이길 수가 없습니다. 들소는 사자보다 몇 배나 무겁고, 생각보다 많이 거칠기 때문입니다. 게다가 들소의 뿔에 받히기라도 하면 사자는 목숨을 잃을 수 있습니다. 그래서 사자는 들소를 먹이로 삼기 위해서 최소한 6, 7마리가 한꺼번에 달려듭니다.

성경에서 뿔은 하나님 또는 왕, 구원자를 상징합니다. 다윗이 자신을 건져 주신 하나님을 고백하며 이렇게 노래합니다. 시편 18편 2절입니다.

여호와는 나의 반석이시요 나의 요새시요 나를 건지시는 이시요 나의 하나님이시요 내가 그 안에 피할 나의 바위시요 나의 방패시요 나의 구원의 뿔이시요 나의 산성이시로다

그래서 구원의 뿔을 그 종 다윗의 집에 일으키셨다는 의미는 하나님이 능력 있는 구원자이신 예수 그리스도를 다윗의 가문을 통해서 주셨다는 의미입니다.

계속해서 72, 73절이 이렇게 증거합니다.

우리 조상을 긍휼히 여기시며 그 거룩한 언약을 기억하셨으니 곧 우리 조상 아브라함에게 하신 맹세라

하나님이 아브라함을 갈대아 우르에서 불러내시면서 "내가 너로 큰 민족을 이루게 하고, 네게 복을 주어 네 이름이 창대하게 해주어서 너는 복이 될 것이다"라고 약속해 주셨습니다.

아브라함이 살았던 당시에 계약을 체결할 때는 짐승을 잡아 반으로 가른 후, 그 사이로 계약 당사자들이 지나갔습니다. 계약을 하고서 어기는 사람은 이 갈라진 짐승과 같이 죽게 될 것이라는 의미였습니다. 그런데 하나님이 아브라함과 언약을 맺으실 때, 하나님만

그 사이를 지나가셨습니다. 그것은 하나님이 당신의 생명을 걸고 아브라함에게 행한 약속을 이루어 주시겠다는 의미였습니다. 이것이 기독교의 복음입니다. 만약 그 짐승 사이를 아브라함도 지나가게 하셨다면 아브라함은 복이 되기는커녕 그 몸이 수도 없이 많이 조각났을 것입니다.

사가랴와 엘리사벳의 가정에 요한이 태어난 것은 단지 자식이 없는 가정에 아들을 주셨다는 의미가 아니라, 2000년 전 아브라함에게 하신 언약과 1000년 전에 다윗에게 하신 약속을 이루어 가시는 하나님의 사랑과 열정을 보는 것입니다. 그 하나님의 언약이 예수 그리스도라고 하는 결정체로 나타났습니다.

그런데 사실 여기까지는 우리가 이미 알고 있고, 또 이미 우리에게 다 이루어진 일입니다. 우리는 다윗의 후손으로 오신 예수 그리스도를 통해서 구원이 왔음을 알고 있습니다. 또한 그분이 죄와 사망이라는 원수에게서 우리를 건지신 일도 알고, 믿고 있습니다. 그렇다면 우리는 더 이상 아무것도 하지 않아도 되는 것입니까? 아닙니다. 하나님이 우리를 구원하신 그 목적이 무엇인지를 75절이 이렇게 증거합니다.

종신토록 주의 앞에서 성결과 의로 두려움이 없이 섬기게 하리라 하셨도다

하나님이 예수 그리스도를 통해서 우리를 구원해 내신 것은 우리로 하여금 평생 동안 하나님을 섬기게 하기 위해서라고 말씀하십

니다. 구약에서 평생 하나님만을 섬기며 살 수 있는 특권을 받은 사람들은 제사장들이었습니다. 제사장들은 하나님께 나아갈 때 머리에 관을 쓰고서 거기에다 '여호와께 성결'이라 새긴 패를 붙이고 나아갔습니다. 그것은 하나님 앞에서 구별된 마음으로 섬긴다는 의미였습니다. 또 하나님께 나아가기 위해서는 평소의 삶에서도 하나님과 바른 관계를 맺으며 의를 행하는 삶을 살아야 했습니다. 그래야만 이 하나님께 두려움 없이 나아갈 수 있었습니다.

구약시대에는 제사장을 통해서 하나님께 나아갔지만 지금은 단독적으로 하나님께 나아갑니다. 그렇다면 우리 역시 하나님께 나아갈 때는 성결과 의로 나아가야 하는 사람들입니다. 그렇다면 우리가 어떻게 주님 앞에서 성결과 의로운 삶을 살 수 있겠습니까? '섬기다'가 헬라어로 '라트류오'(λατρεύω)인데, 이 단어에는 '예배드리다'는 의미도 있습니다. 우리가 '하나님을 제대로 그리고 바르게 섬긴다'라고 한다면 이것은 예배드리는 삶을 의미합니다. 예배드리는 삶은 우리의 매일 일상 속에서 하나님을 의식하는 삶입니다. 다시 말씀드리면, 우리 교회의 신앙 목표인 '예배의 생활화, 생활의 예배화'를 실천하는 것입니다.

오늘날 한국교회와 그리스도인들이 회복해야 할 부분이 있다면 하나님 앞에서의 성결과 의입니다. 세속적 가치관에 오염되지 아니하고, 순결하고 구별된 삶을 살아야 할 우리가 너무 깊이 오염되어서 한국교회는 자정능력을 상실했다고 손가락질을 받습니다. 우리가 오염되었다는 것은 다윗처럼 성실과 공의와 정직한 마음으로 하나님과 함께 하나님 앞에서 행하지 아니하고, 하나님을 외면하고 하나님 뒤에서 욕망을 따라서 행했음을 의미합니다.

오늘은 예수님이 우리 죄를 대속하기 위해 십자가에서 고난당하시고 죽으심을 묵상하고 부활을 기리는 사순절 다섯째 주일입니다. 하나님이 예수 그리스도의 십자가를 통해 우리에게 영생을 주신 것은 우리가 평생 하나님 앞에서 성결과 의로 두려움이 없이 하나님을 섬기는 삶을 살게 하기 위함입니다. 그럼에도 우리는 세속적 가치관에 빠져 하나님 앞에서 살지 않으면서도 나 자신만 돋보이기만 하면 괜찮다고 생각하며 살아갑니다. 그런 오염된 자아를 참회하십시다. 하나님 앞에서 성결과 의로 사는 사람은 한순간은 손해를 보는 것 같고 바보처럼 여겨질지라도, 실상 그는 영원히 이익을 얻는 사람이요, 영원한 지혜를 소유하고 사는 사람입니다.

우리가 하나님 앞에서 성결과 의로 두려움이 없이 하나님을 섬기며 살아야 하는 존재임을 자각한 사도 베드로는 우리에게 이렇게 권면하고 있습니다. 베드로전서 2장 9절이 이렇게 증거합니다.

> 너희는 택하신 족속이요 왕 같은 제사장들이요 거룩한 나라요 그의 소유가 된 백성이니 이는 너희를 어두운 데서 불러내어 그의 기이한 빛에 들어가게 하신 이의 아름다운 덕을 선포하게 하려 하심이라

하나님 아버지!
성실과 공의와 정직한 마음으로 하나님과 함께 하나님 앞에서 살았던 다윗을 보며, 우리는 아주 작아지고 얼굴을 들 수 없습니다. 다윗

만 스스로 씻을 수 없는 죄를 용서받은 것이 아니라 우리도 동일하게 용서받았음에도 우리는 진리보다도 세속의 가르침을 내 삶의 기준으로 삼았고, 하나님과 바른 관계를 맺어 가기보다 나를 더 돋보이게 해줄만한 것들과 관계를 맺었으며, 올바른 길을 걷기보다 내 욕심과 욕망을 따라서 걷기를 즐기는 인생이었습니다. 용서하여 주옵소서.

참회의 절기 사순절 다섯째 주일에 다시 하나님 앞에서 성결과 의로 두려움이 없이 한평생 하나님을 섬길 것을 되새깁니다. 우리의 가정생활이 성결하여 하나님 앞에 있게 해주십시오. 우리의 직장생활과 학교생활, 사람들과의 관계가 성결하여 하나님과 동행하게 해주십시오. 우리의 신앙생활이 하나님과 바른 관계를 맺고, 하나님을 경외함으로 하나님과 동주하게 해주십시오. 그리하여 하나님이 우리에게 행하신 것을 즐기는 삶만을 살지 않게 하시고, 하나님을 본받는 삶을 살아가게 하옵소서. 예수님의 이름으로 기도드립니다. 아멘.

24.

긍휼로
인함이라

누가복음 1장 67-79절

그 부친 사가랴가 성령의 충만함을 받아 예언하여 이르되 찬송하리로
다 주 이스라엘의 하나님이여 그 백성을 돌보사 속량하시며 우리를 위
하여 구원의 뿔을 그 종 다윗의 집에 일으키셨으니 이것은 주께서 예
로부터 거룩한 선지자의 입으로 말씀하신 바와 같이 우리 원수에게서
와 우리를 미워하는 모든 자의 손에서 구원하시는 일이라 우리 조상을
긍휼히 여기시며 그 거룩한 언약을 기억하셨으니 곧 우리 조상 아브라
함에게 하신 맹세라 우리가 원수의 손에서 건지심을 받고 종신토록 주
의 앞에서 성결과 의로 두려움이 없이 섬기게 하리라 하셨도다 이 아
이여 네가 지극히 높으신 이의 선지자라 일컬음을 받고 주 앞에 앞서
가서 그 길을 준비하여 주의 백성에게 그 죄 사함으로 말미암는 구원
을 알게 하리니 이는 우리 하나님의 **긍휼로 인함이라** 이로써 돋는 해
가 위로부터 우리에게 임하여 어둠과 죽음의 그늘에 앉은 자에게 비치
고 우리 발을 평강의 길로 인도하시리로다 하니라

삶의 자리 – 주님의 길을 준비하는 곳

9개월 동안 닫혔던 말문이 다시 열린 사가랴는 하나님을 향해
예언의 찬송을 드렸습니다. 사가랴가 전반부에서는 이스라엘 백성

들에게 과거에 역사해 오신 하나님을 노래했다면, 후반부에서는 앞으로 역사하실 하나님에 대해 노래하고 있습니다. 오늘은 후반부를 나누겠습니다. 76절이 이렇게 증거합니다.

> 이 아이여 네가 지극히 높으신 이의 선지자라 일컬음을 받고 주 앞에 앞서 가서 그 길을 준비하여

요한이 부여받은 사명은 주님의 주님 되심이 나타나도록 그 길을 준비하는 것이었습니다. 고대 근동에서는 왕들이 자신의 정복지를 여행하려고 할 때, 미리 사람들을 보내어서 자신이 갈 길을 마련하게 했습니다. 보냄을 받은 사람들은 왕의 왕 됨을 더 잘 나타내기 위해서 돌을 제거하기도 하고, 거친 지역을 평탄하게도 하거나 웅덩이를 메우기도 했습니다. 고대뿐만 아니라 오늘날도 동일합니다. 대통령이 프로야구경기 시구자로 나서게 되었거나 지방 도시를 방문할 계획이 있을 때, 대통령 경호처에서는 그 사실을 비밀에 부침은 물론, 미리 각종 안전장치를 준비할 것입니다. 경호처가 철저히 준비하는 이유는 자신들을 드러내기 위함이 아니라, 대통령을 대통령답게 보이기 위함입니다. 우리 각자가 우리의 삶의 자리에서 주님이 나타나시는 삶을 살고 있다면, 우리는 주님의 길을 준비하는 사람들입니다.

제가 자란 교회는 교육전도사 한 분이 초등학생들의 주일학교와 중고등부, 심지어 청년부까지 함께 담당해야 할 정도로 규모가 작았습니다. 그곳에서 저는 주일학교 교사도 하고, 청년부 임원으로도

섬겼습니다. 당시에도 방학이 가까워 오면 노회 주관으로 성경학교와 수련회를 위한 '교사강습회'가 열리곤 했습니다. 저는 교사강습회에 참석해서 배운 내용을 정리하여 제가 다니던 교회 교사들에게 가르치곤 했습니다. 또한 청년들과 하나님의 말씀을 시간이 가는 줄도 모르고 나누었습니다. 제가 교회를 열심히 섬긴 것 같았는데, 사실은 제가 주님의 통로로 준비되는 과정이었습니다.

그 준비가 저를 8년 6개월 동안 주님의교회에서 주님을 잘 섬기도록 해주었습니다. 제가 주님의교회에서 유년부, 소년부, 고등부, 청년부, 장년부를 섬겼습니다. 제네바에서의 사역 또한 제가 섬긴 것처럼 보였을지라도 실상은 주님의 길을 잘 닦을 수 있도록 저를 준비시켜 주시는 것이었습니다. 그 준비가 저를 6년 동안 스위스 제네바한인교회에서 주님을 섬기도록 해주었습니다. 그 사역 또한 제가 섬긴 것처럼 보일지라도 주님의 길을 더 잘 닦을 수 있도록 저를 준비시켜 준 것이었습니다. 지금 저는 100주년기념교회에서도 주님의 길을 닦고 있습니다. 저의 삶과 신앙, 사역을 통해서 주님의 주님 되심이 드러나는 것이 제 소망입니다.

요한이 준비해야 하는 길이 구체적으로 무엇인지를 77절이 이렇게 증거합니다.

주의 백성에게 그 죄 사함으로 말미암는 구원을 알게 하리니

요한이 태어난 때는 시대적으로 참 암울하였습니다. 이스라엘 백성들에게 로마제국의 압제만 해도 고달팠는데, 헤롯 대왕의 학정

은 더욱 눌림이 되었습니다. 그뿐만 아니라 헤롯 대왕이 죽은 후에는 나라가 네 동강으로 나뉘어 분할통치를 받는 바람에 고통은 점점 커지기만 했습니다. 로마제국으로부터 해방받는 것은 이스라엘 백성들의 숙원이었습니다.

이러한 시대 속에서 요한은 이스라엘 백성들에게 죄 사함을 통해 얻는 구원을 알리기 위해 준비하였습니다. 그런데 이스라엘 백성들은 그전에 하나님의 구원을 듣지 못한 사람들이 아니었습니다. 이방인들처럼 하나님을 몰랐던 것도 아니었습니다. 그들은 아브라함 때부터 당시까지 적어도 2000년 동안 하나님을 믿고 있었습니다. 1년에 큰 명절만 세 번(무교절, 칠칠절, 초막절)이 있었고, 금식하는 날도 있었습니다. 안식일마다 회당에 가서 예배도 드리고 하나님의 말씀도 읽었습니다. 그러나 정작 중요한 하나님이 어떤 분이신지는 잘 몰랐습니다. 자신들은 하나님에 대해 아주 잘 알고 있다고 생각했는데 그것이 오히려 하나님을 바르게 아는 데 방해가 되었습니다. 그래서 죄 사함으로 말미암은 구원을 베풀러 오신 예수님을 십자가에 못 박히게 하는 자리까지 내어 주고 말았습니다.

예수님이 십자가에 달리셔서 일곱 말씀을 하셨는데, 그중에서 가장 먼저 하신 말씀을 누가복음 23장 34절 상반절이 이렇게 증거합니다.

이에 예수께서 이르시되 아버지 저들을 사하여 주옵소서 자기들이 하는 것을 알지 못함이니이다 하시더라 당시 십자가형을 받는 사형수는 두 가지 일을 해야 했는데 첫째는 채찍에 맞아야 했고, 둘째는 자신이 달릴 십자가는 자신이 직접 지고 가야 했습니다. 주님은 십자가를 지고 골고다로 가시다가 더 이상 질 수 없으셔서, 구레네 시몬이 대신 지고 갈 정도로 쇠약해지셨습니다. 주님이 골고다에 이르자 주님의 두 손과 발에 못이 박히고, 머리에 가시관이 씌워졌습니다. 주님은 십자가 위에서 고통으로 인해 말씀하시기 몹시 어려운 상황에서 입을 여셨는데, 사람들의 죄를 용서해 달라는 것이었습니다. 주님이 십자가 위에서 가장 먼저 죄 용서로 입을 여신 것은 그것이 우리에게 가장 중요하고, 가장 필요한 것이기 때문이었습니다.

죄 사함으로 말미암는 구원이 구체적으로 무엇인지를 78절 하반절부터 79절 상반절이 이렇게 증거합니다.

> 이로써 돋는 해가 위로부터 우리에게 임하여 어둠과 죽음의 그늘에 앉은 자에게 비치고

요한이 준비한 길로 오시는 주님은 '돋는 해'가 비치듯 우리에게 임하신다고 합니다. '임하다'와 68절의 '돌보다'는 같은 단어인데, '방문하다'는 뜻입니다. 돋는 해이신 주님이 '어둠과 죽음의 그늘에 앉은 자'에게 방문하여 비추어 주셨다고 합니다. 죄 사함을 얻지 못했을 때의 우리의 자리는 언제나 '어둠과 죽음의 그늘'이었던 것입니다.

이 부분을 마태복음 4장 15, 16절은 이렇게 증거합니다.

스불론 땅과 납달리 땅과 요단 강 저편 해변 길과 이방의 갈릴리여 흑
암에 앉은 백성이 큰 빛을 보았고 사망의 땅과 그늘에 앉은 자들에게
빛이 비치었도다 하였느니라

마태도 우리가 본래 있었던 자리가 '흑암'이었고, '사망의 땅'이
었고, '그늘'이었다고 합니다.

돋는 해가 되시는 주님께 비췸의 은총을 받지 않고 주님이 방문
해 주시지 않는다면, 매 끼니를 산해진미로 먹고 진귀한 보석을 갖고
있으며 수많은 사람들이 부러워할 만한 자리에 앉아 있다 할지라도,
더 나아가 사회로부터 각광을 받는 화려한 인생을 산다고 할지라도
그 자리는 어둠이요, 죽음의 그림자가 드리워진 그늘에 불과합니다.
그 자리가 얼마나 캄캄한 곳이었는지는 돋는 해이신 주님의 비추임
을 받는 순간에 저절로 확인됩니다.

그리스도 예수를 단지 나사렛 예수로만 알았던 바울이, 주님을
따르는 사람들을 잡아들이기 위해 다메섹으로 가고 있을 때 돋는 해
이신 주님이 그를 방문해 주셨습니다. 그리고 그에게 주신 사명을 사
도행전 26장 16-18절이 이렇게 증거합니다.

일어나 너의 발로 서라 내가 네게 나타난 것은 곧 네가 나를 본 일과 장
차 내가 네게 나타날 일에 너로 종과 증인을 삼으려 함이니 이스라엘과
이방인들에게서 내가 너를 구원하여 그들에게 보내어 그 눈을 뜨게 하여
어둠에서 빛으로, 사탄의 권세에서 하나님께로 돌아오게 하고 죄 사함
과 나를 믿어 거룩하게 된 무리 가운데서 기업을 얻게 하리라 하더이다

바울이 주님께로부터 받은 사명은 더 많은 이방인들에게 복음을 전하라는 것이 아니었습니다. 할 수 있는 한 사역지에 교회를 많이 세우라는 것도 아니었습니다. 그의 사명은 사람들의 눈을 뜨게 하여서 어둠에서 빛으로, 사탄의 권세에서 하나님의 다스림 속으로 들어오게 하는 것이었습니다. 돋는 해이신 주님께 비추임을 받지 아니하고 하나님의 다스림 속에 있지 않는 인생은 모두 어둠 속에 있고, 사탄의 권세 아래 있다는 의미입니다.

사도 바울이 이 고백을 할 때 앞에 앉아 있던 사람들은 아그립바 왕과 버니게 왕비, 베스도 총독을 비롯하여 고관대작들이었습니다. 그들은 당시 이스라엘에 살던 어떤 사람들보다도 밝은 조명이 있는 집에서 먹고 잤을 것이고, 자신들의 인생에 각광이 비취고 있어서 휘황찬란한 삶을 살고 있다고 생각했을 것입니다. 그러나 사도 바울은 그들 모두가 어둠 속에 있다고 합니다.

사도 바울이 이렇게 간곡하게 호소하는 이유는 자신의 과거가 그러하였기 때문입니다. 바울은 자신의 삶이 빛 속에 있다고 확신하고 있었습니다. 그러나 돋는 해이신 주님이 그를 만나 주신 후에 눈이 멀게 되어서 사람들의 손에 이끌려 다메섹으로 들어갔습니다. 그때, 아나니아란 제자가 그에게 안수함으로 눈에서 비늘 같은 것이 떨어지고서야 다시 보게 되었습니다. 그가 주님을 만나기 전에 얼마나 어둠 속에 있었는지를 비로소 깨닫게 되었던 것입니다.

하나님이 예수 그리스도를 통해 우리의 죄를 사해 주시고 우리를 구원하시는 결과가 무엇인지를 79절 하반절이 이렇게 증거합니다.

우리 발을 평강의 길로 인도하시리로다 하니라

성경에서 말하는 '평강'은 인사나 전쟁이 없는 상태만을 의미하지 않고, 하나님과 온전한 연합관계에 있고 하나님과 동행함을 의미합니다. 우리가 동계올림픽 피겨스케이팅 경기를 관람하려는데 김연아 선수가 동행해 준다면 더 이상 좋은 경험이 없을 것입니다. 그가 피겨스케이팅 채점 기준뿐만 아니라 연습 과정과 에피소드 등을 이야기해 준다면 더할 나위가 없습니다. 그가 함께해 주는 것이 피겨스케이팅 경기 입장료를 대신 내주는 것보다 훨씬 더 귀한 일입니다. 주님이 우리에게 구원을 베푸심으로 우리는 하나님과 동행할 수 있게 되었습니다. 그래서 하나님이 우리와 함께하심이 우리가 가진 모든 것보다 더 귀할 수밖에 없습니다.

우리가 죄 사함을 통하여 구원을 받고, 돋는 해가 우리에게 임하는 은총을 누려서 어둠과 죽음의 그늘에서 벗어나게 된 이유를 78절 상반절이 이렇게 증거합니다.

이는 우리 하나님의 긍휼로 인함이라

우리가 죄 사함으로 말미암아 얻은 구원이나 평강의 길로 인도하시는 은총을 받음은 우리에게 조건이나 자격이 있기 때문이 아니라 하나님이 우리를 긍휼히 여겨 주셨기 때문입니다.

제가 신학대학원에 입학하고서 첫 채플에서 성찬식이 있었습니다. 집례하시는 목사님이 예수께서 제자들과 최후의 만찬을 나누신 내용을 담고 있는 성경을 읽으셨습니다. 마태복음 26장 20–23절입니다.

> 저물 때에 예수께서 열두 제자와 함께 앉으셨더니 그들이 먹을 때에 이르시되 내가 진실로 너희에게 이르노니 너희 중의 한 사람이 나를 팔리라 하시니 그들이 몹시 근심하여 각각 여짜오되 주여 나는 아니지요 대답하여 이르시되 나와 함께 그릇에 손을 넣는 그가 나를 팔리라

"주님, 나는 아니지요?", "주님, 나는 아니지요?" 그 부분이 제 마음에 계속 메아리쳐 왔습니다. "주님, 저도 아니지요?"라고 말씀드렸습니다. 하지만 저는 자신이 없었습니다. 저처럼 부족하고, 허물 많고, 형편없는 인간이 하나님의 일을 하겠다고 그 자리에 앉아 있는 것이 그렇게 부끄러웠습니다. 제가 제게 아무리 후한 점수를 주어도 제게는 하나님의 일을 할 자격이 없었습니다. 생각이 거기까지 미치자 눈물이 쉴 새 없이 흘러내렸습니다. 그때 주님이 제 마음에 주신 생각은 "네가 자격이 있기 때문에 이 자리에 있는 것이 아니다. 내가 너를 불렀기 때문에 이 자리에 있는 것이다"였습니다. 이것은 비단 저만의 경험이나 고백이 아니라 우리 모두의 공통된 경험과 고백입니다.

오늘은 2000년 전 예수님이 우리를 위해 십자가에서 당하신 고난을 기리는 고난주일입니다. 주님이 우리에게 하나님의 긍휼을 덧입혀 주시기 위해 이 땅에 오셔서 어떤 일을 겪으셨는지를 이사야 53장 2, 3절은 이렇게 증거합니다.

그는 주 앞에서 자라나기를 연한 순 같고 마른 땅에서 나온 뿌리 같아서 고운 모양도 없고 풍채도 없은즉 우리가 보기에 흠모할 만한 아름다운 것이 없도다 그는 멸시를 받아 사람들에게 버림받았으며 간고를 많이 겪었으며 질고를 아는 자라 마치 사람들이 그에게서 얼굴을 가리는 것 같이 멸시를 당하였고 우리도 그를 귀히 여기지 아니하였도다

이 땅에 인간으로 오신 주님을 '나무'에 비유했을 때, 세계에서 가장 큰 나무라고 알려진 '아메리카 삼나무'처럼 키가 84미터, 지름이 11미터, 둘레 31미터인 그런 엄청나게 큰 나무면 얼마나 과시할 수 있겠습니까? 사람들은 그 큰 기세에 눌려서 구세주라고 인정하는 척이라도 했을 것입니다. 아니면 그렇게 크지는 않더라도, 높이 자란 대나무처럼 그 곧음에 사람들이 옷매무새를 고치는 그런 기품이 있는 나무라면 얼마나 좋겠습니까? 그러나 인간으로 오실 주님은 '연한 순' 같다고 합니다. 연한 순은 '어린 묘목'을 일컫는 말입니다. 비록 어린 나무일지라도 비옥하고, 물이 풍부한 곳에 심겨져 있어서 머지않아서 큰 나무로 자랄 것이 확실하게 보이면 좋을 텐데, 마른땅에 자라고 있어서 살 수 있을지 없을지 걱정되고, 게다가 뿌리가 아주 작게 나왔기 때문에 사람들이 도저히 제대로 클 나무라고 인정할 수가 없다는 것입니다.

그렇게 초라하게 보이니까 사람들이 예수님을 구세주로 인정할 수 없었습니다. 실제로 주님은 당시 아주 천한 직업 가운데 하나였던 목수와 약혼한 여인에게서 태어나셨습니다. 아직 완전히 결혼하지 않았기에 미혼모에게서 태어난 것입니다. 게다가 방 한 칸 없어서

짐승의 밥통에 누우셨고, 목수의 아들로 자라셨습니다. 그 무엇으로 보아도 구세주로 인정할 만한 것이 아무것도 없었습니다. 그래서 사람들은 예수님이 고난을 당하심이 마땅하다고 생각했습니다.

하지만 주님이 고난을 당하신 실제의 이유를 이사야 53장 4-6절은 이렇게 증거합니다.

> 그는 실로 우리의 질고를 지고 우리의 슬픔을 당하였거늘 우리는 생각하기를 그는 징벌을 받아 하나님께 맞으며 고난을 당한다 하였노라 그가 찔림은 우리의 허물 때문이요 그가 상함은 우리의 죄악 때문이라 그가 징계를 받으므로 우리는 평화를 누리고 그가 채찍에 맞으므로 우리는 나음을 받았도다 우리는 다 양 같아서 그릇 행하여 각기 제 길로 갔거늘 여호와께서는 우리 모두의 죄악을 그에게 담당시키셨도다

이 말씀에서 강조되는 단어는 '우리의 …'입니다. '우리의 질고', '우리의 슬픔', '우리의 허물', '우리의 죄악', '우리 모두의 죄악'입니다. 이런 것들로 인해서 주님은 우리 대신 십자가를 지셨습니다. 우리 인간에게는 스스로의 능력으로는 영원히 고칠 수 없는 병이 있고, 스스로는 결코 걷어 낼 수 없는 슬픔도 있고, 넘지 말아야 할 하나님의 영역을 침범하는 허물도 있고, 하나님을 향하지 않고 자기 욕망을 향하는 불순종의 죄악이 있습니다. 이러한 것들로 인해서 우리는 모두 하나님의 진노의 대상이었음에도 하나님은 하나님의 아들을 죽이시는 방법으로 우리에게 긍휼을 베풀어 주셨고, 우리에게 영원한 생명을 주셨습니다. 이것이 고난주일에 우리 마음에 새겨 놓

아야 할 하나님의 말씀입니다.

이런 하나님의 긍휼이 아무런 조건 없이 우리에게 임했다면, 죄 사함으로 말미암은 구원을 받은 우리가 이 시대 역사 속에 하나님의 긍휼을 전하는 통로가 되게끔, 우리의 손과 발은 물론 온 삶을 주님께 드리는 것은 아주 마땅한 일입니다. 비록 우리가 연한 순 같고, 흠모할 만한 아름다운 것이 없게 여겨진다 할지라도, 하나님은 우리를 하나님의 긍휼의 통로로 삼아 이 땅에 상처 난 곳을 치유하시고, 오염된 곳을 맑히시며, 어둠과 죽음의 그늘이 진 곳을 빛과 생명의 양지로 만들어 갈 것입니다. 왜냐하면 하나님이 살리신 주님이 영원한 치유자이시고, 영원한 빛과 생명이시기 때문입니다.

하나님 아버지!

요한은 하나님의 백성들에게 죄 사함으로 말미암는 구원을 알려주는 것을 사명으로 받았습니다. 우리도 하나님의 백성들인데, 죄 사함으로 말미암는 구원을 잊고 살지 않았는지 돌아보게 하여 주옵소서. 우리 모두가 하나님의 긍휼로 얻은 죄 사함으로 구원을 누리는 삶을 살게 되었고, 어둠과 죽음의 그늘이 아니라 빛과 생명의 양지에 앉을 수 있게 되었고, 하나님과 동행할 수 있게 되었음을 고백하며 감사드립니다.

우리에게 이 긍휼을 덧입혀 주시기 위해 주께서 연약하고 낮은 모습으로 오셔서, 온갖 멸시와 천대를 당하시고, 십자가에서 피를 흘려 주셨음을 잊지 않게 하여 주옵소서. 또한 이제는 우리가 주님의 긍휼의 통로가 되게 하여 주옵소서. 우리를 통하여 상처 난 심령이 치유되고 회복되는 경험을 하게 하시고, 오염되었던 부분이 맑아지는 것을 목도하게 하여 주옵소서.

우리가 평생 동안 주님의 대속의 죽으심이 헛되지 않도록 주님 안에서 살게 하시고, 주께서 우리 안에 사실 수 있도록 우리를 주님께 온전히 내어 드리게 하옵소서. 그리하여 주님의 부활이 우리의 부활이 되고, 주님의 생명이 우리의 생명이 되게 하옵소서. 예수님의 이름으로 기도드립니다. 아멘.

25.

심령이
강하여지며

누가복음 1장 80절
아이가 자라며 **심령이 강하여지며** 이스라엘에게 나타나는 날까지 빈
들에 있으니라

심해어 돗돔

지난 4월 17일, 부산공동어시장 위탁판매 새벽 경매에서 대
형 돗돔 한 마리가 역대 최고가인 520만 원에 낙찰되었다고 합니다.
'전설의 심해어'라고 불리는 그 돗돔은 무게가 115킬로그램이나 되
고, 길이도 1.8미터나 되었습니다. 본래 돗돔은 바위가 많고 수심이
400-500미터 이상 되는 깊은 바다에서 서식하지만, 산란을 위해서
수심 50-60미터로 올라왔다가 그물에 걸린 것이었습니다. 돗돔은
최고의 횟감이라 평가받고 있는데, 그 정도의 크기면 약 150명 정도
가 먹을 수 있다고 합니다.

그런데 돗돔은 큰 덩치만큼이나 크고 딱딱한 비늘이 있어, 삽으
로 벗겨야 할 만큼 억셉니다. 뿐만 아니라 낮은 수온을 견디기 위해

서 많은 지방을 축적하고 있습니다. 일반적으로 돗돔은 수심 400-500미터 이상 되는 곳에서 서식하지만, 그곳이 바다 중 가장 깊은 곳은 결코 아닙니다. 돗돔의 서식처보다 10배, 20배 깊은 곳도 있습니다. 바다 가장 깊은 곳은 일본의 남동쪽, 필리핀의 동쪽에 위치한 '마리아나 해구'인데 그 깊이가 1만 1,035미터나 됩니다. 그곳에 세계에서 가장 높은 산인 에베레스트를 빠뜨리고서 찾으려면, 2,187미터를 들어가야 닿을 수 있습니다.

수심이 10미터씩 깊어질수록 수압도 1킬로그램씩 늘어나게 됩니다. 그래서 수심 1,000미터의 수압은 수면보다 100배 크고, 수심 1만 미터의 수압은 수면보다 1,000배나 큽니다. 해저 5,000미터의 수압은 약 500기압으로 1제곱센티미터 면적을 500킬로그램으로 내리누르는 것과 같습니다. 그것은 마치 우리 엄지손톱 위에 소를 한 마리 올려놓는 정도와 비슷합니다. 그래서 만약 사람이 아무런 장치도 없이 해저 5,000미터로 내려가면 말린 오징어와 같이 될 것입니다 게다가 심해 수천 미터의 수온은 고작 섭씨 1, 2도밖에 되지 않습니다.

그런데 돗돔이 사는 수심 400-500미터뿐 아니라, 수심 수천 미터에서도 사는 물고기들이 있습니다. 그곳에 사는 물고기들은 돗돔의 비늘보다 10배 이상 두껍고, 큰 비늘로 감싸 있거나 비늘이 그 어떤 수압에도 견딜 수 있는 특수한 재질이어서 살 수 있는 것은 아닙니다. 심해에 사는 물고기들은 높은 수압에 견디기 위해 얕은 곳에서 사는 물고기들과는 다른 몸 구조를 갖고 있습니다. 그것들은 체내에 수축이 잘 되지 않는 기름과 수분을 많이 가지고 있어서 높은 압력을 견딥니다. 마치 속이 빈 단단한 쇠공을 수천 미터 바닷속에 넣으면 찌그러져도, 음료수가 가득 찬 알루미늄 깡통은 찌그러지지 않는 것과도 같은 이치입니다.

그래서 심해 400-500미터 정도에 사는 물고기는 겉에 있는 두꺼운 비늘과 자기 살 속에 담고 있은 많은 지방으로 버틸 수 있지만, 심해 수천 미터 이하에 사는 물고기가 그 높은 압력에도 살 수 있는 것은 물고기 겉에 있는 비늘의 힘 때문이 아니라 물고기 속에 있는 기름과 수분의 힘 때문입니다.

우리의 삶에 적용하면 겉사람을 잘 갖추는 일도 필요하고 중요하지만, 속사람을 잘 갖추는 일은 더 필요하고 더 중요합니다. 왜냐하면 우리가 살아야 할 인생에는 심해 400-500미터 정도의 수압과 같은 환경도 있지만, 심해 수천 미터의 수압과 같은 환경 속에서 살아야 할 때도 있기 때문이다.

속사람

오늘 본문은 속사람의 중요성에 대해서 말하고 있습니다.

누가복음 1장은 요한의 출생 예언과 예수님의 탄생 예언, 그리고 요한의 출생에 관해 기록하고 있습니다. 요한의 부모는 불임이었을 뿐만 아니라 나이도 많았습니다. 그래서 아기를 가질 가능성이 참 희박했습니다. 하지만 하나님은 가브리엘 천사를 통해서 아기를 갖게 된다고 말씀해 주셨고, 그 이름을 요한이라 하라고 작명까지 해 주셨습니다. 하지만 아버지 사가랴는 제사장이었지만 그것을 잘 믿지 못해 9개월 동안 말문이 닫혔습니다. 마침내 요한이 태어나게 되었고, 그때 말문이 터진 사가랴는 하나님을 향해 예언의 찬송을 올려 드렸습니다. 그것이 누가복음 1장의 내용입니다. 더 정확하게 말씀 드리면, 1-79절까지 79절 중에서 1-4절의 머리말 부분과 26-38절의 예수님의 탄생 예언 부분, 46-55절의 마리아의 찬양 부분을 제외하면 52개의 절이 요한에 관한 내용입니다. 요한의 출생에 관한 부분이 이 정도라면, 요한의 성장 부분은 최소한 몇 장이 이어져야 할 것 같습니다. 그런데 성경은 요한의 유아기부터 공식적으로 사역을 시작하기까지의 30년을 단 한 절로 요약하고 있습니다. 짧아도 너무 짧은 듯이 여겨지지만, 이 표현보다 요한의 30년을 적절하게 보여 주는 더 좋은 말을 찾기가 어렵습니다. 이 한 절은 요한이 30년 동안 어떻게 살았는지를 아주 또렷하게 보여 줍니다. 여기에 다른 말을 덧붙이면 사족처럼 여겨질 정도로 요한의 30년은 강하게 다가옵니다.

이스라엘에는 모두 열두 명의 사사가 있었습니다. 그들 중에는 여러 절에 걸쳐서 기록된 사사도 있고, 한 장 전체에 기록된 사사도 있고, 심지어 여러 장에 기록된 사사도 있습니다. 그런데 그들 중에서 세 번째 사사인 삼갈의 삶에 대해서는 단 한 절로만 표현하는데 사사기 3장 31절이 이렇게 증거합니다.

에훗 후에는 아낫의 아들 삼갈이 있어 소 모는 막대기로 블레셋 사람 육백 명을 죽였고 그도 이스라엘을 구원하였더라

삼갈이 몇 살에 사사로 부르심을 받았는지, 몇 년 동안 사사로

살았는지, 그의 자녀들을 몇 명이나 있었는지, 그의 재산은 어느 정도였는지 아무것도 밝히지 않습니다. 하지만 이 한 절이 사사 삼갈을 드러내는 데는 조금도 부족하지 않습니다.

그가 싸워야 했던 대적은 블레셋이었습니다. 그에게 소를 모는 막대기가 있었다고 하는 것으로 보아 그는 소를 키우고, 곡물을 재배하는 농부였음을 알 수 있습니다. 소몰이하는 막대기는 약 2.5미터 정도의 튼튼한 장대로 한쪽에는 소들을 몰기 위해 뾰족하게 만들었고, 다른 쪽에는 땅을 파기 위해 작은 삽이 달려 있었습니다.

삼갈이 최첨단 무기가 아닌, 소몰이하는 농기구인 막대기로 블레셋 사람들을 600명이나 물리쳤다 함은, 그것이 그의 능력이 아닌 하나님이 행하신 일임을 알 수 있습니다. 무엇보다도 "그도 이스라엘을 구원하였더라"라고 하나님이 그를 사사로 인정해 주셨습니다.

자신의 인생을 몇 권의 책으로 길게 기록한다 할지라도 아무런 영향력을 미치지 못하고, 오히려 눈살을 찌푸리게 만드는 사람이 있는가 하면, 단 한 페이지, 아니 단 한 줄로 기록된다 할지라도 그 삶의 의미가 보석처럼 빛나는 사람도 있습니다.

요한의 30년을 오늘 본문인 80절이 이렇게 증거합니다.

아이가 자라며 심령이 강하여지며 이스라엘에게 나타나는 날까지 빈 들에 있으니라

'아이가 자라며'에서 '자라다'로 번역된 '아욱사노'(αὐξάνω)가 미완료형으로 기록되어 있습니다. 헬라어 문법으로 '미완료형'은 '반복

과 계속의 동작'을 의미합니다. 즉 요한은 어느 한순간에 자라고 만 것이 아니라 계속해서 그의 몸이 자랐음을 의미합니다. 왜냐하면 그 몸이 온전하게 자라지 않고서는 예수님께 세례를 베푸는 일을 비롯하여 복음서에 펼쳐지는 그의 사역을 감당할 수 없었기 때문입니다.

요한이 부여받은 사명은 주님의 길을 준비하는 것이었습니다. 그를 통해서 구약시대의 문이 닫혔습니다. 요한과 비슷한 사명을 부여받은 사람은 사무엘 선지자입니다. 그를 통해서 사사시대의 문이 닫혔습니다. 사무엘의 어린 시절의 삶을 사무엘상 2장 26절은 이렇게 증거합니다.

아이 사무엘이 점점 자라매 여호와와 사람들에게 은총을 더욱 받더라

사무엘 또한 '자라남'이 있었다고 증언하고 있습니다.

인간과 동식물을 비롯한 생명체에게는 태어난 후에 자람의 과정이 있습니다. 아주 가끔 언론매체에서 자라지 않는 사람에 관한 기사를 보거나 읽을 때가 있습니다. 그것이 기사화되는 것은 흔한 일이 아니기 때문입니다.

미국 메릴랜드에 사는 자라지 않는 소녀에 관한 기사를 2009년과 2013년에 읽은 적이 있습니다. 1993년에 태어난 브룩 그린버그 (Brooke Greenberg)라는 소녀는 네 살이 될 때까지는 아주 조금씩 자랐지만, 그 이후로부터는 성장이 멈추고 말았습니다. 내분비 체계와 염색체 배열에 아무런 문제가 없이 정상이었고, 그 외에 성장에 문제가 될 만한 원인은 전혀 없었습니다. 그럼에도 브룩은 자라지 않았습니

다. 많은 의사들이 브룩의 상태를 진단했지만 명쾌하게 답변한 사람은 아무도 없었습니다. 다만 그의 상태를 '신드롬 X'라고만 불렀습니다. 의사들 역시 이해할 수 없고, 경험하지 못한 경우라는 의미입니다. 브룩은 식도가 너무 작아 음식물을 삼킬 수 없어서 위에 연결된 튜브를 통해서 음식물을 섭취했습니다.

브룩은 16세가 되었을 때도 다른 아기의 생후 6개월 정도인, 키 30인치(약 76센티미터), 몸무게 16파운드(약 7.2킬로그램)였습니다. 그리고 유치(幼齒)가 있었고, 정신연령은 9개월에서 한 살 정도로 말문이 트지도 않았습니다. 부모는 혹 아이가 더 자랄 수 있을까 해서 6개월 동안 성장호르몬 치료를 받게 했지만, 키가 자라기는커녕 6년 동안 위궤양과 뇌경련 등으로 여러 번 죽음의 문턱을 넘나들어야 했습니다. 브룩의 어머니는 다른 아기 엄마가 브룩의 나이를 물어보면 사실대로 말하지 않고, 1년을 한 달로 계산해서 답하곤 했습니다. 브룩은 20년 9개월을 살고 세상을 떠났습니다.

브룩과 같이 극단적으로 예외적이지는 않을지라도, 자녀의 신체가 자라지 않는 일과 같은 어려움을 겪어 가슴앓이를 하다가 인생의 새로운 가치와 의미를 찾을 수도 있습니다. 그것 역시 하나님의 영광을 드러내는 일입니다. 하지만 자녀의 신체가 건강하게 자라나는 것은 꼭 필요한 과정입니다.

우리의 삶에도 외적인 자람이 필요합니다. 초등학교를 졸업하고 중학생이 되면 그 수준에 맞는 실력을 요구받습니다. 또 고등학생, 대학생이 되면 그 수준을 갖추어야 제대로 자란 학생이라 할 수 있습니다. 만약 자신의 신분은 대학생인데 실력은 초등학생이나 중학생이라면 제대로 자라지 못한 학생이 될 것입니다. 그뿐만 아니라 공장에서 물건을 만들든, 회사에서 업무를 보든, 학교에서 학생을 가르치든, 공직의 일을 하든, 자기 사업을 하든 무엇을 하든지 거기에 걸맞은 자람이 있지 않으면 그 일을 제대로 해낼 수 없습니다. 자신의 외형이든, 실력이든, 재능이든, 물질이든 무엇이든지 외적인 자람은 필요합니다. 그 자람을 통해서 우리는 더욱 주님께서 사용하시는 유익한 통로가 될 수 있습니다.

그런데 요한은 30년 동안 그의 신체만 자란 것이 아니었습니다. 요한의 '심령이 강하여졌다'고 합니다. '강하여지다'로 번역된 '크라타이오오'(κραταιόω) 역시 미완료형으로 기록되어 있습니다. 요한은 자신에게 부여된 사명을 감당하는 날까지 계속해서 '심령'이, 즉 그의 '속사람'이 자라났던 것입니다.

사도 바울의 옥중서신 중에 하나인 에베소서는 불과 여섯 장으로 구성되어 있지만, 그 별명 중에 하나가 '서신서의 여왕'입니다. 그만큼 신앙의 깊고 넓은 부분을 담고 있다는 의미입니다. 사도 바울이 로마 감옥에서 에베소교회를 위해 기도한 내용이 나옵니다. 에베소서 3장 14, 15절이 이렇게 증거합니다.

> 이러므로 내가 하늘과 땅에 있는 각 족속에게 이름을 주신 아버지 앞에 무릎을 꿇고 비노니

사도 바울은 에베소교회를 위해 기도하면서, '서서' 간구한다고 하지 아니하고, '무릎을 꿇고' 빈다고 합니다. 사도 바울은 본래 바리

새인이었습니다. 바리새인이 기도하는 전통적인 모습은 서서 기도하는 것이었습니다. 마태복음 6장에 보면 예수님이 바리새인들의 외식에 대해서 지적하는 장면이 있는데, 그들이 기도할 때에 "회당과 큰 거리 어귀에 서서 기도한다"고 말씀하셨습니다. 그런데 바울은 무릎을 꿇고서 기도한다고 합니다. 무릎을 꿇는 행위는 자신의 소망을 나타내는 간절함의 표현이기도 하고, 상대가 허락해 주지 않으면 일이 이루어질 수 없기에 상대의 처분을 기다린다는 의미이기도 합니다.

엘리야 선지자가 바알 선지자들 450명과 갈멜산에서 대결을 벌였습니다. 그리고 비를 내려 주시기를 기도할 때에, 갈멜산 꼭대기로 올라가서 땅에 꿇어 엎드렸습니다. 그것은 3년 동안 오지 않았던 비를 내려 주시기를 간절히 원한다는 의미이기도 하고, 그 비를 내려 주실 수 있는 분은 하나님밖에 없다는 고백입니다.

자녀가 부모에게도 이야기할 때 무릎을 꿇을 때가 있습니다. 부모는 의대나 법대를 가기 원하는데 자신은 음악가나 예술가가 되기 위해서 음대나 미대를 가기 원한다고 말할 때, 또는 자신은 가수나 연기자가 되는 꿈이 있기에 아예 대학을 가지 않겠다고 말할 때 그렇습니다. 또한 부모가 눈에 보이는 것을 이유로 마음에 들어 하지 않을 며느릿감이나 사윗감을 데려올 때 자녀는 부모에게 무릎을 꿇습니다. 그것 역시 자신은 간절히 원한다는 의미이기도 하고, 그것을 꼭 허락해 주셔야 하는 분은 부모님이기에 꼭 허락해 주시기를 바란다는 소망이기도 합니다.

사도 바울이 에베소교회를 위해서 무릎을 꿇고 그토록 간절하게 무엇을 위해 기도드렸는지를 에베소서 3장 16절이 이렇게 증거합니다.

> 그의 영광의 풍성함을 따라 그의 성령으로 말미암아 너희 속사람을 능력으로 강건하게 하시오며

사도 바울이 에베소교회를 위해 하나님이 꼭 허락해 주시기를 요청했던 기도는, 예루살렘에서처럼 에베소에서도 하루에 예수 믿는 사람들이 3,000명씩 5,000명씩 늘어나게 해달라는 것이 아니었습니다. 또 에베소의 주인인 아르테미스 여신을 숭배하는 웅장한 신전이 예배당으로 바뀌게 해달라는 기도도 아니었습니다. 그뿐만 아니라 에베소교회 사람들이 에베소에서 모두 부자가 되거나 저명인사가 되게 해달라는 기도는 더더욱 아니었습니다. 사도 바울은 그들의 속사람이 능력으로 강건해지기를 간구했습니다. 제대로 된 그리스도인으로 살아가고, 하나님의 자녀다운 자녀로 살아가는 데 속사람이 강건해짐보다 더 중요한 것이 없기 때문이었습니다.

주님이 오시는 길을 준비하는 사명을 받은 요한이 어린 시절 자라며 심령이 강하여진 것처럼, 그 길로 오시는 주님의 어린 시절을 누가복음 2장 40절은 이렇게 증거합니다.

> 아기가 자라며 강하여지고 지혜가 충만하며 하나님의 은혜가 그의 위에 있더라

주님의 어린 시절을 표현하는 데도 동일하게 '자라다', '강하여지다'라는 동사를 사용하고 있습니다. 특히 '강하여지다'는 동사는 신약성경에 네 번만 나오는데, 요한에게 한 번, 예수님께 한 번, 바울이 에베소교회를 위해서 기도할 때 한 번, 바울이 고린도교회를 권면할 때에 '남자답게 강건하라'고 말할 때 한 번이 전부입니다.

사람들은 대부분 자신들의 자라는 것, 자신의 심령이 아닌 겉사람을 강하게 하는 데 진력합니다. 그래서 더 많은 물질을 소유하려고 하고, 더 많은 지식을 습득하려고 하며, 더 크고 더 높은 의자에 앉기 위해서 아침부터 늦은 밤까지 동분서주합니다. 그래서 자신이 얼마나 강한 사람인지 보여 주려고 합니다. 마음의 무릎을 꿇고 하나님 앞으로 나아오라고 하는 주위의 권면을 귓등으로 듣거나, 자신은 하나님을 믿지 않고서도 세상을 잘 살아갈 자신이 있다고 강하게 말하기도 합니다.

그러나 하나님은 이렇게 말씀하십니다. 베드로전서 1장 24절부터 25절 상반절입니다.

그러므로 모든 육체는 풀과 같고 그 모든 영광은 풀의 꽃과 같으니 풀은 마르고 꽃은 떨어지되 오직 주의 말씀은 세세토록 있도다

야고보서 4장 14절입니다.

내일 일을 너희가 알지 못하는도다 너희 생명이 무엇이냐 너희는 잠깐 보이다가 없어지는 안개니라

인간이 이내 말라 버리는 풀이나 이내 떨어지는 꽃과 같고, 해가 뜨기만 하면 순식간에 사라지고 마는 안개와 같다고 함은 우리를 창조하신 하나님의 선언입니다. 인간이 하나님을 믿지 못하는 것은 강하기 때문이 아니라 그 심령이 약하기 때문입니다. 하나님 앞에 가면 강하게 보이는 자신의 껍질을 전부 벗어야 하는데, 그때에 드러난 자신의 약함과 처참한 실상이 다른 사람들에게도 보여지는 일이 두렵기 때문입니다.

6·25 직후의 대한민국은 온 국토가 폐허 그 자체라고 해도 과언이 아니었습니다. 당시 우리나라의 경제가 지금과 같이 눈부시게 발전되리라고 예상한 사람은 거의 없었습니다. 이따금 제가 초등학교에 들어가기 전에 살았던 집의 한 부분이 떠오르곤 합니다. 그것은 방벽을 뚫고서 형광등을 양쪽 방으로 나오게 한 모습입니다. 형광등 한 개로 두 방에 불을 밝히기 위해 벽을 뚫었습니다. 제가 살던 집만이 아니라 많은 집에서 그러했습니다. 세계 각국으로부터 무상 원조를 받던 나라가 공여국이 된 유일한 나라는 대한민국이라고 합니다. 물론 여전히 생활고에 시달리는 사람들도 많지만 외적인 부분은 급격하게 자랐습니다.

그러나 오늘날 대한민국의 속은 부실하기 짝이 없습니다. 신문에 오르내리는 정치·경제·사회·문화·교육·국방 등에서 비롯되는 문제의 태반은 속이 부실해서 일어나는 일들입니다. 또한 올해가 선교사 아펜젤러 부부와 언더우드가 제물포항에 발을 디딘지 130주년이 되는 해입니다. 선교 130년 만에 대한민국 교회가 이룬 것과 같은 나라가 없습니다. 신앙의 외적인 부분도 급격하게 자랐습니다. 그러나 대한민국 교회의 속사람은 허약하기 짝이 없습니다.

하나님은 외모가 뛰어나거나 머리가 총명하거나 능력이 많다고 해서 좋아하시는 분이 아닙니다. 또 그런 사람들만이 하나님의 역사의 통로가 되는 것도 아닙니다. 내가 또 내 자녀가 남들보다 잘생기지 못하고 예쁘지 않을 수 있습니다. 또 최선을 다했음에도 좋은 학교에 진학하지 못하고, 많은 봉급을 주는 직장에 다니지 못할 수도 있습니다. 이러한 것들은 우리 인생의 의미와 가치를 높이는 데 크게 영향을 미치지 못합니다. 그러나 심령이 강건하지 못하면, 겉사람이 아무리 강하게 보이고 아무리 화려하게 보일지라도 '세상'이라고 하는 압력을 견디지 못합니다. 우리가 학창시절에 늘 우등생이었고, 사회에서도 늘 성공하였기 때문에 이 자리에 있는 사람은 거의 없습니다. 오히려 그런 사람들은 자신의 잘남 때문에 하나님 없이도 살 수 있다고 우기는 경우가 훨씬 많습니다. 우리에게 부족함이 있었고, 모자람이 있었고, 연약함이 있었기 때문에 주님을 향해 눈을 뜨게 되었고, 심령이 강건해졌으며, 영원한 생명을 얻고 하나님의 말씀을 따라 살 수 있게 되었다면 그것은 얼마나 큰 복입니까?

"심령이 강하여지며" 이 말씀은 우리와 우리 자녀들, 우리 자손들이 새기고 새겨야 할 하나님의 말씀입니다.

하나님 아버지!
수심 400-500미터에 사는 돗돔은 두꺼운 비늘과 지방으로 수압을 견디지만, 수심 수천 미터에 사는 물고기들은 그 속에 있는 수분과

기름으로 압력을 견딥니다. 때때로 우리의 인생이 수면 위나 얕은 바다에 있는 것처럼 여겨질 때도 있지만 때로는 수심 400-500미터 속에, 또 어떤 때에는 수심 수천 미터와 같은 곳에 있다고 여겨질 때도 있습니다.

우리가 어떤 상황에 있든지 우리 속에 영원한 생명의 물이신 주님과 주님의 말씀을 품고 있게 하시고, 우리의 삶을 의미와 가치 있게 만들어 주시기 위해 기름 붓듯 부어 주시는 성령님의 능력을 덧입게 하여 주옵소서.

주님의 길을 준비하는 요한의 몸이 자라고 심령이 강하여졌던 것처럼, 우리의 삶에도 외적인 부분들이 잘 자라나게 하시고, 무엇보다도 심령이 어제보다 오늘, 오늘보다 내일 더 강하여지게 하여 주옵소서. 세상은 끊임없이 우리에게 우리의 겉이 더 크게 자라면 자랄수록 그것이 더 잘 사는 것이고, 우리를 돋보이게 해준다고 유혹할 때에 '아니'라고 말하며 가만히 고개를 가로젓게 하옵소서.

요한이 자라며 심령이 강하여짐으로 주님 오시는 길을 준비하였듯이, 우리의 외적인 사람과 심령이 강건하여짐이 다시 오실 주님의 길을 준비하는 것이 되며, 이 땅 위에 주님의 역사를 펼쳐 가시는 데 통로가 되게 하여 주옵소서. 예수님의 이름으로 기도드립니다. 아멘.

26.

빈 들에
있으니라

누가복음 1장 80절
아이가 자라며 심령이 강하여지며 이스라엘에게 나타나는 날까지 **빈
들에 있으니라**

하나님의 시간

80절로 구성된 누가복음 1장에는 요한이 출생하기까지의 과정
을 무려 52절로 그리고 있지만, 출생 이후 유아기부터 공식적으로
사역을 시작하기까지의 30년은 단 한 절로 표현하고 있습니다. 그러
나 이 한 절로도 요한의 30년을 설명하는 데는 충분합니다. 오늘 본
문 80절이 이렇게 증거합니다.

아이가 자라며 심령이 강하여지며 이스라엘에게 나타나는 날까지 빈 들
에 있으니라

주님이 오시는 길을 준비하는 사명을 받은 요한에게 자람의 과

정이 있었고, 그 과정 속에 심령이 강하여졌다는 것에 대해서는 지난 번에 상세히 살폈습니다. 그뿐만 아니라 요한이 자신의 사명을 준비 하는 데는 기간이 있었다고 합니다. 그 기간은 '이스라엘에게 나타나 는 날까지'였다고 증언합니다. '나타나는 날'은 요한이 30세가 될 때 였습니다.

"어느 날 아침에 눈을 뜨니 내 이름이 유명해졌더라"(I awoke one morning and found myself famous)라는 시인 바이런(George G. Byron)의 말이 있습니다. 하루아침에 유명하게 되는 일을 꿈꾸는 사람들이 많지만 이 말은 사실이 아닙니다. 인간의 삶은 점이 아니라 선으로 이어집 니다. 그러므로 삶의 단절이란 있을 수가 없습니다. 즉 '오늘의 나'는 '어제 나의 선택과 과정의 결과'이고, '내일의 나'는 '오늘 나의 삶의 선택과 과정'의 결과입니다. 그래서 유명하게 된다는 것은 그때까지 의 과정이 있었음을 의미합니다.

예를 들어 "어느 날 아침에 눈을 뜨니 내가 유능한 외과의사가 되었더라"고 한다면 그것은 학창시절에 열심히 공부해서 의과대학에 입학했고, 거기서 6년의 과정을 성실하게 보냈음을 의미합니다. 그 리고 인턴, 레지던트, 전문의를 거치면서 수없이 많은 수술을 보고, 집도도 했음을 의미합니다. 그런 과정의 결과로 명의가 됩니다.

또 반대로 "어느 날 아침에 눈을 뜨니 내가 알코올중독자가 되 었더라"라고 한다면, 본래 술을 잘 마시지 못하던 때부터 한 잔, 두 잔 마시다가 한 병 두 병으로 늘어났고, 처음에는 가끔 마시다가 한 달에 한두 번, 일주일에 한두 번, 그러다가 언젠가부터 매일 마시게 된 것입니다. 그래서 처음에는 술을 마실지 마시지 않을지 내가 정하고 내가 술을 통제했는데, 결국에는 술에게 끌려가고 술이 나를 통제하게 된 상태가 된 것입니다. 그래서 우리의 현재의 모습에는 과거의 삶이 고스란히 남아 있습니다.

이 세상에 무엇이든지 하루아침에 그리고 저절로 이루어지는 것이 없습니다. 심는 대로 거둠이 하나님의 법칙이기 때문입니다. 주님이 오시는 길을 준비하는 요한에게 이스라엘에게 나타나는 날까지의 기간이 필요했다면 우리가 하나님의 자녀다운 자녀가 되어 하나님의 하나님 되심을 나타내는 통로가 되기 위해서는 우리에게도 '나타나는 날까지'라는 기간이 필요합니다. 중요한 것은 그 기간은 하나님이 정하신다는 점입니다.

야곱의 열한 번째 아들 요셉은 형들의 질투심으로 17세 때 애굽의 보디발 장군의 집으로 팔려 갔습니다. 요셉이 아버지로부터 편애를 받아 채색옷을 입었고, 형들의 잘못을 고자질하기도 했지만 그것이 노예로 팔아 버릴 정도는 아니었습니다. 요셉은 13년 동안 종살이와 옥살이를 살아 내었습니다. 때로는 남몰래 눈물을 흘리기도 하고, 때로는 깊은 한숨을 쉬기도 했을 것입니다. 마침내 하나님의 때가 되었습니다. 바로 왕이 꾼 꿈을 아무도 해몽하지 못할 때에 비로소 요셉은 바로 왕 앞에 서게 되었고, 그는 애굽의 총리가 되었습니다. 요셉의 삶에 대해서 시편 105편 17-19절은 이렇게 증거합니다.

그가 한 사람을 앞서 보내셨음이여 요셉이 종으로 팔렸도다 그의 발은 차꼬를 차고 그의 몸은 쇠사슬에 매였으니 곧 여호와의 말씀이 응할 때까지라 그의 말씀이 그를 단련하였도다 요셉이 종살이와 옥살이를 해야 했던 기간의 끝은 '여호와의 말씀이 응할 때까지'라고 합니다. 하나님이 능력이 부족해서 요셉이 형들에 의해 팔려가는 걸 보시면서도 막지 못하셨던 게 아니었습니다. 또 하나님이 알지 못하셨기 때문에 요셉이 보디발의 집에서 종살이 했던 것도 아니었습니다. 더욱이 하나님이 요셉을 버리시거나 포기하셨기 때문에 요셉을 억울하게 하는 옥살이를 방치하셨던 것도 아니었습니다. 하나님이 요셉을 통해 이루기 원하시는 말씀이 있었는데, 그 말씀이 이루어질 때를 기다리고 계셨던 것입니다. 마침내 그때가 되어서 요셉으로 말미암아 야곱의 가족들이 애굽으로 이주해 살게 되었고, 그 사람들이 불어나서 400여 년이 지난 후에 출애굽을 하게 되었습니다. 그러니까 출애굽의 대역사는 400여 년 전에 요셉의 종살이와 옥살이로 시작되었던 것입니다. 하나님이 요셉에게 정하신 '이스라엘에게 나타나는 날까지'는 종살이와 옥살이 13년과 풍년 7년, 흉년 2년 등 모두 22년이었습니다.

페르시아제국의 아하수에로 왕 시대의 일이었습니다. 아하수에로 왕은 자신이 등극한 것을 기념해서 페르시아의 장군들과 귀족들, 지방 총독들을 모두 왕궁으로 초대해서 잔치를 열었습니다. 그 잔치는 무려 6개월 동안이나 지속되었습니다. 그 잔치가 끝나자 '수도 수산성'에 사는 사람들을 불러서 또 일주일 동안 잔치를 베풀었습니다. 그 잔치의 마무리 지점에 왕은 왕후 와스디의 아름다움을 자랑하기 위해서 그를 초대했지만 그는 나오지 않았습니다. 당시에는 왕후라고 할지라도 왕의 말을 거역하는 일은 있을 수가 없었음에도 왕후는 나타나지 않았습니다. 그래서 와스디는 폐위되고 말았습니다.

그 후 새로운 왕후 간택에서 에스더가 뽑혔습니다. 원칙적으로 페르시아의 왕후는 귀족의 딸만이 될 수 있었음에도, 유대포로민의 딸이자 고아였던 에스더가 왕후가 되었습니다.

에스더가 왕후가 된 지 약 5년 후의 일입니다. 페르시아의 최고위 신하였던 하만에게 다른 사람들은 무릎을 꿇고 절을 하였지만, 모르드개는 그렇게 하지 않았습니다. 분노가 극에 달한 하만은 모르드개뿐만 아니라 그가 속한 유다 민족 전체를 말살시킬 계략을 꾸몄습니다. 하만은 11개월 후를 디데이로 정하고, 아하수에로 왕을 찾아가서 '유다인들은 자기네들끼리만 살고, 법도 이 나라 법과는 다른 법을 지키기 때문에 살려 두는 것은 유익하지 않다'고 이간질을 했습니다. 그러고는 유다인들을 몰살시키려는 조서를 만들어서 왕에게 받은 반지로 어인을 찍고, 전국 각지로 보냈습니다. 모르드개를 비롯해서 전국 각지의 유다인들은 탄식하고 금식하며, 굵은 베 옷을 입었습니다.

에스더는 내시를 통해 모르드개에게 옷을 보내, 굵은 베 옷을 벗고 평상복으로 입기를 권했지만 모르드개는 듣지 않았습니다. 도리어 모르드개는 내시에게 유다 사람을 전멸하라는 칙령 사본을 건네주면서, 에스더로 하여금 왕에게 직접 나아가 자기 민족을 살려 달라고 탄원하도록 부탁했습니다.

에스더는 다시 내시를 보내어서 이렇게 전하도록 했습니다. "왕이 부르시지도 않는데, 왕에게 다가가는 사람은 남자든 여자든 모두 사형으로 다스리도록 되어 있는 것을 아시지 않습니까? 다만 왕이 금으로 만든 홀을 내밀면 살려 주실 수는 있지만, 왕이 나를 부르시지 않은 지가 벌써 30일이나 되었습니다."

그때에 모르드개가 에스더에게 전한 말을 에스더 4장 13, 14절이 이렇게 증거합니다.

> 모르드개가 그를 시켜 에스더에게 회답하되 너는 왕궁에 있으니 모든 유다인 중에 홀로 목숨을 건지리라 생각하지 말라 이때에 네가 만일 잠잠하여 말이 없으면 유다인은 다른 데로 말미암아 놓임과 구원을 얻으려니와 너와 네 아버지 집은 멸망하리라 네가 왕후의 자리를 얻은 것이 이때를 위함이 아닌지 누가 알겠느냐 하니

이때가 하나님의 때였습니다. 이때는 하만이 꺾이고, 하나님의 백성이 존귀함을 받게 되는 출발점이었습니다. 에스더에게 '나타나는 날'은 왕비가 된 후에도 5년의 시간이 필요했습니다. 시간은 하나님이 일하심을 보여 주는 증거입니다.

80절을 다시 살펴보겠습니다.

> 아이가 자라며 심령이 강하여지며 이스라엘에게 나타나는 날까지 빈 들에 있으니라

주님의 길을 준비하는 사명을 받은 요한의 심령이 30년 동안 강하여진 곳이 빈 들이었다고 증언합니다.

요한의 부친 사가랴는 제사장이었습니다. 제사장직은 세습이었기 때문에 요한은 자동적으로 제사장이 될 수 있었고, 제사장이 되

면 평생직장을 보장받는 것이나 다름없었습니다. 그러나 요한은 빈 들에서 살았습니다. 요한의 부모가 나이가 많았기 때문에 조실부모하고, 아무도 돌보는 이가 없어 누군가에 의해서 빈 들로 옮겨져 살았는지, 어느 정도 철이 들어서 자신의 의지로 빈 들로 갔는지 성경은 말하지 않습니다. 또 요한이 살았던 빈 들의 위치가 어디인지에 대해서도 성경은 정확하게 말하지 않습니다. 그래서 빈 들은 사해 근처에서 금욕과 절대 평화를 주장하며 무리를 지어 살았던 에세네파 일원의 주거지일 것이라고 말하기도 하고, 또 사해 서쪽에 있는 유대 광야일 것이라고 말하기도 합니다.

빈 들의 구체적인 위치에 대해서는 학자들마다 이견이 있지만, 이 '빈 들'에 대한 공통적인 의견은 '하나님의 임재를 나타내는 장소'라는 것입니다. '빈 들'로 번역된 헬라어 '에레모이스'(ἐρημος)는 '버림받은 곳', '고독한 곳', '황막한 곳'이라는 의미입니다. 그래서 빈 들은 우리의 삶에 정상적으로 필요한 먹을 것, 마실 것, 입을 것 등이 부족한 곳입니다. 오직 하나님의 도우심만으로 살아갈 수 있는 곳입니다. 또 하나님이 함께하시지 않으면 한 발자국도 더 나아갈 수 없는 곳, 하나님께 소망을 두고 하나님만을 기다릴 수밖에 없는 곳이 바로 빈 들입니다.

다윗의 빈 들

성경 인물 가운데 다윗만큼 빈 들에 살았던 사람도 드뭅니다.

다윗은 사무엘 선지자로부터 기름부음을 받았습니다. 그것은 다윗이 사울의 뒤를 이어 차기 이스라엘의 왕이 된다는 의미였습니다. 또한 다윗은 이스라엘의 모든 군인들을 공포 속으로 몰아넣었던 골리앗을 물리치고 난 후에 사울 왕의 사위가 되었습니다. 그리고 여러 전쟁에서 연전연승하여 국민들의 영웅으로 부상했습니다. 그렇지만 오직 한 사람, 다윗의 장인이자 주군이었던 사울 왕의 칼날을 피해 오랜 세월 도망 다녀야 했습니다.

다윗 일행이 엔게디 광야에 있을 때에 사울 왕은 군사 3,000명을 대동하고 다윗을 잡으려고 왔습니다. 그런데 그곳에 있는 여러 굴 가운데서 하필이면 다윗이 숨어 있는 굴속으로 뒤를 보기 위해서 들어왔습니다. 다윗은 사울을 죽일 수 있는 절호의 기회를 맞았지만, 다윗은 사울의 겉옷자락만 가만히 베었습니다. 그러고도 하나님께 기름부음을 받은 사람에게 예를 갖추지 못했다고 마음이 찔려 했습니다. 또 다윗 일행이 십 광야 하길라 산에 숨어 있을 때에도 동일하였습니다. 다윗을 따르는 사람들은 잠들어 있는 사울 왕을 단번에 죽이겠다고 했습니다. 그러나 하나님께 기름부음을 받은 사람을 그렇게 해서는 안 된다며 사울 왕의 머리 곁에 있는 창과 물병만 갖고 오게 했습니다. 이것은 다윗의 중심이었습니다.

그러나 사울을 피해 다니는 일에 몹시도 지친 다윗은 이스라엘을 잠시 떠나는 것이 좋겠다고 생각하고는 자신이 물리친 골리앗의 고향인, 블레셋의 가드로 가서 아기스 왕에게 망명을 신청했습니다. 아기스는 다윗의 일행 600명에게 시글락 지방에서 살게 해주었고 그곳에서 16개월을 지냈습니다. 때마침 블레셋과 이스라엘 사이에 전쟁이 일어났습니다. 아기스 왕은 다윗이 블레셋 사람의 편이 된 증거를 모든 사람에게 보여 줄 좋은 기회로 여겨, 다윗에게 함께 나가서 싸우자고 했습니다. 다윗은 전쟁터로 따라나서기는 했지만, 마음이 여간 불편한 게 아니었습니다. 만약 전쟁에서 자기 동족에게 칼을 겨누어 싸웠다면, 그는 이스라엘의 왕이 될 수 없었을 것입니다.

다윗이 전장에 도착했을 때, 그를 본 블레셋 장군들은 다윗이 참전하는 것을 강하게 반대했습니다. "'사울이 죽인 자는 천천이요, 다윗은 만만이로다'라는 노래의 주인공이 바로 이 사람인데 어떻게 우리가 함께 전쟁을 치를 수 있겠느냐? 만약 이 사람이 우리 뒤에서 공격하면 어떻게 되겠느냐? 우리는 절대로 함께 갈 수 없다"고 강하게 주장했습니다. 아기스는 "이 사람은 틀림없이 우리 편이다"라고 변호했지만 끝내 받아들여지지 않았습니다. 아기스는 할 수 없이 다윗을 돌려보냈습니다. 그래서 다윗은 일행과 함께 3일 만에 시글락으로 되돌아왔는데, 믿을 수 없는 광경이 벌어져 있었습니다. 그때의 상황을 사무엘상 30장 1-6절이 이렇게 증거합니다.

다윗과 그의 사람들이 사흘 만에 시글락에 이른 때에 아말렉 사람들이 이미 네겝과 시글락을 침노하였는데 그들이 시글락을 쳐서 불사르고 거기에 있는 젊거나 늙은 여인들은 한 사람도 죽이지 아니하고 다 사로잡아 끌고 자기 길을 갔더라 다윗과 그의 사람들이 성읍에 이르러 본즉 성읍이 불탔고 자기들의 아내와 자녀들이 사로잡혔는지라 다윗과 그와 함께한 백성이 울 기력이 없도록 소리를 높여 울었더라 (다윗의 두 아내 이스르엘 여인 아히노암과 갈멜 사람 나발의 아내였던 아비가일도 사로잡혔더라) 백성들이 자녀들 때문에 마음이 슬퍼서 다윗을 돌로 치자 하니 다윗이 크게 다급하였으나 그의 하나님 여호와를 힘입고 용기를 얻었더라

다윗과 그의 사람들은 돌아오면서 이스라엘과 전쟁을 하지 않게 되어 정말로 다행이라며 가슴을 쓸어내렸을 것입니다. 그러나 시글락으로 돌아와 눈앞에 벌어진 광경을 보고는 쓸어내린 가슴을 쓸어 올리는 정도가 아니라 가슴이 터지고, 가슴이 찢어지는 것 같았습니다. 전쟁에 나간 사이 아말렉 사람들이 쳐들어와서 시글락을 쑥대밭으로 만들어 놓고, 아내들과 아이들을 전부 사로잡아 가 버렸습니다. 그때 그들이 할 수 있는 일이라고는 울 기력이 없을 때까지 함께 소리 높여 우는 것이었습니다.

그리고 이내 처자식을 모두 **빼앗긴** 사람들의 슬픔과 원망, 분노의 시선은 일제히 다윗을 향했습니다. 그러고는 돌로 쳐 죽이자고 했습니다. "우리가 당신을 수년 동안 따라다닌 결과가 바로 이것이냐?"는 것이었습니다. 그때 다윗이 할 수 있는 일은 전혀 없었습니다. 그래서 다윗은 "그의 하나님 여호와를 힘입고 용기를 얻었다"고 합니다. 다윗에게는 사울을 피해 살았던, 엔게디 광야나 십 광야만이 빈 들이 아니었습니다. 시글락은 다윗에게 하나님 외에는 그 무엇도 보이지 않았던 빈 들이었고, 오직 하나님만이 힘과 용기를 주실 수 있는 빈 들이었습니다.

우리의 삶에도 예기치 않게 환경이 바뀌어 당황할 수 있습니다. "왜 나에게 이런 상황이 일어났습니까?"라고 하나님께 항의하는 질

문을 던지기도 하고, "왜 내가 이런 일을 겪어야 하나? 하나님은 나의 삶에 관심을 갖고 계실까?" 하고 하나님의 행하심에 문득 의문이 올 때도 있습니다. 어떤 때에는 그런 생각을 하는 것 자체가 전부 사치이고, 다윗과 일행처럼 울어도 울어도 눈물이 그치지 않을 때도 있습니다. 그러나 오늘 나에게 주어진 상황이 나를 하나님의 자녀답게 살게 하기 위해서 또 하나님의 영광을 드러내는 통로로 삼기 위해서 허락하신 '빈 들'이라는 것을 믿음으로 수용한다면 우리의 삶의 의미와 태도는 달라질 것입니다.

다윗뿐만 아니라 대부분의 하나님의 사람들은 '빈 들'에서 하나님만을 바라보는 과정을 거쳤습니다. "큰 자가 어린 자를 섬기리라"는 약속을 받았음에도, 자신의 생각과 방법을 고집하고, 형과 아버지를 속였던 야곱에겐 얍복강가가 그의 '빈 들'이었습니다. 그곳에서 허벅지 관절이 부러져 다리를 절게 될지언정 그는 하나님을 붙들었습니다. 오직 하나님만이 자신의 인생을 책임져 주실 수 있음을 폐부에서부터 절감하게 되었기 때문입니다.

태어난 지 3개월 만에 애굽 바로 왕의 딸의 아들로 입양된 모세는 40년 동안을 왕궁에서 살았지만, 그것이 모세를 모세 되게 하지 않았습니다. 그 후 40년을 보냈던 곳, 처가살이하며 장인의 양을 치며 목자로 살았던 미디안 광야가 모세의 '빈 들'이었습니다. 그 40년 동안 모세는 오직 하나님만을 바라보고, 하나님만을 의뢰하는 하나님의 역사의 통로로 성장하고 성숙해 갔습니다.

엘리야 선지자에게 '빈 들'은 바알 선지자 450명과의 대결을 벌여 이긴 갈멜산 산상이 아니었습니다. 그의 빈 들은 이세벨의 위협을 피해 40일을 도망간 호렙산 어느 동굴이었습니다. 그곳에서 엘리야는 하나님의 세미한 음성을 들었고, 바알에게 무릎을 꿇지도 않고, 입을 맞추지도 아니한 사람이 7,000명이 있다는 격려의 말을 들었습니다.

그리스도인들을 잡아들이기 위해서 살기등등하여 다메섹으로 향하던 사도 바울에게 준비된 '빈 들'은 예루살렘교회나 안디옥교회가 아니라 아라비아 광야와 고향 다소였습니다. 거기에서 바울은 오직 하나님만을 신뢰하고, 하나님께만 소망하며, 하나님께 순종하는 법을 배웠습니다.

우리 믿음의 출발점이요, 완성자이신 예수님의 삶에 대해서 누가복음 5장 16절은 이렇게 증거합니다.

예수는 물러가사 한적한 곳에서 기도하시니라

'한적한 곳'이 바로 '에레모이스', '빈 들'과 같은 단어입니다. 인간으로 이 땅에 오신 주님은 쉴 겨를이 없으실 정도였지만, 틈틈이 '한적한 곳', '빈 들'로 가서서 기도하셨습니다. 주님의 삶이 하나님 아버지의 뜻과 일치하도록 맞추시는 것입니다.

우리가 '빈 들'의 사람이 되는 것이 우리를 나타내는 날까지 심령이 강건하여지는 지름길이자 바른길입니다. 그렇다고 빈 들의 사람이 되기 위해서 늘 산이나 들을 찾을 필요도 없고, 기도원이나 수도원으로 들어가지 않으셔도 됩니다. 우리의 삶의 자리, 가정, 일터를 오직 하나님께만 초점을 맞추는 자리, 오직 하나님의 인도하심만을 받는 공간으로 만든다면 그곳이 바로 '빈 들'입니다.

오늘은 2000년 전 초대 교회에 임하신 성령님을 기리는 성령강림주일입니다.

예수님의 제자들은 본래 '빈 들'의 사람이 되기보다 '도시'의 사람이 되기를 원했습니다. 그래서 예수님이 예루살렘에서 왕이 되시기라도 하면, 주님의 좌우편에 누가 앉을 것인가로 다투었을 정도였습니다. 그러나 주님이 부활하시고, 승천하시는 것을 본 후에 그들은 '빈 들'의 사람들이 되었습니다. 그래서 마가의 다락방에서 오로지 기도하기를 힘썼습니다. 기도에 힘을 쓴다는 것은 자신의 지혜나 힘, 방법을 의지하지 않고, 하나님의 역사하심과 인도하심을 온전히 기다린다는 의미입니다. 그런 그들에게 주님의 약속대로 성령님이 임하셨고, 성령님은 빈 들의 사람이 된 사도들을 그리스도의 증인이 되게 하셨습니다. 마가의 다락방에서 기도했던 사람들에게 임하신 성령님이 지금 우리와도 함께하고 계십니다.

하나님 아버지!

요한은 제사장의 아들로 태어났기 때문에 제사장이 되어 편안한 여생을 보낼 수 있었음에도, 그는 30년 동안 빈 들에 살면서 이스라엘에 나타나는 날까지 그의 심령이 강하여졌습니다. 그래서 그는 진정 주님이 오시는 길을 준비하는 삶을 살 수 있었습니다.

우리는 심령이 강하여지는 것보다 우리의 껍질이 강해지기를 고대할 때가 많습니다. 그뿐만 아니라 하나님이 정하신 때보다는 내가 정한

때를 고집하고, 그때에 내 생각과 내 계획대로 되지 않으면 하나님을 원망하고 사람들을 비난하며 굳은 마음으로 하나님을 외면하기도 했습니다. 또한 내 삶의 자리가 빈 들이기보다 모든 것이 갖추어져 있는 화려한 왕궁이기를 원했고, 내가 원하는 것은 모두 가질 수 있는 광장이기를 원했음을 고백합니다. 그래서 하나님의 자녀다운 자녀가 되거나, 하나님께 영광을 돌리는 삶은 나에게서 아스라이 멀어져 있었습니다.

야곱이 얍복강가에서, 모세가 미디안 광야에서, 엘리야 선지자가 호렙산 동굴에서, 다윗이 시글락에서, 사도 바울이 아라비아 광야와 다소에서 빈 들의 사람이 되었듯이, 우리의 삶도 빈 들로 가꾸어 가게 하여 주옵소서. 오직 하나님만을 바라보고, 하나님의 도우심을 구하는 우리가 되게 하여 주옵소서.

성령강림주일을 맞이하게 해주셔서 감사합니다. 우리가 성령님 안에 있고, 성령님이 우리 안에 계심으로, 우리의 심령이 강하여지게 하시고, 하나님이 우리를 나타내시는 날까지 빈 들의 삶을 살게 하여 주옵소서. 그리하여 우리의 매일매일이 성령강림주일이 되게 하옵소서. 예수님의 이름으로 기도드립니다. 아멘.

정한조 목사의 누가복음 1

빈 들에 찾아오시는 하나님
In the Desert with God

지은이 정한조
펴낸곳 주식회사 홍성사
펴낸이 정애주
국효숙 김경석 김의연 김준표 박혜란 송승호 오민택
오형탁 이현주 임영주 주예경 차길환 최선경 허은

2020. 5. 15. 초판 1쇄 인쇄   2020. 5. 22. 초판 1쇄 발행

등록번호 제1-499호 1977. 8. 1.
주소 (04084) 서울시 마포구 양화진4길 3   전화 02) 333-5161   팩스 02) 333-5165
홈페이지 hongsungsa.com   이메일 hsbooks@hongsungsa.com
페이스북 facebook.com/hongsungsa
양화진책방 02) 333-5163

© 정한조, 2020

• 잘못된 책은 바꿔 드립니다. • 책값은 뒤표지에 있습니다.
• 이 도서의 국립중앙도서관 출판예정도서목록(CIP)은 서지정보유통지원시스템 홈페이지(http://seoji.nl.go.kr)와
  국가자료공동목록시스템(http://www.nl.go.kr/kolisnet)에서 이용하실 수 있습니다.(CIP제어번호: CIP2020014100)

ISBN 978-89-365-1422-8 (04230)
      978-89-365-0560-8 (세트)